国家出版基金项目
NATIONAL PUBLICATION FOUNDATION

21世纪中国城市图书馆丛书

QINGDAO SHI TUSHUGUAN

青岛市图书馆

主　编　于　婧
副主编　陈东庆

天津大学出版社
TIANJIN UNIVERSITY PRESS

图书在版编目（CIP）数据

青岛市图书馆 / 于婧主编．—天津：天津大学出版社，2017. 11（2018. 9 重印）

（21 世纪中国城市图书馆丛书）

ISBN 978－7－5618－5938－4

Ⅰ．①青…　Ⅱ．①于…　Ⅲ．①市级图书馆—介绍—青岛　Ⅳ．①G259. 252. 2

中国版本图书馆 CIP 数据核字（2017）第 272814 号

出版发行	天津大学出版社
地　　址	天津市卫津路 92 号天津大学内（邮编：300072）
电　　话	发行部：022－27403647
网　　址	publish. tju. edu. cn
印　　刷	北京华联印刷有限公司
经　　销	全国各地新华书店
开　　本	202mm×265mm
印　　张	25
字　　数	484 千
版　　次	2017 年 11 月第 1 版
印　　次	2018 年 9 月第 2 次
定　　价	160. 00 元

“21世纪中国城市图书馆丛书”编委会

《青岛市图书馆》编委会

总序

中华文化源远流长，历久弥新。中华优秀传统文化是我们最深厚的文化软实力，也是中国特色社会主义植根的文化沃土。要实现“两个一百年”的奋斗目标、实现中华民族伟大复兴的“中国梦”，就必须充分运用中华民族数千年来积累下的伟大智慧。图书馆作为文献机构，汇集了由中华文化五千年精华浓缩而成的一本本图书，具有极高的文化价值。自古代的藏书楼发展至今天的公共图书馆，图书馆的本体在不断生长和变化着，图书馆事业在党和政府的积极扶持下，蓬勃发展，呈现出一片欣欣向荣的景象。

与此同时，我国正在努力构建的公共文化服务体系，是中国特色社会主义事业总体布局的重要内容，是实现经济、政治、文化、社会协调发展战略布局的重大安排。公共文化服务体系的建设关系到最广大人民群众的利益，是促进社会和谐稳定、建构中华民族共有精神家园的重要保障。而公共图书馆服务体系作为其中的重要组成部分和支撑力量，在公共文化服务的标准化、均等化建设和公共文化网络的布局上有其天然优势，责无旁贷。现代图书馆虽然延续了传统图书馆的储存功能，但更加偏重于知识的传播。面向大众的公共图书馆以阅读为中心功能，跳出了传统的知识特权与垄断，实现了书籍和知识的社会化和民主化。在中国当今的图书馆事业中，最具活力的当推公共图书馆，而在公共图书馆之中，又以大中城市的图书馆最有特色。

城市图书馆总是与文化生活联系在一起。城市图书馆是隐藏在喧闹匆忙城市中安静隽永的一隅，巧妙融合传统文明与现代化都市时尚，镌刻属于一座城市的特有的文化印记。在这里，一缕书香、一次活动就将城市的文化生活唤醒了。市民们在图书馆中畅享活色生香的世俗生活与传统民族文化，感受着城市图书馆对于城市文化的保存与维护、传承与发扬。

城市图书馆及其体系是城市化进程中的重要一环。城市中由公共图书馆组成的公共图书馆服务体系和以公共图书馆等公共文化设施为重点构成的公共文化设施网络，是全面推进基本公共文化服务标准化与均等化的重要措施与手段。通过城市图书馆与公共图书馆服务体系建设推动现代公共文化服务体系的发展、提高公共文化服务效能，是当代中国图书馆的发展目标之所在。

城市图书馆是集中展示图书馆职业专业性的场所。图书馆职业从诞生至今一直与非专业化的职业刻板印象进行抗争，我国的图书馆员也在为职业形象的专业化不懈奋斗。好在这样的付出已经收获了回报，我国图书馆职业的专业性已经得到读者的广泛认同。这之间，城市图书馆与图书馆员功不可没。图书馆员将专业性融入图书馆的愿景、规划、改革举措、日常运行、读者活动之中，让市民体会着职业专业性为城市文化生活带来的亮色。

中国的城市图书馆是对外宣传的文化名片。提高国家文化软实力，是党和国家的一项重大战略任务。作为公共文化设施之一的城市图书馆，一直履行着夯实国家文化软实力根基的责任，使中华民族最基本的文化基因与当代文化相适应、与现代社会相协调。在本套丛书中，我们不难发现城市图书馆在此方面付出的努力，这也是我们想要通过本套丛书向外传达的信息。

“21 世纪中国城市图书馆丛书”第一批收录的 12 个图书馆是我国 21 世纪城市图书馆整体风貌的缩影，由南至北分布在近 10 个省，具有很强的代表性。这 12 个图书馆各具特色，在管理运营、文化活动、资源开发与服务等众多方面有许多创新之处被总结积累下来。值此“一带一路”倡议推广之际，双语版的形式能更好地将我国城市图书馆在 21 世纪的创新与特色与世界分享，将优秀文化传播出去，让更多的人了解中国的城市图书馆，进而了解中国。

吴慰慈

2017 年 9 月 20 日

General Preface

Chinese culture has a long and eternally renewed history. Excellent Chinese traditional culture is the most profound cultural soft power and the cultural fertile soil where the socialism with Chinese characteristics is rooted. In order to achieve "Two Centenary Goals" and realize the "Chinese Dream" of the great rejuvenation of the Chinese nation, we must make full use of the great wisdom that the Chinese nation has accumulated for thousands of years. The library, as the institution of literature, which has collected a large number of books involving the essence of Chinese culture with five thousand years, has high cultural value. The library has been evolving from the ancient library to the public library today. The librarianship, supported by the Communist Party of China (CPC) and Chinese government, shows a vigorous and flourishing trend.

At the same time, China is trying to construct a public cultural service system, which is an important part of the overall layout of the cause of socialism with Chinese characteristics and the important arrangement of the strategic layout to achieve the coordinated development of economy, politics, culture and society. The construction of the public cultural service system, closely related to the people's interests, is an important guarantee to promote social harmony and stability and build the common spiritual home of the Chinese nation. The public library service system, as an important part and supporting strength of the public cultural service system, has its own natural advantage and responsibility in the construction of standardization and equalization of public cultural services and the layout of the public cultural network. Although modern libraries retain the storage function of traditional libraries , they focus more on the spread of knowledge. With reading as the core function, public libraries are open to the public. They get rid of the traditional privilege and monopoly on knowledge and realize the socialization and democratization of books and knowledge. The most dynamic libraries in Chinese modern librarianship are public libraries , among which the ones in the large and medium-sized cities are the most distinctive.

City library is always associated with cultural life. As a quiet and meaningful place hidden in the noisy and busy city, city library offers a subtle blend of traditional civilization and modern urban fashion, engraved with the unique cultural mark belonging to a city. One book or one activity will wake up the cultural life of a city. Citizens in the library can enjoy the rich and colorful secular life and the traditional culture, and feel the efforts of the city library in preservation and maintenance, the inheritance and spread of urban culture.

City libraries and their system are an important part of the process of urbanization. The public library service system composed of public libraries in cities, and the public cultural facilities network focusing on the public cultural facilities such as public libraries, are the important measure and means to comprehensively promote the standardization and equalization of the basic public cultural services. To promote the modern public cultural service system and improve the efficiency of the public cultural services by constructing the service system of city library and public library is the goal of Chinese libraries.

City library is a place to intensively show the professionalism of the library profession. Since the birth of the library profession, it has been resisting against the non-professional stereotypes. Librarians also strive to establish a professional image. Fortunately, such efforts have been paid off. The library profession has been widely recognized by readers. City libraries and their librarians have made a great contribution to it. Librarians integrate the professionalism into the vision, planning, reform initiatives, daily operation and reader activities of their libraries, so that the public are able to enjoy the beauty of urban cultural life created by the professionalism.

City library in China is a cultural card for publicity. Improving the national cultural soft power is a major strategic task of the CPC and the nation. City library, as one of the public cultural facilities, has been performing the duty to consolidate the foundation of the national cultural soft power, and coordinate the most basic cultural genes of the Chinese nation with contemporary culture and modern society. It is not hard to find the great efforts of city libraries, which we want to spread through the series.

12 libraries of the first batch included in "Series of China's City Libraries in the 21st Century" are the epitome of the overall scene of China's city libraries in the 21st century. From the South to the North, they are distributed in nearly 10 provinces and have strong representativeness. These 12 libraries with their own characteristics have a lot of innovations in various aspects such as management and operation, cultural activities, resource development and service. On the occasion of promoting the Belt and Road Initiative, the bilingual version will be helpful in sharing the innovations and characteristics of China's city libraries in the 21st century with the world, and spreading the excellent culture, trying to enable more people to know China's city libraries and to know China well.

Wu Weici

Sept. 20, 2017

目 录

历史篇

服务篇

CONTENTS

History

CONTENTS

CONTENTS

Library Collection

CONTENTS

历史篇

01

第一章

黄海之滨的历史文化名城

青岛，一座位于山东半岛南部的海滨之城，风姿绰约，旖旎秀丽，犹如镶嵌在碧波上的珍珠，在海涛的映衬下发出独特的光芒。这里的海岸蜿蜒曲折，岬湾相间；这里的岛屿缤纷雅致，悠然宁静；这里的人们民风淳朴，热情开朗。青岛，这座“春有百花秋有月，夏有凉风冬有雪”的城市，这座拥有“蓝天、碧海、红瓦、绿树”的城市，携着悠久的历史和灿烂的文化，从古至今一路款款走来，散发出迷人的神韵，娴静地迎接着来自世界各地的宾客。

第一节

历经沧桑的百年老城

虽然青岛地区行政机构只有120余年的建制历史，但社会文明发展的源头可以追溯到数千年前的新石器时代。即墨北阡遗址的考古发掘，揭示了约6000年前生活在青岛地区的东夷先民的活动状况。经过考古工作者多年的发掘和调查，散落在青岛地域的原始文化遗址开始展现在当代人的面前。胶州三里河文化遗址、平度岳石文化遗址的发现表明，四五千年前青岛地域就有了定居的东夷原始群落，他们通过一代代的努力与探索，与中原各地先民共同创造了灿烂的古代中国文明，谱写出中华民族源远流长的历史篇章。

在漫长的原始文明发展过程中，这里产生了富有地区特色、延续了数千年的东夷文化。早期莱夷人建立了莱国，经历了整个西周时期；春秋中期齐灭莱国以后，在此建立了即墨城；战国时期即墨城成为齐国东部的经济文化中心，人口众多，富庶繁华。直到秦汉时期，即墨城始终是东部沿海地区的一座名城，东夷文化也逐渐融会于齐文化之中。

公元前221年，秦始皇统一六国，完成了中国历史上首个中央集权管理的国家机制的建立，青岛地域此时被划为琅琊郡。秦汉时期，琅琊港为全国古代五大港口之一，由于自然条件优越，海上风景宜人，颇受君主青睐。秦始皇、汉武帝都曾多次登临琅琊，传说秦始皇还派方士徐福率众从琅琊、胶州湾附近出海寻求仙药。唐宋时期，由于海港条件便利，青岛地域对外贸易地位日趋重要。北宋时期，这里船舶往来、商贸聚集，成为北方重要海港，朝廷在胶州湾西北岸密州板桥镇设置了市舶司。元明时期，这里曾经开凿了中国唯一的海际运河——胶莱运河。明代，在胶州湾两岸设立了鳌山卫、灵山卫及浮山所、雄崖所、胶州所、夏河寨所等军事行政设施，并开放了青岛口、金家口、女姑口等海口，使青岛成为具有一定地位的渔镇港口。1862 年，清政府在山东建立了东海关，管理山东沿海的关税。1865 年，东海关在青岛设立了分关。1891 年，清政府批准在胶澳驻军设防，这是青岛建置之始。至此，青岛从渔港、商港又发展为军港，形成了繁荣的市镇。

琅琊台秦始皇遣徐福东渡群雕

清朝末年，帝国主义纷纷入侵中国，青岛附近因有天然良港胶州湾，早为西方列国所垂涎。1897 年，德俄两国密谋，以“巨野教案”为借口，出兵青岛，强占胶州湾。1898 年，清政府与德国签订了《胶澳租借条约》，青岛沦为德国的殖民地。1914 年第一次世界大战爆发，日本借口对德宣战，攻占青岛和胶济铁路全线，并向袁世凯政府提出“二十一条”，逼迫其承认日本取代德国享有在华的一切特权。1919 年，第一次世界大战战胜国在巴黎召开“和平会议”，中国以战胜国的身份参加了会议，提出取消列强在华的各项特权，取消“二十一条”等不平等条约。然而，“巴黎和会”在帝国主义列强的操纵下，不但拒绝了中国的要求，还在对德和约上明文规定将德国在山东的特权全部转让给日本。北洋政府竟然准备在此和约上签字，消息传出后，激起了全国民众的强烈反对，进而引发了青年学生的“五四”爱国运动，他们提出了“誓死力争还我青岛”“拒绝在巴黎和约上签字”“废除二十一条”等外争主权、内惩国贼的口号。面对强大的社会舆论压力，中国代表最终拒绝在《凡尔赛和约》上签字。

1922 年，中日两国政府签订了条约，规定日本把青岛交还中国。青岛经历了北洋政府统治、南京国民政府统治、抗日战争、解放战争等历史时期，先后遭到德、日、美三个帝

为纪念五四运动而命名的青岛标志性建筑——“五四”广场

国主义国家的欺侮，直到1949年青岛解放。其曲折复杂的历史遭遇，集中凸显了近代中国半殖民地半封建社会城市发展的轨迹。青岛人民反抗侵略者的纱厂罢工运动、五卅运动，遍及全市的抗日武装斗争和反对美军驻扎青岛的斗争等历史事件以及欧亚文化的碰撞交融都为青岛的历史增添了独特的内涵。

1949年中华人民共和国成立以后，青岛获得了新生，特别是20世纪80年代以来，青岛成为我国最早开放的14个沿海城市之一。青岛依托天然优良海港、海洋资源和海洋科技优势，大力发展港口经济、新兴海洋产业和旅游业，形成了独具特色的海洋经济。如今青岛不仅拥有全国最大的可以靠泊第五代集装箱船舶的集装箱专用码头，有世界先进的现代化煤码头，有亚洲第一、世界第二先进的20万吨级矿石码头，而且培育了以海尔、海信、青岛啤酒为代表的一大批驰名海内外的品牌。

青岛海港

不仅如此，青岛还有占全国总数三分之一的海洋科技研究开发机构和众多著名的院士以及海洋科学专家、教授、学者。所以说，今日的青岛不仅是中国东部沿海重要的经济中心和港口城市，也是全国屈指可数的旅游名城和度假胜地，更是当之无愧的海洋科学人才培养基地。青岛人民为建设自己的美好家园贡献了满腔热情和聪明才智，建制 120 多年来的梦寻求索终见硕果，青岛发展成就辉煌，黄海明珠熠熠生辉！

青岛现代化城市景观

第二节

源远流长的城市文化

文化不是无根之木，从来都不是凭空而生的，而是在特定的地域中孕育，又被周围特定的环境滋养，从而扎根于此、成长于此、繁盛于此并且泽润于此。青岛地区依山傍海，山与海的地理特色孕育了其坚毅浑厚而又包容开放的文化底蕴。青岛的文化似山，雄浑、扎实、坚毅，让人振奋；青岛的文化如水，包容、开放、活泼，充满灵性。青岛地区山水相间，青岛的文化也是豪放中不失细腻，婉约中又有直爽，在漫漫历史长河中，形成了独特的文化风韵，流转传承至今。

青岛地区历史悠久，人杰地灵，5000 多年前就孕育了灿烂的原始文明，从大汶口文化、龙山文化、岳石文化到即墨古城、琅琊古港、板桥古镇等历史的轨迹描画了青岛文化的进程，留下了灿烂的古代文明，也赋予了青岛深厚的传统文化底蕴。先秦时期，青岛地区一度成为与齐国都城临淄遥遥相望的东部文化中心。秦汉时期，秦始皇、汉武帝数次登临琅琊，在琅琊留下刻石。被誉为“海上第一名山”的崂山，作为道教的发祥地之一，自古以来就备受帝王的推崇以及文人名士的青睐，大儒郑玄、高僧法显、诗仙李白、白居易、苏东坡、邱长春、张三丰、顾炎武、蒲松龄等都在这里留下了踪迹，儒、释、道诸家思想在这里交相激荡，为后人留下了众多的历史名胜和浩繁的名篇佳句。如今家喻户晓的故事《崂山道士》，便是蒲松龄留下的千古名篇。而今遍布山区的许多古遗址和古庙宇，亦从侧面折射出崂山悠远厚重的文化内涵，体现了鲜明的传统文化特色。

崂山太清风景区

青岛因海而立，因海而兴，城市的发展与海洋息息相关，海洋造就了青岛“山、海、城”浑然一体的城市特色，也赋予了这座城市浓厚的海洋文化气息。青岛的港口，青岛的城建，青岛的工商业，青岛居民的服饰和饮食，青岛的文学艺术、文化教育包括大学的兴建、国内外知名学者和作家选择寓居青岛等，这一切社会文化现象都充分显示出了青岛文化的“海味”。

从历史上看，琅琊曾是见诸史载的最早的海港，海上强国越国曾在此建都，秦朝徐福奉命组织船队从这里入海求仙。唐宋以来，作为连接朝鲜半岛、日本列岛的海上丝绸之路的最早繁荣之地，青岛地区的渔业、航业兴旺，海上文化交流频繁，人们的海洋观念、海洋意识比较强烈，给青岛的文化带来深刻的影响。

天后宫

从近现代来看，青岛是近代西方殖民者打开中国国门同时客观上促进了东西方文化交流的主要地区之一，西方外来文化的传入使青岛地区的传统文化受到了冲击，但是，青岛也在中西文化的交流碰撞中吸收了西方的先进文化，逐渐形成了开放包容、中西合璧的文化特色。一方面，西方先进科学技术的传入使电影戏剧、图书出版等文化事业获得了一定的发展；另一方面，西方民主思想的传入，引起了新的思想潮流，新文化运动蓬勃发展。一些著名学者和文化名人，如老舍、洪深、王统照、杨振声、闻一多、沈从文、梁实秋、吴伯箫、闻一多、华岗等先后来到青岛，进行了大量的文学创作和艺术活动，为青岛文化史写下了光辉的一页。这一时期，青岛的文学、电影、戏剧、曲艺、音乐、绘画、摄影等全面兴起，文学社团、戏剧社团、美术社团、音乐社团纷纷建立，文化艺术创作活动趋向繁荣。20 世纪 30 年代，青岛已经成为北方三个文化中心城市之一。

青岛文化名人雕塑园

从文化现状来看，青岛之所以成为全国最早的沿海开放城市之一，成为屈指可数的经济、旅游名城，无不得益于青岛所特有的东方式蓝色海洋文化。人们称青岛是“东方威尼斯”，人们赞赏青岛的绿树、红瓦、碧海、蓝天，人们来青岛必游栈桥、八大关、崂山，夏季必洗海澡，四季必喝啤酒、必尝海鲜，人们发现青岛人的民居建筑很有“洋味”……人们对青岛的喜爱和向往，不仅仅因为青岛是一个海洋科技城、海洋产业城，更因为青岛是一个海洋文化名城。

“万国建筑博览会”——八大关风景区

青岛以其优越的地理条件和丰富的海洋资源，培养了一大批如毛汉礼、朱树屏、束星北、张玺、童第周、赫崇本等优秀的海洋学家，为中国海洋学事业发展奠定了良好的开端和坚实的基础。

如今的青岛，其包容开放的文化特色日益鲜明，与各国之间文化交流日益频繁。立足于青岛的优秀传统文化和海洋文化优势，青岛市政府倾力打造了“音乐之岛”“帆船之都”“影视之城”三大文化品牌，充分彰显青岛文化的力量，丰富城市的文化特色，使青岛特色文化得到传承与发扬，谱写“山、海、城、文、人、商”和谐统一的美好乐章！

第三节

曲折发展的印刷、出版活动

书籍是人类文化最重要的传承载体之一，追溯城市的历史文化渊源离不开对本地区文献印刷、出版与收藏活动的研究。一个地区文化的发展轨迹，亦可以从印刷、出版与藏书事业的历史中窥得端倪。

青岛地区图书印刷、出版、发行活动始于明清，从坊刻、雕版到铅印、胶印，从书肆到书局、书店，历经坎坷，盛衰转换，新旧嬗变，日趋发展。

明清时期，青岛地区各种官刻、家刻和坊刻活动兴盛，传统的雕版印刷模式是其主流。这一时期专营图书印刷的机构有胶州成文堂、文德堂、种德堂，即墨文福堂、修德堂，胶南问月轩等六家。其中，成文堂创办最早、规模较大，主要雕版印刷书籍有四书五经等线装书，包括部分儿童启蒙读物，也是当时青岛地区私人书肆的代表。

德国、日本侵占青岛期间，逐步引进了近代机械印刷模式，主要出版机构有德国亚细亚报馆等七八所，由德资、日资以及民族资本先后建立了20余所印刷厂。外来先进印刷技术传入推进了青岛现代印刷、出版事业。1897年德国开办的亚细亚报馆是青岛第一所具有铅字排版能力的报馆，成为现代印刷业的先导。

1929年，南京国民政府接收青岛后成立了出版管理机构——社会局第三科。1935年3月，建立了编纂委员会，负责纂修市志和出版活动的管理。这一时期，青岛印刷出版事业有了一定发展，共有祥瑞行美术印书馆、成和堂书局等公私出版机构20余家。出版物有进步文化工作者王统照主编的第一份文学刊物《青潮》等各种期刊270多种。印刷业有醒民印刷局等30多个厂家，图书发行业有中华书局青岛分局、正中书局等40余家。

日本1937年再次侵占青岛，于1938年初强行收购祥瑞行美术印书馆，雇佣原班人马，改为新民报印务馆。这一时期的民族出版业有鲁东印书馆和公华印书局，印刷厂有德民印刷局、福东和印刷局等 7 家，曾印制《警察丛刊》和《教育周刊》等书刊。1945 年，日资印刷厂随着日本投降而停业。

青岛解放后，胶东新华书店印刷厂随人民解放军进驻青岛，接管了正中书局青岛分局印刷厂和国立山东大学印刷厂。1949 年 6 月，新华书店青岛分店正式成立，实行编辑出版、印刷、发行三位一体的体制，是青岛解放后第一个出版发行管理机构。

中华人民共和国成立后，青岛的出版、印刷、发行事业得到了迅速的发展，特别是 1987 年青岛出版社成立以来，出版的图书门类齐全，年出书达百种；期刊也有迅速发展，仅省级和市地级各类期刊就达 70 余种，其中海洋科学技术类期刊在全国有较大影响。青岛的图书印刷业有青岛印刷厂等三家大型图书印刷厂，每年能大量承印书刊、课本和年画等出版物，经营范围扩及全国。以新华书店为主体的青岛图书发行事业蓬勃发展，到 1987 年年底，全市共有国营、集体和个体等发行网点 458 处。其中，新华书店售书网点 71 处，形成比较完整的发行网络，平均每 1.4 万人就拥有一处售书点。

第四节

屐痕犹在的“十大藏书楼”

历史上，青岛曾拥有一批颇有影响的藏书家。他们以一己之力，收集保存了许多珍贵的古籍善本、历史文物，在颠沛流离的战乱年代为中华文明的传承做出了巨大的贡献。其中，最为著名的就是以千目庐为代表的老青岛“十大藏书楼”。

一、张铮夫的“千目庐”

张铮夫，又名鉴祥，亦称镜芙，是山东著名的藏书家。他的藏书以目录学著作为主，另专门收藏明清两代山东人著作。藏书楼称“千目庐”，位于青岛市平原路8号，是一座西式三层楼，为张铮夫先生的母亲所建。另有悬空木质走廊连通一座二层中式小楼，为其家眷的住所，现已全为民居。

千目庐收藏有线装古籍2000余种，共计6000余册。藏书上有许多张铮夫先生留下的题跋，如“汉季秽京，卷为帷幕；绛云一炬，山鬼尽哭，盖其中有气数在也”，可谓“辨章学术，考镜源流”，颇有学术价值。中华人民共和国成立后，张铮夫先生将其收藏的目录学著作和历代公私簿录凡1041种3597册全部捐献给当时设在青岛的山东大学图书馆。他收藏的山东籍作者著作，约有80%捐献给青岛市图书馆。

千目庐藏书楼

自庄严堪藏书楼

二、周叔弢的“自庄严堪”

周叔弢先生是中国现代四大藏书家之一，收藏宏富而采择精严，犹以古籍善本为优，书斋题为“自庄严堪”。周叔弢先生访书藏书，既遵循名家藏书传统，重视宋元古椠、名钞精校，又自有异趣，兼顾手卷、活字版等，并关注书籍之题跋、印章、纸墨等，自成一家。

中华人民共和国成立后，周叔弢先生将大部分藏书捐献给了国家，他捐书时说：“深喜孤本犹在人间，不必其为私有。”

三、尊孔文社藏书楼

尊孔文社藏书楼由德国传教士卫礼贤创建于1914年，是青岛的第一个现代图书馆，亦为中国早期图书馆之一，馆址在上海路礼贤书院（今青岛九中院内）。据记载，藏书楼收藏有古籍、现代图书以及外文书籍12000多册。1935年出版的《全国图书馆调查录》记载：“尊孔文社藏书楼的藏书有6000余册中文，3000余册德文，2000余册英法文，共12000多册。其中有不少善本。”藏书楼对外开展借阅活动，除向尊孔文社成员开放以外，还向礼贤书院教师及社会上层人士开放。

尊孔文社藏书楼

四、郑爱居的“寒松堂”

郑爱居

郑时，字爱居，诸城人，是著名的金石学家、藏书家，书斋题为“寒松堂”，盖取意于《论语》：“岁寒，然后知松柏之后凋也。”

郑爱居先生个人藏书高达20000余卷7000余册，包括许多珍贵的抄本、稿本书籍，其中有《竹叶碑释文》《古泉汇订论》等。寒松堂旧藏的一大特色是其秦汉的碑刻拓本非常系统，基本上收齐了历代各地名碑大碣，有石鼓文，峄山刻石，西汉的多个著名碑刻如《群臣上寿刻石》《朱博残碑》等，三国时期的吴《天发神谶碑》《吴禅国山碑》等，均在郑氏藏品之列。

五、宋春舫的“褐木庐”

宋春舫，浙江吴兴人，是著名的海洋学家、戏剧家，也是藏书家，被誉为“世界三大戏剧藏书家”之一。其褐木庐藏书楼位于青岛市福山支路6号，又名褐木庐戏剧专业图书馆，是20世纪30年代青岛文化繁盛的见证和缩影。

褐木庐藏书楼

六、孟昭鸿的“静远堂”

孟昭鸿，诸城人，山东著名藏书家，号称胶东第一人，斋号“静远堂”，位于青岛市伏龙山路。孟昭鸿继承祖、父遗风，求典籍，喜藏书，孜孜不倦。其藏书最多时达 10 万卷，大多为线装古籍，藏品中亦有许多金石拓片。但因孟昭鸿晚年家道中落，藏书大半散佚。他曾在《自述》诗中写道：“ 牙签十万富收藏，一邑人推静远堂。三世校雠多善本，今生零落旧缥缃。”其郁结之情溢于言表。

七、王献唐的“双行精舍”

王献唐喜好藏书，是山东著名藏书家，他一生收藏图书达 10 万余卷，藏于书斋“双行精舍”，每有所得，辄为之写题跋，或考证版本源流，或述藏家逸闻，各种著述被收入《双行精舍书跋辑存》及《续编》中。中华人民共和国成立后王献唐陆续向国家捐献了越王勾践剑、李自成闯王印等珍贵文物 8000 多件，古籍 5 万余册。

八、刘廷深的“潜楼”

刘廷深擅书法，喜藏书，1912 年来青岛定居，斋号“潜楼”。在陈曾寿的诗中这样反映：“有楼书插架，十万琳琅如。”藏书多为雕版印刷的古籍，还收藏了不少清末各地的翻译图书。

九、丁惟汾的“诂雅堂”

诂雅堂位于青岛市齐河路 4 号，是一栋米黄色的小洋楼，由丁惟汾亲手绘图设计，是他晚年在青岛研究藏书、读书、写作的居所。丁惟汾的藏书新旧均有，以继承祖、父所藏为主，文字音韵学图书较为丰富，他本人擅长传统目录学、版本学，与王献唐多有交流。

十、栾调甫的“三经堂”

栾调甫，又名延梅，是一位著名的藏书家，他一生清贫，却独嗜典籍，每遇到善本、佳作，不惜节衣缩食以购买，然后对照各种版本精细校勘，即便在穷困潦倒之时，依然平静如故。他的书斋题为“三经堂”，位于青岛市龙山路。栾调甫的藏书曾达到数万册，但在日寇侵华战争期间损失严重。1966 年“文化大革命”风潮初起时，曾有大量图书被抄没，仅剩 4000 余册。1967 年，他将全部家藏 4705 册古籍捐献给国家，其中多有珍本和善本，为保留中华民族的文化遗产做了最后的努力。

我国藏书文化历史悠久，历经磨难，传承不绝。历代私人藏家在中华典籍收集、保护、传承中做出了重要贡献。私家藏书楼因为社会发展逐渐退出社会文化主流，但私家藏书楼的传统文脉却随着图书融入现代图书馆并延绵永续。

02

第二章

历史回望：青岛市图书馆的诞生与发展

青岛市图书馆自1924年最初的三间馆舍开始了建馆历程，期间遭受了日寇侵华战争的劫难，也经历了“文化大革命”时期的焚书之厄；20世纪80年代以来的改革开放新时期，也曾经历过一时繁荣和突然冷清的荣衰反复。直到20世纪90年代后，青岛市图书馆终于摸索到了一条“服务城市公众文化建设”的发展路径。

青岛市图书馆新馆总建筑面积近2.6万平方米，高7层，正面外形以巨大的框架意喻知识之门。青岛市图书馆堪称青岛这座海滨名城中的文化坐标。90华诞的青岛市图书馆如今已经是藏书233万册、日均接待读者5000人次的国家一级图书馆。90余年的曲折发展凝聚了数代图书馆人的心血和智慧，同时也见证了中国近现代图书馆事业发展的轨迹。

第一节

北洋政府时期（1924. 8—1929. 4）

1922 年 12 月 10 日，北洋政府建立胶澳商埠，隶属于胶澳督办公署的胶澳商埠平民教育委员会成立。1923 年，由高恩洪（定庵）接任胶澳督办，颁布《胶澳商埠公立通俗图书馆募集图书公启》，着手创办青岛第一所面向大众的公共图书馆——胶澳商埠公立通俗图书馆。

1924 年 8 月，胶澳商埠公立通俗图书馆（青岛市图书馆前身）成立，崔肇祺出任馆长。初创时期的图书馆并无馆舍，莒县路 2 号馆址原为清丈队（土地测量机构）宿舍，督办公署于该年 11 月 18 日正式将其多余房屋拨交图书馆，与同期设立的公立通俗讲演所共同使用。创办经费 5580 元，其中图书馆占 2280 元。初步购置并募集图书千余册，设书库 2 间，阅览室 1 间，演讲室 1 间，管理员 1 名。

胶澳商埠公立通俗图书馆

由于当时社会混乱，图书馆经费不足。1925 年 8 月，督办公署令将讲演所合并于图书馆，委派胡镇中任馆长。同年 9 月，修改《图书馆章程》和《图书馆附设讲演所简章》。同期青岛开始设立教育局，图书馆行政管理归属教育局，馆务同时受商埠局监督。

1925 年至 1928 年，图书馆年经费 2020 元。1928 年，藏书为 6893 册，月均读者 1200 人，讲演听众日均 60 人。

第二节

南京政府统治时期（1929. 4—1938. 1）

1929 年 4 月，南京国民政府接管胶澳商埠，国民党青岛市党务指导委员会将“胶澳商埠公立通俗图书馆”改名为“青岛市立图书馆”。

1930 年 6 月 10 日，图书馆举行恢复开馆典礼。同时下设的大港、东镇、沧口、李村四个分馆也依次开放。总馆设馆长 1 人，下设管理员 4 人。各分馆设管理员 1 人，受总馆管理。莒县路总馆设阅览室、阅报室、儿童阅览室、杂志阅览室各 1 间。总馆图书采取闭架借阅模式。各分馆书报采用开架阅览模式。同时图书馆设立流动书库，全市下划 12 个流动区，逐月流动，一年轮回一次。

1932 年 1 月，青岛发生日侨焚烧国民党市党部事件，市党部工作被迫暂停，遂将附设图书馆及分馆委托青岛市政府代管。同年 2 月 27 日，市府委派胡致兼任图书馆馆长，馆名改为“青岛市图书馆”。

同年 8 月，国民党市党部恢复工作，要求政府退交回图书馆管辖权，至 8 月 26 日完成接收工作。此时图书馆藏书约 3 万余册，采用中外图书统一分类法编目，采用王云五四角号码检字法，日均接待读者 100 人。

1936 年时，青岛市除青岛市图书馆以外，还有国立山东大学、市立中学、市立女中、礼贤中学、崇德中学、文德女中、圣功女中等学校图书馆，青岛观象台、市政厅、邮政局等下属图书室，以及民众教育馆图书室、褐木庐戏剧图书馆等，图书馆事业在全国主要城市中处于比较发达的地位。

国立山东大学

1936 年 7 月 20 日，中华图书馆协会第三次年会在青岛举行，会址在大学路上的国立山东大学礼堂。全国各地的专家学者云集青岛。此时，中华博物馆协会第一次年会也在青岛举行，两个年会共同举行了开幕式。参加本届中华图书馆协会年会的代表 192 人，列席代表 20 余人。

1937 年 7 月 7 日，日本帝国主义制造卢沟桥事变，开始了全面侵华战争。青岛市图书馆于 1937 年 11 月停止开放，少量珍贵图书提前撤迁至西南大后方。

第三节

日伪统治时期（1938.1—1945.9）

1938 年 1 月 10 日，日本侵略军再次占领青岛。1 月 17 日，汉奸组织“青岛治安维持会”成立，随后接管了青岛市图书馆。该会对闭馆期间存放在莒县路 2 号二楼的藏书进行查点封存。后因反蒋委员会占用了馆舍二楼，所存图书被移至三楼。李村分馆藏书在战乱期间损失殆尽，馆址被用作伪李村合作社仓库。

日军占领青岛后，日本兴亚院在青岛设立了兴亚院青岛出张所，内设有图书馆，专门搜集整理中日文图书资料。

1939 年 1 月，伪青岛市政府成立。同年 8 月，调原水族馆馆长李方琮兼任图书馆馆长，另派事务员 1 人，雇员 4 人，筹办开馆事宜。这一过程中，原有馆藏中的抗日爱国宣传类图书、杂志被大量销毁，图书馆因此损失图书 2 万余册。

1940 年 2 月 1 日，伪青岛特别市市立图书馆开放，下设总务、采编、阅览、特藏、辅导 5 个部门，藏书近 4 万册，内设书籍阅览室、杂志阅览室、儿童阅览室各 1 间，日均接待读者 120 人，馆外巡回书库 140 个，年经费 10500 元。在图书馆管理方面，制定了《青岛特别市市立图书馆规则》《办事细则》《图书馆办事细则》《总务办事细则》《阅览室规则》《报章杂志阅览室规则》《儿童阅览室规则》《借书规则》等 8 种规章制度。办理借书证采取保证书及押金两种方式。

1941 年 2 月，伪教育局重新划定“流动书库表”，专设流动书库。流动书库在五所市立小学间巡回，每站停留 7 周，除去假期外，一年巡回完毕。流动书库用书由市立图书馆单独配置。

第四节

南京政府再次统治时期（1945.9—1949.6）

1945年8月15日，日本帝国主义投降。10月，青岛市党政接收委员会成立，收回了伪市立图书馆。改组后的市教育局委调梁铭东（伯训）任馆长，馆址仍在莒县路。

1945年12月20日，青岛市立图书馆在莒县路2号复馆。分设总务部、阅览部、采编部，馆舍面积400平方米。馆舍3层，设报纸、期刊阅览室3间；图书阅览室1间，采阅二部办公室1间，书库3间，会客室1间；总务及馆长室各1间，职工宿舍及储藏室各2间。人员编制为5人，月暂拨经费2万元。因战争期间图书损失甚多，此时藏书仅1.7万余册，杂志4000余册，日常收订报纸14种，杂志8种，日均接待读者150人。

1946年年底，藏书26936册。年经费实用28099.20元。日均接待读者300人。同年，市府批准《市立图书馆组织规程》。

1947年，市立图书馆藏书29294册，报纸12种，杂志5种。获得专款购置了图书车，恢复巡回流通。同年5月，市立图书馆在浮山、四沧、李村三区的天门路、仲家洼、吴家村、浮山后、埠东、李村、河西、曲哥庄等中心学校设立图书巡回站，开展流通服务。1948年3月，市工务局又对莒县路馆舍进行了修缮。同年购书1977册，杂志625册。此时法币开始疯狂贬值，实际购买能力相当有限，逐渐无力添购书刊。

至青岛市解放时，市立图书馆藏书仅3万册，报纸阅览室只有本市报社赠送的6种报纸，读者因此锐减，日均阅览人数仅二三十人，借书者则不足10人，惨淡到了极点。

第五节

中华人民共和国成立初期（1949.6—1966.5）

1949年6月2日青岛解放。青岛市军管会立即派人接管了青岛市立图书馆。1950年，青岛市立图书馆改名“青岛市人民图书馆”，迁至广西路14号。馆舍扩大了，但线装书仍存放在莒县路2号。原兴亚院图书馆和中正文化馆藏书同时被接管，馆藏书刊合计3万余册，但当时能投入流通的图书仅千余册。

广西路14号

图书馆藏书不足的问题得到市政府高度重视。市政府专门下发文件指示各机关、团体、学校将所藏1949年以前图书全部上交市图书馆。半年内图书馆收到各类图书2万余册。

1952年秋，图书馆全部迁至鱼山路37号。该处原为1937年所建红十字会青岛分会旧址，前楼为罗马式建筑，中院为仿孔庙建筑，后楼为伊斯兰式建筑，使用面积达2200平方米，有优美的庭园，曾雇有专门的花匠用温室培养花木并管理庭园。1953年，图书馆改名“青岛市图书馆”，图书采用开架外借模式。

鱼山路 37 号（1）

鱼山路 37 号（2）

1955 年冬，青岛市图书馆由鱼山路 37 号迁至茌平路 13 号。青岛市文管会撤销，办事机构合并至市图书馆，其所有线装书（含少量平装书及外文书）5000 余种 5 万余册同时归并市图书馆，馆藏线装旧籍达到 13 万余册。同年，青岛市召开了第一次全市图书馆工作会议，各级各类图书馆代表 100 余人参加了会议。

1956 年，青岛市政府为青岛市图书馆定编，为正县（团）级单位，馆下设“部”，为科级，全馆编制 45 人。编制为四部一室，即采编部、借阅部、参考部、业务辅导部和秘书室，藏书达到 34 万余册。

为贯彻全国科学工作会议精神，图书馆调整服务重点，采取上门服务等方式，重点为科研、生产提供图书资料服务。这一时期，编印了《明清两代山东人著作书目》《崂山文献书目》等，在配合科研、教学、古代建筑修复等方面做出了一定成绩。各区文化馆图书室工作人员每周一次集中至市图书馆开展业务学习，市委和市政府一些领导、山东大学众多教授都是基本读者。毛泽东、陈毅等国家领导人来青岛期间，都曾借阅市图书馆的文献。

1957 年 5 月，图书馆由茌平路迁回鱼山路 37 号，部分善本古籍移交市博物馆。图书馆新设立了社会科学、自然科学两个图书外借处，开辟了社会科学、自然科学、外文图书和报刊四个阅览室，并成立了社会科学参考资料室。

1959 年，为进一步做好为经济建设、科学研究服务的工作，青岛市图书馆设立了科技服务部，馆内设科技图书外借处、科技图书阅览室，馆外则走向重点工厂、科研部门，为七十多项重大生产、科研项目主动提供书刊文献服务。同时，十多名史学、文学领域的专家在市图书馆提供文献服务的基础上完成了多种论文或专著。图书馆还举办了地方文献、诗文创作等展览活动。

这一时期，青岛地区各县和高校图书馆发展较快。高校图书馆由解放初期的一所（山东大学图书馆）发展为四所，青岛医学院图书馆、山东海洋学院图书馆、山东化工学院图书馆和山东纺织工学院图书馆先后建立。1960 年至1964 年，平度、崂山、胶州、胶南等县相继建立了图书馆。这一阶段，由于社会大环境的影响，产生了脱离实际的浮夸现象，盲目追求高速度、高指标，基层图书馆（室）发展过快，以致出现了较大的起伏。

1962 年以后，在“调整、巩固、充实、提高”的八字方针指引下，青岛地区各图书馆对业务工作进行了全面整顿，包括藏书、目录、读者队伍等多个领域。1962 年，馆藏图书数量清点后为 371571 册。

这一时期，青岛市图书馆积极为青岛化工、轻工生产企业及胶济铁路新站建设等提供文献资料服务，多次受到表扬。青岛市文联、市图书馆、市文化馆和工人文化宫联合组织了“每周一讲”活动，邀请本市著名学者、专家做各种专题报告，并在全国文化工作者来青岛开会或休假期间，请他们为市民做讲座，两年中举办了五十多场报告会，成为当时青岛市民的一道文化大餐。

1965 年，青岛市图书馆入藏新书 31976 册，馆藏图书总计 455712 册。其中，中文图书 246458 册，期刊合订本 12421 册，中文资料 1092 册，外文图书 45741 册，中华人民共和国成立前各种图书资料（含线装书籍）达到 15 万册。

第六节

“文化大革命”时期（1966.5—1976.10）

1966 年夏天，“文化大革命”爆发，全馆百分之九十的图书停止对外借阅，还有部分 1949 年以前的图书被焚烧。至年底，大部分图书馆工作人员外出“大串连”，图书馆工作中止。

1967 年 5 月，青岛市图书馆革命委员会成立。图书馆员的主要任务是政治学习和“大批判”。同时为配合一波波的运动，图书馆编印了相关主题的宣传材料。

1967 年 4 月，馆藏的中华人民共和国成立前的报纸全部移交市档案馆。1973 年，图书馆恢复部室编制，部分图书开始恢复对外借阅。1974 年，图书馆开始组建全市图书馆服务“双网”。一是图书馆协作网，由市图书馆牵头，包括山东海洋学院、山东化工学院、青岛建筑工程学院三大高校图书馆及中国科学院海洋研究所、黄海水产研究所等大型图书资料室。二是基层图书馆网，主要有中学图书馆网、中央驻青单位图书馆网，另有工会网、情报网。工会网按企业管理建制，有纺织局、机械局、一轻局、二轻局、化工局、港务局、水产局、仪表局等八个工会图书馆网，仪表局、化工局、纺织局分别建立了情报资料室网，全市入网图书馆达 136 所。

1975 年起，全市图书馆开始应用中国图书馆图书分类法，采用种次号取代四角号码著者号，陆续将原有馆藏图书统一改用中国图书馆图书分类法分类。

第七节

步入改革开放时代（1976.10—1990.12）

1976 年拨乱反正以后，青岛市图书馆进入一个新的发展时期。1978 年，全馆正式工作人员 44 人，分行政组、采编部、借阅部、科技服务部、参考辅导部。图书馆对建馆后图书进行了第二次全面清点。截至 1978 年年底，图书馆共有藏书 72 万册，其中线装古籍 13 万余册，外文图书 4.7 万余册，中外文期刊 1640 余种。同时进行了“剔旧”工作，清理了一批破损和不合时宜的书籍。

伴随全国工作进入以经济建设为中心的时期，图书馆科技服务部传承了以往为生产、科研服务的传统。自 1978 年起，由图书馆科技服务部牵头，与 146 家单位合作，共同编制《青岛地区外文科技期刊联合目录》，定期出版，为实现本地区文献资源共享迈出了坚实步伐。

始建于 1958 年的青岛地方文献馆馆藏，在拨乱反正以后重新恢复建设和整理。除原有中华人民共和国成立前的中外文地方文献、本地期刊外，大批日占时期“满铁”兴亚院、山东产业馆等调查资料也进入了地方文献书库，为此图书馆专门制定了《青岛地方文献管理条例》。

1980 年，武汉大学图书馆学系在青岛市图书馆设函授站，首次在青岛开展图书馆学专业高等教育。1981 年，青岛市图书馆联合海洋学院图书馆等八家单位共同创办了青岛市图书馆业余专科学校。1983 年，北京大学图书馆学系也在青岛市图书馆设立了函授站。1985 年，市图书馆承办了中央广播电视大学图书馆学专业青岛工作站。

1981 年，全国专业职称评定工作启动。青岛市图书馆首批评定副研究员 1 人，馆员 6 人。图书资料职称初级评委会办公室设立于市图书馆，半年后根据中央政府决定暂停。

1982 年，图书馆科技部配合青岛塑料五厂开发新产品，支持该厂试制了钢型塑料包装桶和塑料肠衣包装桶，后者填补了我国在该领域的空白。

1985 年 2 月，青岛市图书馆发起建立了青岛市图书馆学会，成为山东省图书馆学会、青岛市社联、青岛市科协下属团体会员，并创办了《图书馆工作》季刊（油印），供图书馆员交流经验，发表论文。

1985 年，市图书馆藏书 85 万余册，订购和交换期刊 2000 余种，有正式工作人员 70 人，设办公室、采编部、借阅部、书目参考部、科技服务部和研究辅导部等五部一室。对外开放部门有社会科学外借处、自然科学外借处、社会科学阅览室、自然科学阅览室、报纸杂志阅览室、外文借阅室、社会科学参考室、科技检索室、图书馆专业书刊阅览室，有持证读者 1 万人。

1986 年我国恢复专业职称评定，市图书馆设初级图书资料职称评定委员会及办公室，评定、聘用高级研究馆员 1 人，副高级研究馆员 2 人，馆员 10 人。

1986 年 12 月，位于山东路 99 号的青岛市图书馆新馆奠基，新馆占地面积近 15000 平方米，一期建筑面积 8700 平方米，总投资 780 万元，预留二期工程用地 6700 平方米。1989 年 10 月，新馆落成。图书馆自行组织搬迁，至 1991 年 8 月 3 日完成。

第八节

快速发展的新阶段（1990.12—2014.12）

1991 年 11 月 11 日，市图书馆扩建一期工程竣工并对外开放。新馆共有读者座位 400 个，个人外借处 1 个，持证读者 15000 人，另配有流动图书车。

山东路 99 号

1995 年，市图书馆举办了“青岛地方文献展”，引起社会很大反响。市政府史志办公室将收藏的各地方志和本市方志 63 种送到图书馆。1995 年始，全国政协委员、香港爱国人士石景宜先后两次向青岛市图书馆捐书，总计 8000 余册。日本民间组织花甲协会先后八次向青岛市图书馆赠书，总计 2398 册。

图书馆开拓了社会科技项目服务领域，包括为科研工作提供前期资料搜集整理服务；代读者、用户翻译文献，每年达十余万字；同时，图书馆组建起文献信息服务中心，开展剪报信息服务，为政府决策、企业发展提供参考服务。图书馆编印的《报刊快参》受到市政府有关部门的好评，开发的《房地产营销快讯》信息产品，用户数量一度达到150余家，年创收6万多元。

自20世纪90年代起，图书馆开始为偏远地区居民和部队官兵提供送书上门等服务。图书馆在全市建立了33个固定服务点，充分发挥流动图书车的作用，服务范围覆盖了政府机关、企事业单位、干休所、社会福利院、劳教所等多种组织机构。

1999年，图书馆在整理日本侵华时在青岛设立的兴亚院、山东产业馆等机构以及满铁收藏资料的时候，发现了一批记载着日本侵华史实的重要文献，其中有日本一战、二战时期军事入侵青岛的进攻计划图，一系列在政治、经济领域的具体侵略计划等。图书馆于抗日战争胜利55周年时，举办了“新发现日寇侵华史料展览”，观看展览的有本市机关领导、民主党派人士及中小学生和市民等，前后达5万余人次。中央电视台、新华网、齐鲁电视台等多家媒体都给予了关注和报道。

20世纪90年代末，图书馆为在社区中开展文化普及服务，实施了“营造书香家园计划”，在全市18个社区建立了图书室，使市民不出社区也可借到图书。

2001年12月，青岛市图书馆第二期扩建工程竣工。扩建工程于1998年12月奠基，项目先后投资8000万元，2002年扩建部分对外开放，扩建改造后，新馆总建筑面积近2.6万平方米，阅览座位达1900余个。新馆藏书达174万册，实现了互联网的宽带接入，图书馆整体物质条件与环境得到了极大的改善。

2004年，图书馆内部新设立了青岛史志馆，建立了残疾人阅览室。馆内成立了青岛市文化信息资源共享工程分中心，随之在电子阅览室开辟“文化信息资源共享服务专区”，在12个区（县、市）图书馆、社区街道建成了32个基层点，使青岛地区的文化信息共享工程建设迅速走在了全省前列。

延吉路109号

2007年，青岛市图书馆被国家文化部列为全国57家古籍保护试点单位之一。图书馆创造性地提出了“青岛古籍寄存模式”，受到全国古籍保护工作专家督导组的高度评价，建议在全国推广。次年，青岛市图书馆被授予“全国古籍重点保护单位”，馆藏古籍明永乐内府刻本《周易传义大全》入选《国家珍贵古籍名录》。

2008 年，青岛市图书馆开始向市民免费开放，日均接待读者人数增加 20% 以上。市图书馆引进了 Interlib 管理系统，可采用第二代身份证直接作为借书卡，同时将市内七区图书馆业务活动纳入了总分馆管理机制。

2010 年，在国家文化部组织的第十五届群星奖评选中，青岛市图书馆的“小小莫扎特音乐馆活动”荣获项目类群星奖。8 月 13 日，时任中宣部部长刘云山视察“小小莫扎特音乐馆”，对市图书馆开展的未成年人教育工作予以充分肯定。

2012 年 10 月，图书馆“书海拾贝 · 快乐引航”小贝壳快乐营系列活动被正式授予“山东省服务名牌”称号。

2013 年，在国家文化部组织的第五次公共图书馆评估中，青岛市图书馆继第三、第四次评估后，连续第三次被评为国家一级图书馆。

2014 年，市图书馆不断创新服务模式，“24 小时自助图书馆”“尼山书院”相继开放，手机移动阅读平台上线运行，馆内实现了无线网络全覆盖，开通了微信公众号，开展了流动巡回服务。同年，为庆祝建馆 90 周年，青岛市图书馆举办了系列馆庆活动。

服务篇

03

第三章

伴随社会进步 完善基础服务

青岛市图书馆作为市属大型公共图书馆，是青岛市民的重要文献信息枢纽和精神文明建设基地，也是为各级党政机关、企事业团体提供科学决策服务的公益性、学术性机构。

市图书馆采取开放式的服务，全年 365 天开馆，向全社会提供全方位的优质服务。图书馆坚持“以人为本，服务至上”的办馆理念，不断创新服务手段、完善服务体系、深化服务层次、延伸服务范围，成为青岛城市居民书香四溢、文化传承的“公共大书房”。

近年来，为适应学习型城市建设的需要，营造良好读书氛围，吸引更多的读者走进图书馆、利用图书馆，青岛市图书馆除通过外借、阅览、现场咨询、图书宣传等手段为广大市民学习、进修等提供服务外，还积极探索现代化的网络服务手段，应用当代科技最新成果惠及更多的公众读者。

第一节

现代图书馆形象

2002 年 7 月 6 日，青岛市图书馆新馆正式对外开放，新馆总建筑面积近 2.6 万平方米，高 7 层，正面外形饰以巨大的框架，寓意知识之门，成为青岛市地标性文化建筑之一。图书馆新馆内设 30 多个厅、室及活动区域，其中包括新增的报告厅、展厅、音乐资料馆、电子阅览室、地方文献阅览室、史志阅览室、古籍阅览室、残疾人阅览室、少儿借阅室、自学阅览室等，阅览座位达 1500 余个，可实现知识传播、信息传递、学术交流、文化展示、休闲娱乐、教育培训等多种服务功能。

文献信息资源是图书馆开展服务的基础，青岛市图书馆现有藏书 246 万册（件），其中中文普通图书 176 万册，期刊 25 万册，传统古籍 15 万余册、民国时期出版物 3 万余册，地方文献 2 万册、外文文献 15 万册。另外，有各类外购或自建电子文献数据库 30 多个，数字资源总量近 76TB。

为更好地保障市民群众的基本文化权益，青岛市图书馆于 2008 年 4 月 23 日开始提供全面免费服务，为图书馆用户免除了办证工本费、借阅注册费、图书外借费、资料查询费等 11 种费用。免费服务举措推出以后，青岛市图书馆的社会效益明显提高，持证读者数量逐年上升，年读者流量和借阅册次更是呈现出明显的递增态势。

至 2015 年，青岛市图书馆拥有注册读者近 18 万人，其中成人读者 16 万人、少儿读者近 2 万人，年接待读者 192 万人次，外借书刊 300 余万册次。

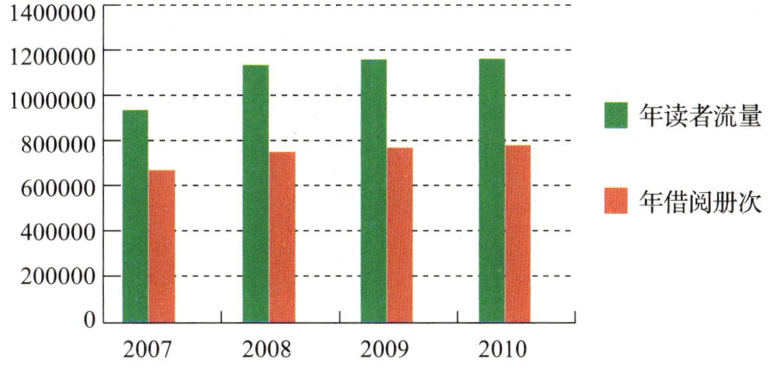

第二节

服务范围拓展

一、残疾人阅览室

2002 年 7 月，青岛市图书馆设立了残疾人阅览室，位于青岛市图书馆二楼，面积 120 平方米，拥有阅览座席 42 个，周一至周日全天候开放。残疾人阅览室主要有文学、经济、医药卫生和按摩实用技术等多种盲文图书 432 册、期刊 42 种。拥有声像资料 300 余件，配置复读机 4 部，安装永德读屏软件的计算机 6 台，盲人读者可以方便地进行文字输入，实现上网浏览、聊天交流、获取信息等。目前，市馆有稳定的残疾人读者 1000 余名，共接待残疾人读者 8000 余人次。同时，青岛市图书馆努力完善馆区内无障碍设施建设，增设无障碍标识、通道、卫生间设施及轮椅，确保残疾人读者出入方便。

按照《中华人民共和国残疾人保障法》和各级政府部门关于残疾人服务的工作规定，青岛市图书馆拓展面向残疾人用户的服务模式，提供了电话预借、代借代还、送书上门、免费接送等服务。针对残疾人的特殊需求，市图书馆与残联等组织合作，完成了盲文图书的电子版目录、有声读物的盲文检索目录等制作。

残疾人阅览室

文学沙龙、影视欣赏、集体阅读等是青岛市图书馆为残疾人服务的主要方式，如盲人读者作品欣赏和文学沙龙座谈会、

“手牵手”共享阅读沙龙、聋哑人走进图书馆、听力障碍者专场视频讲座、盲人电脑培训中心、青岛市聋人迎新春联谊会等各种形式的活动，努力丰富这一特殊市民群体的业余文化生活，也为他们更好地了解社会、融入社会奠定初步基础。

2006 年，青岛市图书馆与青岛市残疾人康复职业培训中心签订了流动送书协议，每两个月为康复中心的学生送书一次，受到了师生的欢迎与好评。2012 年“世界图书日”前夕，市图书馆向市残疾人康复中心赠送书刊 620 册。2014 年，图书馆与浮山后二小区居委会在北区浮山后二小区广场举行了“青岛市图书馆少儿读书日——走进社区，倡导阅读”活动，为该居民小区的残疾人读者现场办理借阅证，并向社区文化站赠送一批少儿读物，为残疾人小读者就近阅读提供了方便。

二、军人研修室

军队干部转业到地方工作，是国家的一项重要制度。做好军转安置工作，对于实现人才资源的合理配置、促进经济和社会发展、维护社会和谐稳定，有着积极而重要的作用。

青岛市图书馆作为传播科学文化知识的社会公益性单位，利用丰富的馆藏资源，把文化拥军工作作为延伸服务的一项重要内容。2005 年起，军转人员成为青岛市图书馆中文图书第二阅览室的特定读者群体。他们在这里交流经验、学习研究，努力适应各自人生道路的重大转折，从部队走向政府部门和企事业单位。很多军转人员在成功走上新工作岗位之后，依然把青岛市图书馆作为知识学习、能量充电的主要场所。青岛市图书馆为了给军转人员提供更优质的服务，通过细致调查与考证后，在中文图书第二阅览室设立了军转人员研修室，并专门购置了相关军人转干考试书籍，方便他们查阅使用。图书馆为军转人员建立了联络簿，随时做好意见、建议的收集工作。搭建了互动交流平台，每年定期和已经走上工作岗位的军转干部举行“军地联谊会”。

“军人之家”军人研修室是青岛市图书馆读者服务的一项创新举措，作为省内第一家专门为现役军人开辟的公共图书馆专题阅览室，适应了双拥工作社会化的新形势需要和军转干部的信息需求，受到军转人员的好评。

三、中文期刊外借室

2011 年 4 月 23 日，青岛市图书馆中文期刊外借室正式开放，为青岛市民提供了更多的公益文化服务。

青岛市图书馆中文期刊外借室可供外借的期刊数量 400 余种，5000 余册。内容覆盖了文学、艺术、军事、时尚、养生等多个领域，市民凭身份证即可办理外借，而且期刊借阅不受个人图书外借的册数限制。这不仅满足了读者把期刊带回家阅读的需求，也推进了期刊文献的流通，吸引更多的读者利用图书馆。

青岛市图书馆每月对期刊的借阅种类、数量等数据进行统计分析，并根据分析结果进行调整。图书馆期刊外借室随之不断扩容，增加可供外借期刊的数量，外借室定期将资源更新信息通过微信公众号向读者推荐，让读者能在第一时间看到自己喜欢的期刊。

四、视听文献阅览室

青岛市图书馆视听文献阅览室是以电子计算机技术、多媒体技术、远程通信和网络技术为依托，集馆藏文献信息检索、电子图书阅览、光盘及网络数据库利用、多媒体视听欣赏等功能于一体的多功能阅览室，主要用于馆藏文献信息资源的发布与宣传，电子读物的阅读或下载，学术类文献资料及网络信息资源的检索与查询，还有面向读者的信息资源检索与利用教育课程。

视听文献阅览室现有计算机 30 台，除自建数据库和外购数据库外，还有大量视听光盘和随书光盘集藏，这是青岛市图书馆与国家图书馆、上海图书馆、武汉图书馆等多所国内一流图书馆资源共享的结果，读者可在室内自行选取并收看。这一现代化服务手段将数字阅读和传统阅读有机结合，扩大了读者的选择范围，也在一定程度上弥补了传统纸质资源的不足。

五、其他特色服务

青岛市图书馆还专门为外来务工人员添置了适合他们需求的书刊，设立专题文献阅览区，并举办了一系列文化活动，如专业技能培训、专场电影播放等。

青岛市图书馆还设有收藏多语种原版书刊的外文借阅室，藏有 3000 余册国学经典的“尼山书院”阅览室等各种服务窗口，满足读者群体多样化的信息需求，努力用优质的服务赢得读者的信任。

第三节

智能助力服务延伸

青岛市图书馆坚持以读者需求为中心，不断完善社会服务模式，扩大服务的人群覆盖面。2014 年，青岛市图书馆辟出 200 平方米的空间，用作 24 小时智能化自助图书馆改建，并于同年 4 月 24 日对外开放，为朝九晚五的岛城上班族提供了新的阅读便利。

自助图书馆集数字化、人性化、智能化于一体，无人值守并全天候开放。馆里每册图书都配置了应用无线射频技术的 RFID 芯片，读者可以随时以自助方式完成书刊借还操作。目前，自助图书馆为读者陈列了 3 万余册图书和 80 余种期刊，内容覆盖了政治、历史、文学、健康养生、美食、时尚等多个方面，主要选择时下公众读者喜爱的热门读物，以服务一般读者的休闲类学习需求。

24 小时自助图书馆内部

青岛市图书馆所建立的24小时自助图书馆是公共图书馆深化服务的实践之一。相较于城市街区的自助式图书馆，青岛市图书馆里的自助图书馆有着体系集中完备、文献更新及时等特色，同时为读者提供了交流互动的空间，若遇到疑问或困难也可以及时得到图书馆员的帮助。因此它吸引了众多读者的关注，日均读者数量也在不断上升。开馆第一年中，文献流通8万余册次，服务读者30余万人次，产生了良好的社会效益。

24小时自助图书馆外部

24小时自助图书馆被誉为“第三代图书馆”，是城市公共图书馆发展的新趋势之一。青岛市图书馆将在现有基础上继续普及这一模式，让智能自助图书馆覆盖各个城区图书馆。未来将实现市图书馆与各城区图书馆的智能自助图书馆之间文献通借通还，让岛城市民获得更为方便与快捷的图书馆文化服务。

第四节

驿动书香

图书流动服务是突破图书馆服务空间制约的书刊借阅服务。流动车服务——“驿动书香”是青岛市图书馆的优秀服务项目之一。该项目开始于20世纪80年代，是以图书流动车为载体、以定时定点送书为主要方式的图书流动车服务。最初以青岛驻军为重点服务对象，面向部队官兵。90年代后，图书流动车服务范围逐渐延伸到党政机关、企事业单位、居民社区、社会福利院、劳教所及外来务工人员等多个图书馆用户群体。近年来，图书流动车进一步丰富服务内容，以光盘类数字文献为载体，展开文化信息资源进农村、进军营、进社区等活动，先后为1200个农村基层服务点刻录、配送光盘12余万张，内容包括农业科技、戏曲影视、养生保健和专家文化讲座等。在流通车服务中，还增加了面向城市社区的电子图书、期刊数据库等数字资源的免费供给，有效地丰富了岛城公众的文化生活，受到了社会各界的普遍赞誉，被青岛市总工会授予优秀服务品牌。目前，“驿动书香”项目下拥有流动分馆和服务点共计40个，年外借图书7.5万册次，服务读者5万人次。

在文献信息获取途径和方式日益多元化的当代社会，青岛市图书馆传统借阅功能不减，现代服务手段与功能不断拓展，就如一块高强磁铁，对社会公众有着日益强大的吸引力。

驿动书香（1）

驿动书香（2）

驿动书香（3）

驿动书香（4）

愛樂

04

第四章

应用当代技术 构建现代服务

进入21世纪以来，现代科技犹如强烈的催化剂，推动着传统图书馆向现代化图书馆转型，图书馆服务也正在从传统书刊提供模式向数字化、网络化的现代化信息服务模式转变。高速发展的计算机信息处理技术和网络通信技术在今天的青岛市图书馆得到了广泛的应用，图书馆应用最新信息技术，整合多种文献资源，完善社会服务方式，在互联网支撑下，把图书馆的多种服务功能逐渐延伸到每一位读者身边。

青岛市图书馆应用最新的网络科技和服务理念，在图书馆网站平台建设的基础上，陆续推出网上咨询台、微博、微信、移动图书馆、多媒体触摸终端设备和自助服务终端网络现代服务，不断向智能化图书馆的目标迈进。

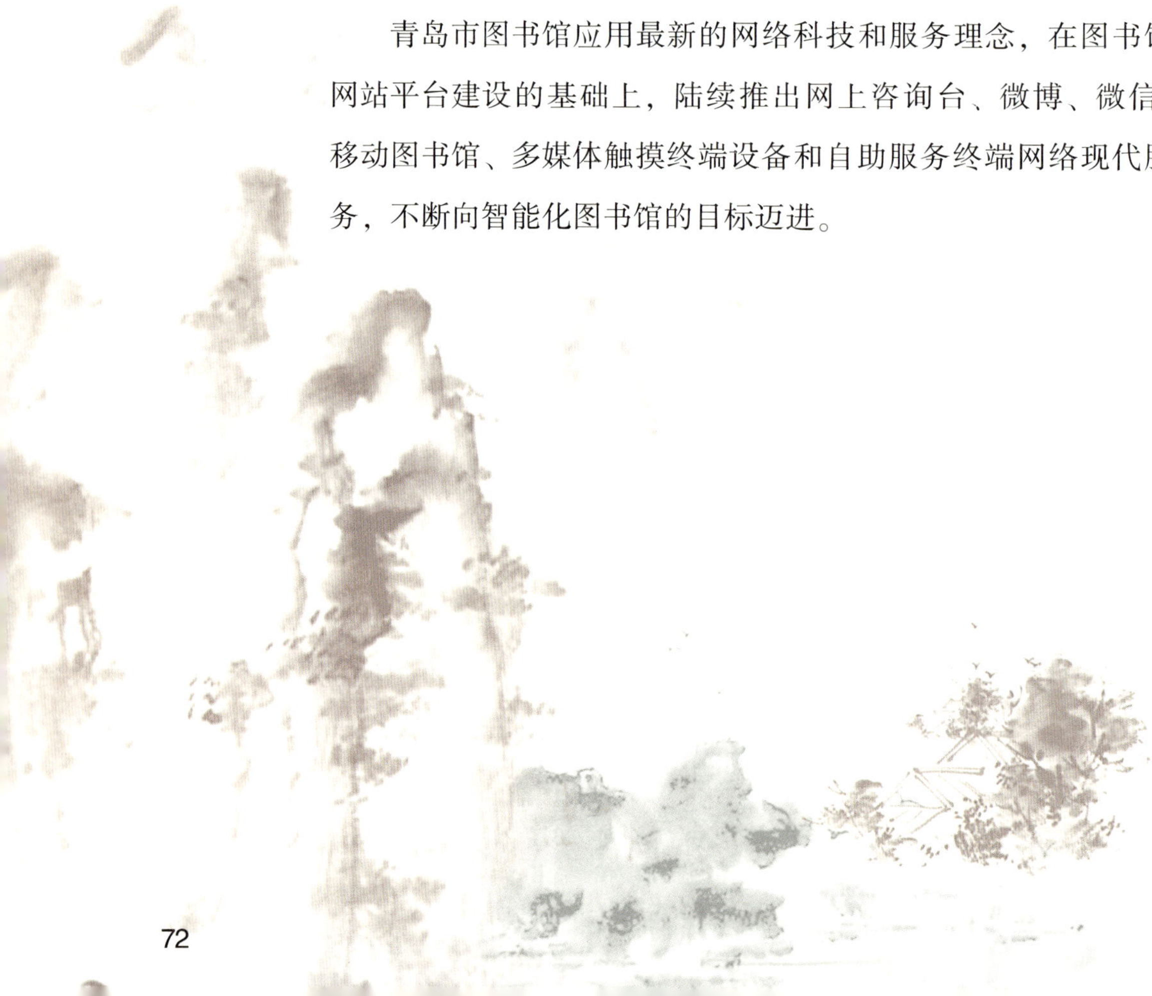

第一节

网络服务门户——网站

青岛市图书馆网站（www. qdlib. net）于2002年8月正式上线，为读者提供服务，拉开了青岛市图书馆网络服务的序幕。图书馆网站是一个综合性的服务平台，是图书馆展示自我并与读者进行交流的重要窗口。

青岛市图书馆网站采用PHP+Mysql架构，运行于戴尔独立服务器之上，该服务器存放在青岛市图书馆恒温专业机房，采用百兆光纤接入互联网，配有硬件防火墙，能抵御多种网络攻击，安全性较高。网站页面采用竖向双栏分布式结构布局，主要采用墨绿色、白色和橙色三种颜色，搭配柔和，清新淡雅。

网站向读者提供信息发布服务、“我的图书馆”服务、资源检索服务、参考咨询服务等。

信息发布服务对青岛市图书馆的重要动态，如各种讲座、培训、展览等活动进行预告，并将各种活动的回顾以图文并茂的形式在第一时间公开发布，让读者及时地了解图书馆的最新活动信息。

在“我的图书馆”，读者可以查看个人借阅信息记录、修改密码、续借图书和添加RSS订阅。

资源检索服务放置在网站首页显要位置，链接OPAC书目检索系统入口，方便读者直接开始检索馆藏图书信息。

参考咨询服务内设青岛市图书馆FAQ、网上咨询台和留言板等。读者可以查看FAQ获得常见问题的解答，并通过留言板提出自己的问题，这些问题都会在最短时间内得到解答。访问网上咨询台还能获取远程文献传递服务。

通过青岛市图书馆网站可以访问容量为53.2TB（这一数字还在不断增加）的数字资

源，这些资源包括图片、文字、视频和音频，2014 年网站浏览量达到 320 万次，成为青岛市民获取本市文化信息必不可少的网络平台。

青岛市图书馆网站首页

第二节

新媒体技术应用

随着互联网技术的飞速发展，中国新媒体用户数量迅猛增长，新媒体的便利和互动使之成为图书馆服务营销的重要工具。微博、微信、移动图书馆组成了数字图书馆新媒体服务的“三驾马车”。

一、微博

青岛市图书馆于 2011 年正式开通新浪官方微博，目前已有粉丝 4872 人，发布微博 1357 条。青岛市图书馆微博通过新浪微博平台进行了实名认证，以青岛市图书馆的标志作为头像，配合国旗背景，庄严肃穆，让人印象深刻。页面背景采用淡绿色底图加上卡通图案，左右两侧强化说明了青岛市图书馆服务的五大品牌，官方网址、咨询电话、交通地址

青岛市图书馆新浪官方微博（1）

等基本信息一目了然。所设置的10个标签是新浪微博允许设置标签数的上限，分别为公益平台、数字图书馆、参考咨询、文化大讲堂、英语沙龙、小小莫扎特故事音乐会、教育培训、小贝壳快乐营、阅读推广、艺术展览，基本覆盖了青岛市图书馆的特色服务和关注范畴。

青岛市图书馆应用微博开展的基本服务主要有以下五种。

（1）新闻公告

发布青岛市图书馆活动预告、讲座通知、活动回顾、重要通告等。

（2）信息转发

包括文化新闻、公益新闻、名家话语等。

（3）内部交流

图书馆员之间的交流，相互学习对方的管理经验以及对方微博的转发等。

（4）参考咨询

解答用户有关图书馆资源和服务方面的疑问。

（5）在线活动

利用微博做读者调查、微博转发、文字征集之类的网络活动。微博在线活动也是扩大宣传和吸引“粉丝”的好方法。2014年10月馆庆之际，青岛市图书馆推出的“市图书馆90周年馆庆系列活动等你来参加！——青岛市图书馆官方微博有奖转发”活动，吸引了705位“粉丝”的热情参与。

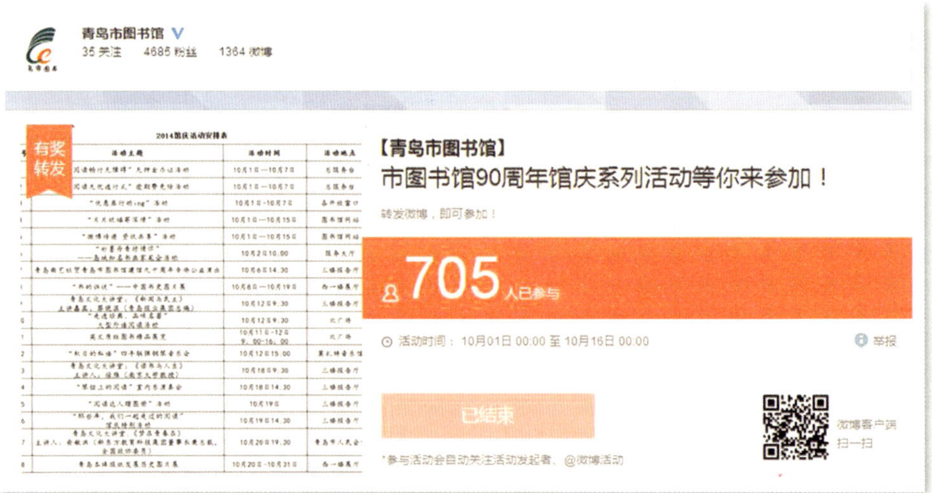

青岛市图书馆新浪官方微博（2）

二、微信

青岛市图书馆在2013年开通微信公众平台，已有粉丝6668人，通过微信公众服务平台，实现了图书馆馆员与读者群体间文字、图片、语音的全方位互动。

青岛市图书馆官方微信（1）

青岛市图书馆官方微信（2）

青岛市图书馆微信公众平台服务功能如下。

1．借阅查询

（1）书目检索

读者在检索图书时可以设置四个检索条件：①可以选择任意词、ISBN/ISSN、著者、主题、分类号、控制号、订购号、出版社等关键词；②可以选择七区五市十二个分馆；③可以选择是否在结果中显示封面；④可以选择是否只输出有馆藏的记录。读者在设置了以上四个条件后，平台将直接把检索结果发送到读者的微信上。

（2）读者借阅信息

读者可以通过微信查看自己的当前借阅记录。

（3）图书续借

读者可以通过微信渠道续借自己已借阅的图书，每册图书可以续借一次，续借时间为30天。

2. 个人中心

（1）读者证绑定

读者发送带有读者证号和密码的指令信息，青岛市图书馆微信服务端接收信息并与业务自动化管理系统进行身份验证，验证通过后将该用户微信号与该读者证号做一对一关联，此后该微信号则视为该读者已验证的合法身份标识符，通过该微信号发送的服务操作指令视为合法指令，从而可以为读者提供快速的信息查询和图书续借等服务。

（2）读者证绑定解除

读者可以自行选择解除该微信号与读者证号的关联。

（3）个人资料

读者可以查看自己的姓名、读者证号、开户馆、证启用和终止时间。

（4）修改密码

用户可以修改自己的读者证密码。

3. 读者指南

（1）馆内布局

读者可以查看青岛市图书馆东西两馆的阅览室、服务点以及各楼层的服务布局。

（2）入馆须知

读者可以查看青岛市图书馆的管理制度与图书馆活动的基本礼仪要求。

（3）交通位置

读者可以查看青岛市图书馆的电子地图和地理位置。

（4）办证向导

读者可以查看青岛市图书馆办证、押金、补证、退证、功能转换、办证时间等信息。

目前，图书馆微信提供的还是一些基本常规服务，未来将结合大数据、云计算等数据分析计算技术，统计读者的喜好，从而向其进行个性化的信息投送（如新书推荐、特色活动等），为读者提供更加完善和高效的服务。

三、移动应用平台

2014 年 1 月，青岛市图书馆移动应用平台正式上线，读者可在安卓市场和苹果商店免费下载安装使用。只要读者的手机、平板电脑等电子设备接入了互联网，就可以随时随地登录青岛市图书馆移动应用平台，实现搜索、查询、浏览和阅读数字资源，下载期刊论文和电子图书，还能够查看个人借阅信息和续借图书等。这是一种全新的数字阅读服务模式。图书馆读者能够自由地访问青岛市图书馆的数字资源，是官方微博、微信、单点登录统一认证访问馆内数字资源等功能形成后的再次拓展，提升了图书馆公共服务的效能。

青岛市图书馆移动应用平台应用元数据整合技术对青岛市图书馆内外的中外文图书、期刊、报纸、学位论文、标准、专利等各类文献进行了全面整合。系统目前能够提供的数字资源包括：中文图书近百万册，中文期刊论文 7600 万篇，中文报纸文章 7000 万篇，外文期刊论文 3878 万篇，学位论文 386 万篇，中文会议论文 370 万篇，中文标准文献 110 万篇；中文专利文献 740 万篇；全国各地区主要报纸近 500 种，并能每天实时更新；各类音、视频 4000 余部。读者可以选择在线阅读或下载到个人终端脱机阅览。通过接入功能强大的云共享服务体系，青岛市图书馆移动应用平台提供 24 小时云图书馆文献传递服务，无论是电子图书还是期刊论文，凡是无法下载的文献都可以通过个人邮箱获得全文电子文本。用户还可以通过个人设置，添加订阅财经、体育、外文资讯等信息，满足不同用户群体的个性化需求。

青岛市图书馆移动应用平台具体功能设计如下。

1. 书架

可将图书添加到书架中，系统将自动下载图书到本机，可以离线阅读。

2. 常见问题

以 FAQ 的形式罗列了 14 条常见问题，如登录、下载图书、传递文献等的方法。

3. 馆藏查询

可以根据任意词、题名、著者、主题词等来查询馆藏。

4. 学术资源

可以搜索图书、章节、期刊、报纸、视频、论文等学术资源，支持在线阅读，下载的资源可以直接在线阅读或者下载到本机，不支持的可以通过远程文献传递的方式获取。

5. 公开课

在这里可以观看文学、历史、文化、社会科学、名人访谈、礼仪与技巧、休闲娱乐、哲学心理共八个分类的视频课程，可以选择在线观看的方式，也可以选择下载到本机离线观看。

6. 报纸

可以查看全国 500 多种主要报纸。

7. 视频

收录了治学方法、医学、农学、工程技术、教育社科、经济管理、政治法律、哲学、历史、文学、艺术、基础科学共 12 个分类的视频讲座，读者可以在线观看，也可以选择下载到本机离线观看。

8. 添加订阅

可以选择自己喜欢的热点内容如科技、财经、体育、军事、娱乐等进行订阅，系统会自动将最新内容添加到客户端中。

青岛市图书馆移动应用平台（1）

青岛市图书馆移动应用平台（2）

四、统一身份认证与单点登录

2014 年青岛市图书馆外购的数据库已达 23 个，这些数据库为读者获取知识带来了便利。当时，读者在使用数据库时受系统与地域制约，需要使用数据库时必须在图书馆电子阅览室的本地局域网中使用，无法在馆外通过互联网进行访问。为此，青岛市图书馆与广州图创计算机技术有限公司联合推出了青岛市图书馆统一身份认证与单点登录平台，通过这个平台可实现读者在馆外远程访问青岛市图书馆数字资源。在统一身份验证机制中，当用户需要访问某一应用系统时，首先登录平台，然后身份认证系统调用 Interlib 读者数据库对其身份认证，认证通过后将读者 IP 转换为一个合法的内网 IP，读者即获得授权访问所需要的资源。由此系统的易用性得到提高，一举解决了访问控制、身份管理、统一授权、安全审计等方面的安全和管理难题。

青岛市图书馆统一身份认证与单点登录平台使用非常方便，读者只要输入自己的读者证号与密码就可以登录平台并访问所有数据库，不再受地域、时间和次数限制，可以进行论文检索下载、浏览电子图书和漫画、观看视频、收听音频，读者使用便利度得到大幅度提升。

青岛市图书馆还与青岛市电子政务和信息资源管理办公室合作，将统一身份认证与单点登录平台嵌入到金宏网中，这样全青岛市的政府机关人员都可以在获得分配账号后，通过登录金宏网中的统一身份认证与单点登录平台访问青岛市图书馆全部数字资源，为政府机关人员提高工作效率打开了便捷通道。

五、无线网络与多媒体体验设备

2014 年青岛市图书馆开通 Wi-fi 服务，实现馆内全覆盖，读者仅需要持本人身份证到 Wi-fi 个人认证终端认证后即可使用，系统同时保存该读者的信息，之后就可以不限时间、不限次数、不限流量、免费地使用图书馆 Wi-fi，同一时间在线人数可达到 80 人。读者在青岛市图书馆内可以随时使用智能手机、平板电脑等移动电子设备访问互联网，结合市图书馆“手机图书馆”系统平台的应用，检索图书、查找资料的便利度大大提高。

青岛市图书馆还配置了 8 台多媒体触摸终端，分别安放在服务大厅和各个阅览室，读者不仅可以通过这些终端浏览电子图书、期刊、报纸、连环画等电子资源，还可以通过扫描二维码把电子文献资源下载到手机或平板电脑中阅读。青岛市图书馆数字资源的利用率由此提高，完善了全馆电子资源服务体系。

第三节

网上参考咨询

当代图书馆读者服务中的参考咨询工作，正在从面对面的直接交流向依托网络通信技术的远程交互模式拓展。青岛市图书馆借助于网络参考咨询系统，丰富服务内容，完善服务方式，延伸服务范围，朝着全天候、全方位为读者解答疑难的方向努力。

2012 年，青岛市图书馆加入了“全国图书馆参考咨询联盟”，并建立了独立的网上咨询台。这一平台可以为读者查找和传递文献，解答社会用户的问题咨询。青岛市图书馆网上咨询台设有“文献检索”“表单咨询”“我的咨询”“管理平台”“联盟门户”等五个栏目，通过文献检索可以检索图书、报纸、期刊、论文、专利、标准、视频等数字资源。该平台还设置了在线 QQ，图书馆员可以随时为读者提供实时解答咨询或远程文献传递等服务。

2013 年，青岛市图书馆加入了“山东全省图书馆参考咨询联盟”，进一步提升了参考咨询服务能力与水平。2014 年，市图书馆通过网上咨询台为读者传递文献 2242 篇，解答咨询 3196 次，满意率达到了 100%。

青岛市图书馆还为青岛市政府机关部门和企事业单位提供专题信息编制或决策参考服务，通过电子邮件方式，定期向相关部门或机构发送电子版专题信息。所编制的专题信息按内容主要分为两类，分别是领导决策类和经济类。领导决策类专题信息有《文化信息参考》《领导决策信息》《宏观纵览》，经济类专题信息有《房地产讯息》《钢铁讯息》《汽车讯息》。

《文化信息参考》为双月刊，内容主要为社会文化领域的最新政策、重要领导人的讲话、文化产业的发展、社会文化潮流、国内外文化交流，还摘录一些古今中外民俗知识、文化逸闻等，分为“文化大家说”“文化风向标”“神州撷芳”“中外交流”“海外速递”“史海浮沉”“文化拾趣”等七个栏目。《房地产讯息》为半月刊，内容包括房地产新闻、相关经济法规以及经济学家对我国房地产未来走势的预测等。市图书馆的专题信息服务活动，为青岛市的经济、社会与文化发展提供了有益的信息支撑。

第四节

RFID 与自助终端

2014 年 10 月，青岛市图书馆完成了外借借阅室藏书电子标签 RFID 的应用；同年底，又完成了少儿借阅室藏书电子标签 RFID 的应用。总共有 40 万册图书安装了 RFID 标签，同时配合设置了 10 台自助借还机和 2 台自助办证机，构建起了完整的自助服务系统。

RFID 书刊智能管理系统投入运行后效益显著。图书自助借还机借还图书量累计为 81.16 万册，占全馆书刊借还总量的 94.8%。自助办证机投入运行后，读者自助办证累计 7607 人次，占同期全部办证量的 26.7%，这一数据偏低，可能源于社会用户的应用能力不足以及对人机界面的信任障碍，因此图书馆员的相关辅导、帮助工作也需要进一步完善。

05

第五章

注重阅读引导 丰富推广活动

青岛市图书馆服务职能延伸的重要方式之一是举办各种丰富多彩的阅读推广活动，通过讲座、展览、书评、座谈会、笔会、知识竞赛等活动，推进了青岛地区的全民阅读活动，充分发挥了公共图书馆的文化传播与社会教育职能，也提高了图书馆事业的社会影响力。

青岛市图书馆平均每年举办各类讲座 50 余场、展览 20 余场、少儿活动 40 余场、外文活动 20 余场。经过长期不懈的努力，青岛市图书馆创立了青岛文化大讲堂、小小莫扎特故事音乐会、小贝壳快乐营等多个深受读者喜爱的服务品牌。

青岛市图书馆还结合民族传统节日、国家重要节庆日、纪念日举办了众多全市规模的大型阅读推广活动，如每年春节期间的剪纸、扎丝网花大赛，清明节和国庆节期间的诗文朗诵大赛，4 月 23 日世界读书日专题活动，非物质文化遗产日活动，在重阳节前后开展的敬老月活动等。近年来在图书馆数字化资源建设的环境下，青岛市图书馆开展了读者图书馆利用技能大赛，应用网络前沿通信技术的微博、微信等推广活动，吸引了大批读者踊跃参与。这些举措使青岛市的公共文化服务在创新的同时获得了扎实的进展，给岛城市民的生活增添了一抹亮色！

第一节

潜心积累创品牌

一、百姓文化课堂——青岛文化大讲堂

青岛文化大讲堂是青岛市图书馆倾力打造的优秀服务品牌。自 2002 年开办以来，大讲堂坚持贴近百姓，普及文化知识，为读者释疑解惑，知名度在不断提高，逐步成为建设学习型城市中的亮丽“知识风景”。青岛文化大讲堂在选题上，既有重大国际问题，又有百姓关注的热点问题，涉及政治、经济、历史、文化、文学艺术、科学普及、休闲娱乐等多个方面。为保证讲座质量，青岛市图书馆邀请多位知名专家、学者做客大讲堂，如外交活动家章含之、中科院院士郑守义、清华大学教授韩秀云、老一辈著名影视表演艺术家刘世龙、《曾国藩》作者唐浩明、央视《百家讲坛》嘉宾马瑞芳等。同时，为加强青岛地方文化建设，市图书馆与青岛市社科联合作，邀请其所属各学会的专家学者联合举办讲座或沙龙活动，不仅提高了图书馆讲座的质量，也扩大了图书馆活动在岛城学术界的影响。

青岛市图书馆还积极与上海图书馆等国内业界同行开展服务资源共享活动，利用业界众多优质讲座资源开展视频讲座服务。此类视频讲座大多由国内知名专家学者主讲，选题得当，内容精彩，具有很强的感召力，受到众多读者欢迎。为了扩展讲座视频的受众面，青岛市图书馆组织了讲座视频进基层活动，把讲座视频送到各分馆以

文化大讲堂（1）

文化大讲堂（2）

及军营、学校和社区，扩大了专家讲座的知识辐射范围，提高了讲座资源的利用率。

经过多年的认真耕耘，青岛文化大讲堂形成了多个特色版块，有专家学者版块、地方文史版块、艺进百家版块、中老年文学沙龙版块、道德讲堂版块和视频资料版块等。先后举办各种专家讲座600余场、播放讲座视频300余场，听众总计达15万余人。在中共青岛市委宣传部、市文化局、市广播电视局和青岛日报报业集团联合组织的市民最喜爱的文化活动评选中，青岛文化大讲堂讲座被评为青岛市民喜爱的文化活动之一；2008年，被市社科联评为“市十大文化品牌”之首；2011年被山东省文化厅授予山东省公共图书馆特色服务品牌。

文化大讲堂（3）

二、音乐梦想开始的地方——小小莫扎特音乐馆

2008年1月16日，青岛市图书馆对600多平方米的多功能厅做了重新规划配置，联合本市专业人员创办了全国第一家公众音乐图书馆——小小莫扎特音乐馆。在音乐馆成立后的三年中，先后举办了560余场公益活动，近36万名青岛市民及周边地区的音乐爱好者带

着孩子到这里欣赏世界经典音乐、学习音乐知识。小小莫扎特音乐馆由此成为青岛市的一张公益文化名片。

小小莫扎特音乐馆活动（1）

音乐馆以专业化的音乐环境、公益化的运作方式，将高雅艺术普及到普通市民中，也为音乐爱好者提供了音乐鉴赏、资料查询、学习交流和展示才华的平台，为提升青岛市民的音乐素养创造了条件。音乐馆分阅览区、表演区、培训区三个版块，集专业图书阅览、音乐视听、讲座、演奏、展览、培训、交流于一体。在音乐馆的书刊资源中，有东西方音乐理论、乐器技术、音乐家传记、音乐美学、曲谱的图书和音乐工具书等 3000 余册对读者开放借阅。任何音乐爱好者都可以到这里查阅相关资料。高保真音效的试听机，让音乐爱好者在这里获得美好的体验。12 间琴房配备了德国品牌的高品质钢琴，同时为音乐爱好者提供了曲谱试奏等个性化服务。音乐馆内建设了专业演艺舞台，同时配备了透明演奏级钢琴作为图书馆音乐会演出专用琴。

音乐馆邀请音乐学院的教授组成专家顾问团，定期邀请音乐学院教授、专家来馆免费讲学与指导。音乐馆同时为市民中的音乐爱好者提供了展示才华的舞台。音乐馆对外开放初期，连续举办了三场新年音乐会，让 100 多位琴童登台演出。从孩子们参演的热情中，音乐图书馆看到了琴童们“求台若渴”的期望。为此，图书馆组织了“周末音乐会小义工团队”，让有才艺的孩子自愿报名登记，为他们安排登台演出机会。此外，音乐馆还定期为孩子们举行公益音乐会，组织小义工前往养老院演出，举办赈灾义演。多年来，有 1000 多名琴童在音乐馆圆了自己的“舞台梦”。

小小莫扎特音乐馆活动（2）

世界各国有 6 岁以下的孩子不能参加音乐会的惯例。为了让 6 岁以下孩子尽早获得音乐文化的熏陶，让图书馆的音乐书籍真正“活”起来，音乐图书馆汲取世界儿童音乐教育专家的智慧，探索音乐教育创新途径，将富有童趣的经典故事、数字影像与古典钢琴音乐结合起来，形成了故事音乐会模式。活动由钢琴教师现场演奏，文化义

小小莫扎特音乐馆活动（3）

工当场讲解，适时播放绘本图书等影像，让听众通过专业讲解和影像故事得到对经典曲目的立体化、具象化认知，有效地增强少儿的音乐感知能力，激发他们关注音乐的主动性。

故事音乐会让儿童以具象而多元的方式开始接触音乐，在聆听故事的过程中接受音乐的启蒙，在悠扬的旋律中体会音乐带来的美感，培育起听觉视野，获得初步的音乐鉴赏能力。这一模式填补了早期音乐欣赏教育的一个空白。如今，参加故事音乐会不仅成为青岛孩子们的向往，周边不少城市的众多少年儿童也慕名而来。潍坊、日照等地的一些家长几乎每周都带孩子前来参加活动。一位来自日照的家长说：“我的孩子才三岁半，对任何事情，精力能集中 10 分钟就很不错了，但唯独听故事音乐会的时候能坐得住，40 分钟时间一直很安静、很投入。”

小小莫扎特音乐馆活动（4）

经过多年的探索，目前音乐馆的活动达到了每周至少两场，周周有新的创意。在两年的时间里，陆续推出了“森林 PARTY”“白雪公主”“热气球之旅”“洋娃娃的梦”“圣诞老人的真实故事”等 300 余场故事音乐会。活动场场爆满，先后有近 20 万青岛及周边地区的少年儿童在这里参与故事音乐会。近三年中，小小莫扎特音乐馆创建了多个青岛音乐普及活动的公益品牌，包括每周两场的公益故事音乐会、每两周一场的公益小书房读书会、每月一场的“音乐之梦”系列公益音乐会、每季度一场的音乐大讲堂和每季度两场的“希望之星”儿童音乐会。所有的音乐会均为免费文化服务活动，堪称图书馆界的“大手笔”。

青岛市图书馆的音乐馆由公共文化事业单位牵头，集聚与组织了社会文化资源，开拓了城市文化生活的新空间。这一举措让图书馆为社会提供了专业而广泛的文化服务，形成了良好的社会效益，为全国的公共文化服务发展探索出一条新的路径。

三、书海拾贝·快乐引航——小贝壳快乐营

公共图书馆作为社会文化教育机构，在倡导并推广全民阅读，尤其是在丰富未成年人精神文化生活、提高未成年人思想道德和科学文化素质方面肩负着义不容辞的责任。青岛市图书馆为此开展了服务少年儿童特殊需求的“书海拾贝·快乐引航——小贝壳快乐营”活动。

小贝壳快乐营活动（1）

小贝壳快乐营活动的宗旨是让孩子们“在快乐中收获、在收获中感悟、在感悟中成长”，这也是“书海拾贝·快乐引航”活动的核心价值。图书馆希望通过这一活动，帮助少年儿童建立主动阅读、自主学习的意识，养成科学阅读的习惯。这一活动的目的在于引导少年儿童多读书，读好书，逐步建立起科学的人生观、理性的价值观，在阅读中陶冶美好情怀，塑造优秀品质，促进身心健康和全面发展。

青岛市图书馆的小贝壳系列活动为岛城学童提供了一个集学习、娱乐于一体的平台，用丰富多彩的活动陪伴少年儿童度过每个周末、每个节日、每个寒暑假，在充分发挥图书馆社会教育职能，促进未成年人综合素质提高的社会发展要求中发挥了重要作用。

小贝壳快乐营活动（2）

小贝壳快乐营活动（3）

小贝壳快乐营活动（4）

小贝壳快乐营活动（5）

小贝壳系列活动包含了小贝壳巧手时间、小贝壳木偶剧场、小贝壳快乐银幕、小贝壳图书流动等九个版块。其形式多样、内容丰富，吻合了孩子们活泼好动、求知欲强的特性，满足了兴趣爱好各不相同的孩子们的特定需求，实践了寓教于乐的理念，取得了良好的社会效益。

四、“激情学外语，快乐求发展——外语沙龙”公益活动

随着我国不断向国际化迈进，中外文化交流日益增多，外语学习成为社会文化的热点之一。青岛市图书馆主动适应社会发展目标的需要，把握读者需求，创造了服务社会新需求的新型服务形式。

2003 年起，青岛市图书馆创办了“激情学外语，快乐求发展——外语沙龙”这一公益

外语沙龙（1）

外语沙龙（2）

文化活动，旨在为市民创建一个中外文化交流和外语学习的场所。活动以“激情学外语，快乐求发展”为工作指南，先后建立了多个活动版块，有英语讲座、故事世界、游戏联欢以及走进社区和校园、组织大型比赛等，涵盖了英、德、法、日等多个语种。

外语沙龙（3）

外语沙龙公益活动为青岛市民创造了一个学、说外语的机会，营造了一个身临其境、互动沟通的活泼氛围。活动邀请在青岛的外籍教师参加，采用知识讲座、口语竞答、当面交流、互动讨论等形式，辅之以各种规模的语言比赛，让市民获得多层次、多角度的参与机会。组织者力求每场活动主题新颖、内容丰富、品位高雅、生动有趣。由此，沙龙成为青岛市民学习外语知识、提高表达技能、展示语言风采的平台，也使青岛市图书馆成为全市外语活动的重要基地之一。

外语沙龙（4）

五、城市文化的“秀场”——青图展线

2002 年，青岛市图书馆延吉路新馆建成后开始举办各种主题的文化展览活动。位于西一楼的展厅是山东路老馆原大厅部分改建并重新装修而成的，是青岛市为数不多的带有日光玻璃顶棚的展厅。展厅举办、承办了一系列具有优秀文化品质和丰富社会教育意义的公益展览活动，包括“青岛市纪念改革开放 30 年图片展”“2008 年奥运会筹备展”“岛城名家高小岩书画展”等，众多展览从不同侧面展现了青岛市经济、社会蓬勃发展的历史进程，反映了当代城乡居民生活水平不断提高的过程，成为青岛城市发展的一个缩影。

青图展线展览的数量和质量在实践中不断提升，每月为岛城市民提供两场精品展览服务，让青岛市民徜徉在流光溢彩的美丽画面中。

第二节

假期生活添喜庆

一、有奖灯谜竞猜

每年春节的上午，青岛市图书馆都会举办一场有奖灯谜竞猜活动，这是图书馆的新年传统保留项目。迎新春有奖猜谜活动设在图书馆二楼。一千余条灯谜挂满整个大厅，五颜六色的谜条将现场映衬得热闹而喜气。图书馆的迎春猜谜活动因与“过年”契合而受到众多读者的青睐，前来猜谜的市民络绎不绝。有的读者还动员全家男女老少集体到图书馆“助阵猜谜”，学知识、赢奖品，为新年讨个好彩头。

假期生活——猜灯谜（1）

假期生活——猜灯谜（2）

假期生活——猜灯谜（3）

二、剪纸、扎丝网花大赛

正月十五是元宵佳节，也是我国的重要传统民俗节日。青岛市图书馆为增添岛城市民的节日欢乐氛围，联合市南区文化新闻出版局、市南区图书馆，在青岛市图书馆三楼自学区定期举办青岛市剪纸、扎丝网花大赛，这一活动已经持续了12年。

每年的正月十五，图书馆的三楼自学区里都挤满了前来参赛或观赛的市民。他们中间有传统手工艺人，也有对剪纸、扎丝网花感兴趣的业余爱好者；有年过花甲的老人，也有刚刚上学的孩子。大家齐聚一堂，以技会友，互相切磋、互相交流。其中还有一些来自瑞士、俄罗斯等国的外籍友人，他们倾慕中国的传统文化，饶有兴致地在民间艺人的身旁学习着扎制丝网花和剪纸的基础技艺，对参赛选手的高超水平更是赞叹不已。整个活动现场热闹非凡，充满了欢声笑语，为节日里的青岛增添了喜庆的气氛，也为中华传统文化的传承注入了新的活力。

剪纸

扎制丝网花（1）

扎制丝网花（2）

三、新春古筝赏析音乐会

新春古筝赏析音乐会是青岛市图书馆在每年春节期间举办的重要文化惠民活动之一。图书馆为此特别邀请了国家一级演员、著名古筝表演艺术家李文佑老师担任活动嘉宾。

古筝音乐会（1）

历年新春古筝赏析音乐会都会集聚一批曾在李文佑古筝教学中心学习，已经考入全国各大音乐艺术院校的优秀古筝专业学生（含本科生和研究生）以及古筝教学中心的部分后起之秀。音乐会表演的曲目既有经典传统筝曲，又有近年来的新人新作。演奏形式也是丰富多样，集独奏、重奏、合奏于一台。音乐会还组织戏曲表演、中阮演奏、小提琴独奏及声乐节目客串演出。新春古筝赏析音乐会是一台精彩纷呈、在青岛地区不可多得的高水准音乐会，每年都会吸引大批听众，同时也是岛城古筝艺术传承的重要活动之一。

古筝音乐会（2）

古筝音乐会（3）

四、清明诗词朗诵比赛

山东省诗词朗诵大赛青岛地区选拔赛每年在清明节前举行，既为表达“慎终追远、缅怀先烈”的朴素情怀，又可推进全民阅读，激发群众阅读热情，引导社会阅读方向。

青岛市图书馆承担了本地区选拔赛的组织管理工作。选拔赛通过讴歌中国人民不屈不挠、英勇抗争的爱国主义精神，唤起每一个善良的人对和平的向往和坚守。每届比赛都会请岛城多位专家到场，如青岛艺术研究所所长迟涛、青岛朗诵艺术家协会副主席兼秘书长王国庆、青岛广播电视台国家级播音指导施夏等。这些青岛朗诵界的权威人士以严谨、细致的态度为每位选手进行专业点评，赛后还同参赛选手进行深入交流，在语言、声音、仪表、表现形式等方面提出专业意见和改进建议，对朗诵活动的发展起到重要作用。

诗词朗诵大赛合照

诗词朗诵大赛参赛者

诗词朗诵比赛在语言情感、诵读技巧、台风设计、音乐背景等方面都体现出业内较高水准。朗诵表演形式多样，有独诵、双人朗诵和集体朗诵，并有配乐和表演。来自各行各业的优秀选手以真诚激越的感情和优美动听的声音，抒发他们真切的情怀，展现了动人的风采。每当诵读到激情之处，台上选手和台下观众相互应和，整个赛场洋溢着青春的热情和积极向上的精神风貌。

五、“非遗”体验活动

青岛市图书馆把各种重要纪念日作为阅读推广活动开展的契机，“非物质文化遗产日”主题活动是其中的典型代表之一。青岛市图书馆组织了扎丝网花、剪纸、折纸、古籍修复等传统文化遗产的保护、交流、传承活动，邀请青岛折纸达人、青岛科技大学材料科学与工程学院的徐磊教授以及青岛市丝网花和剪纸大赛一等奖获得者赵广娟女士、鞠爱琴老人在图书馆展厅进行现场展示，并传授传统技艺。市图书馆古籍保护工作人员手把手地传授古籍修复的方法。

活动现场展示了徐磊教授的飞禽、走兽、十二生肖、立体几何四个版块的立体折纸作品。这些以动物为原型的作品活灵活现、栩栩如生，显示了创作者高超的技艺。同时展出的还有十年来青岛市十届剪纸大赛的优秀获奖作品。

这一活动让青岛市民近距离了解了中国精湛的民间传统工艺，让社会公众包括外国友人对中国的非物质文化遗产保护活动有了亲身体验，加深了对中国非物质文化遗产的了解，激励市民尤其是青少年学生以实际行动继承我国优秀的非物质文化遗产。

非物质文化遗产日活动（1）

非物质文化遗产日活动（2）

六、文艺表演

青岛市图书馆在一些特定的节假日举办各种类型的文艺汇演活动，让众多读者在图书馆相聚，观看文艺演出，品味传统文化魅力。青岛曲艺社、青岛老年服务中心、青岛七彩华龄志愿团、青岛市山东路小学、青岛市镇江路小学等单位与青岛市图书馆建立了长期合作关系，每逢重大节日就会奉献一场精彩的演出。此时的图书馆是欢乐的海洋，读者观众在畅怀欢笑后心满意足地离去。

文艺演出

七、馆庆笔会活动

2014 年，青岛市图书馆为庆祝建馆九十周年举办了系列馆庆活动，书法笔会活动是其中之一。

书法笔会（1）

10 月 2 日上午，依托国庆的节日气氛，青岛市图书馆九十周年馆庆活动在多名书画家的挥毫泼墨中正式拉开序幕。青岛市书法家协会主席宋文京等十余位岛城知名书画家齐聚青岛市图书馆，他们现场创作，为图书馆的 90 岁生日献上了一份厚礼。

书法笔会活动在二楼大厅举行，短短一个小时，书画家就构思并创作了 40 余幅精美作品。他们的艺术创作过程吸引了众多读者驻足观看，三楼走廊上也挤满了读者。众多书画爱好者在现场与专家进行交流，表达了他们对书画家的崇敬之情以及对图书馆的美好祝愿。该活动拉近了读者与图书馆之间的距离。

书法笔会（2）

第三节

技能知识比翼飞

一、数字资源培训

近年来，青岛市图书馆不断充实数字资源馆藏，购置了新东方学习资源数据库、康乐老年数据库、考试资源数据库等数字资源。为提升数据库的公众知晓度，实现数据库的社会利用效益，图书馆相关部门举办了一系列培训活动，帮助读者了解数字资源，熟悉各种数据库的用法。康乐老年数据库的使用培训是其中的一个成功案例。

康乐老年数据库内容丰富多彩，主要有常见病、慢性病的治疗方法，相关最新医疗科技知识、家庭护理技能和各种注意事项，老人的自我保健与疾病预防，保持健康的习惯、方法等指导，还有中老年人喜爱的宠物饲养、家庭养花、收藏、垂钓等生活情趣指南。数据库的设置也体现出精心的设计与安排，适合中老年读者学习和利用。前来图书馆参加数据库利用培训的老年读者众多，年纪最大的达 86 岁高龄，他们对新事物有较强的求知欲，主动学习的精神保证了培训活动的顺利进行。培训活动不但丰富了读者的知识，更为老年读者的晚年生活增添了新的乐趣。

青岛市图书馆还组织了多种数据库使用培训，如超星手机图书馆客户端使用培训等，吸引了众多读者参与。这些培训让更多的人走进了图书馆，图书馆的读者群体也随之扩大了。

二、微博、微信推广活动

青岛市图书馆始终致力于服务模式的创新，以更好地推广社会大众阅读，官方微博、微信等应用丰富了图书馆的服务手段，拓展了图书馆的服务外延，让更多的市民通过“微阅读”形式走近阅读，品味书香。

2014 年世界读书日和青岛市“全民读书季”前夕，青岛市图书馆专门推出官方微博、微信推广活动，只要通过微博写下与图书馆的情缘或者成为微信粉丝，就有机会赢取精美奖品。活动得到了读者的热情响应，20 天内有千余名读者参与其中，这表明图书馆的“微阅读”正在惠及更多的读者。

微信推广活动

三、读者利用图书馆技能大赛

当代图书馆正在逐渐向文献资源数字化转型，网络信息服务手段也在不断丰富。青岛市图书馆为帮助更多的读者一同走进数字化的图书馆，通过“读者利用图书馆技能大赛”等方式推进此进程。

大赛在初赛阶段，通过发布一套图书馆相关知识的问卷在读者中进行海选，按分数高低选取进入决赛的读者。决赛阶段则是图书馆数据检索、文献查找和数字资源利用等多项技能的竞技过程。参加比赛的过程也是对现代图书馆利用知识的学习过程，因此比赛始终能够吸引大量读者参与，社会反响良好，为公共图书馆化身“城市书房”奠定了社会基础。

2012 年第四届读者利用图书馆技能大赛网络检索环节的比赛场面

2013 年第五届读者利用数字图书馆技能大赛的比赛重点放在了馆藏数字资源的推广和运用上

四、作家见面会

青岛市图书馆在开展阅读推广活动中，始终注重整合社会各界的优质文化资源。由青岛市图书馆、青岛市文联和青岛市作家协会共同举办的青岛籍作家与读者的见面会，是一个成功的尝试。

在 2013 年举办的作者见面会上，14 位青岛籍知名作家向青岛市图书馆捐赠了他们的著作 100 余册，并接受了青岛市图书馆授予的收藏证书。随后，山东省作家协会主席团委员、青岛市作家协会主席、青岛市文联创研室主任、中国作家协会会员郑建华女士，青岛市作协副主席、《青岛文学》杂志社副主编、中国作家协会会员韩嘉川先生，中国作家协会会员高伟女士和艾玛女士及热播电视剧《门第》作者连谏女士作为作者代表上台与参加活动的文学爱好者互动，分享他们的创作感悟，畅谈阅读与人生的关系，并回答了现场观众的提问。100 余名读者参与了这项活动，现场气氛热烈，读者由此走近作家，走向文学。

郑建华、韩嘉川、高伟、艾玛、连谏等岛城作家与读者互动座谈

五、新书发布会

作为人类文化结晶的主要收藏地，青岛市图书馆经常举行新书发布会。例如，青岛市图书馆联合青岛市新华书店和北京出版集团共同举办了《可怕的科学之谁来拯救地球：中国特辑》新书首发式暨“谁来拯救地球”大型环保公益活动启动仪式。这一活动嘉宾云集，其中有中国出版协会

青岛市图书馆于婧馆长与嘉宾一起启动新书首发式

少年儿童读物工作委员会主任海飞，极地探险专家、科普作家位梦华，中国科普作家协会常务理事、《科技日报》主任编辑尹传红，科普作家、特级教师李其震，核物理专家、高级工程师陈贺能教授等。李其震还开设了《科学是我的宝贝》公益讲座，与岛城小读者及家长共同探讨了“谁来拯救地球”这一学生喜欢的科普话题。

六、优秀读者评选

“百名优秀读者”评选活动是青岛市图书馆每年工作的总结，也是图书馆与读者共享工作成果的契机。青岛市图书馆与岛城30多万读者共同努力，以优异的成绩获得了国家一级图书馆、省级文明单位、青岛市三八红旗集体等众多荣誉。这些荣誉称号是对图书馆人辛勤努力的肯定，也是对图书馆读者的精神激励。

青岛市图书馆每年均开展“百名优秀读者”评选活动，优秀读者中有热爱阅读、天天进图书馆的“最勤奋”读者，有用自己的真知灼见推动图书馆进步的“最热心”读者，有重品行守规则、借书从不逾期的“最诚信”读者，更有踊跃参与图书馆阅读推广活动的“最积极”读者，等等。优秀读者评选活动让所有关心图书馆、热爱图书馆的读者朋友共同回忆和铭记与图书馆一起走过的日子。

“百名优秀读者”评选活动

第四节

用好媒介展新姿

青岛市图书馆注意丰富宣传手段，不断创新工作思路，让更多的读者通过互动模式接触图书馆，帮助公众了解图书馆，建构全方位立体化的服务宣传体系。

第一，青岛市图书馆保持着与传统纸质媒体的合作关系。每次图书馆举办活动之前，各大报纸上都有宣传文字。尤其是与本地《青岛日报》的合作密切，该报每个月有一则介绍图书馆服务的大篇幅报道，不断更新图书馆在城市公众心目中的服务形象。

第二，与广播、电视媒体合作不断深化。青岛市图书馆适应当代社会音像传媒公众影响力不断扩大的趋势，探索与各种新媒体的合作模式，利用多种信息渠道，加强图书馆与读者、听众、观众的沟通，做到图书馆文化服务项目及时的前期宣传，活动报道与各界的反响能够相互呼应。同时，用好图书馆自己的官方微博和微信公众号，发挥网络信息传播与接收的显著时空优势，每天发布和更新图书馆文化活动的相关信息，让社会公众得以通过网络渠道随时获得信息。

2013 年剪美 · 甘畅剪纸作品展

第三，坚守阵地宣传。青岛市图书馆将馆内的电子宣传屏与传统的纸质宣传栏、海报、册页等方式有机结合。图书馆坚持认为，此类形式简单但又直观的宣传方式，对于日均接待 2000 余读者的图书馆是必不可少的，能为每一位到馆读者提供最新鲜的资讯，持续不断的服务宣传终将稳固图书馆在社会大众心中的特定地位。

2013 年中秋民俗文化展

2014 年“青岛市流动科技馆工程”巡展首站落户青岛市图书馆

2014 年青岛红十字会建会一百周年历史图片展

2014 年民艺研究生工艺传承作品展

李沧区图书馆

圖書館

06

第六章

创新工作模式
建设服务体系

城市图书馆是存储和传播人类精神文明成果的重要场所，也是社会文化服务体系的重要组成部分。青岛市图书馆积极参与建设公共文化服务体系，围绕城市图书馆“保障公民文化权利、弥合数字鸿沟、发展社会教育、保护文化多样性”的服务定位，扎实稳妥地建设了覆盖全市的一体化服务网络，并通过建立各种数字文化项目、完善古籍保护中心、创建尼山书院等系列举措，有效地完善了城市图书馆服务体系，为实现图书馆在城市公共文化服务体系中的价值创造了良好条件。

第一节

总分馆制推进一体化服务

青岛市图书馆事业以往的发展不够平衡，部分偏远地区的公众不易获得图书馆服务。构建城乡一体化的公共图书馆服务网络，让图书馆服务延伸到所有基层社区，是当代图书馆事业发展的目标之一。

国内外同行的实践表明，公共图书馆事业以统一采购、统一编目、统一配送为业务基础形成的总分馆制，是构建公共图书馆服务体系的较好形式。2006 年，青岛市图书馆就本地区公共图书馆服务网络建设课题开始了系统调研，逐步拟定工作步骤与具体方法，规范基础服务内容与形式。2008 年，着手推进总分馆制体系建设，正式出台《青岛地区公共图书馆总分馆制服务标准》和《青岛地区公共图书馆总分馆制技术标准》，保证总分馆建设规范化运作。

根据青岛地区的实际情况，在不改变各级图书馆行政隶属关系的前提下，公共图书馆服务体系以青岛市图书馆为中心馆，区（县市）级图书馆为分中心，乡镇（街道）图书室为分馆，社区（农村图书室）为基层服务点，形成四级架构的图书馆服务体系。服务体系内部搭建统一的技术平台，建立统一的文献资源库，实现统一采购、统一编目、统一配送，青岛地区区（县市）级 13 个图书馆之间实现书刊通借通还，数字文献开展共建并实现网上资源共享。

2014 年，全市图书馆文献通借通还量为 67879 册次，全市所有读者都能获得中心馆统一购买的中国知网（CNKI）、维普、阿帕比（Apabi）、人大书报资料中心等 20 个数据库资源服务。

以下是青岛地区主要区（县市）级图书馆的基本情况。

一、市南区图书馆

市南区图书馆位于青岛市南区，为国家一级图书馆，馆舍面积 2100 平方米，阅览座席

311 个（含儿童阅览座席 60 个），拥有计算机 50 台，馆藏书刊 22 万余册，数字资源总量 4.5TB。年接待读者约 16 万人次，外借图书 14 万册次。设有报刊阅览室、少儿阅览室、图书外借室、电子阅览室、媒体视听室、读者自习室、文献及地方文献室等对外服务窗口。至 2014 年，市南区图书馆在区域范围内建立了 33 个可供图书通借通还的分馆，在市南区形成了“一刻钟读书圈”。

市南区图书馆自 2002 年推出每周一次的“百姓课堂”活动，邀请医疗保健、民间工艺、书法绘画等各行业的专家在馆内开设讲座。这一活动被山东省文化厅评为“山东省公共图书馆特色服务品牌”。该馆少儿阅览室被命名为青岛市“小公民道德建设实践基地”。

市南区图书馆

二、市北第一、第二图书馆

市北第一图书馆位于青岛市台东商贸区，为国家一级图书馆，馆舍面积 3100 平方米，阅览席位 300 个，计算机 65 台，馆藏书刊 22 万余册，报刊 400 余种，各类工具书 800 余册。年接待读者 16 万人次，外借图书 12 万册次。设有外借室、少儿借阅室、文献资料室、报刊阅览室、电子阅览室、自学室、多媒体视听室、报告厅、展厅、远程教育培训室等对外服务窗口。市北第一图书馆在其区域内陆续建立了机关分馆、老龄委分馆、妇幼分馆、公安分馆、企业分馆等特色分馆，每年定期对 19 个街道 176 个社区的图书管理员进行业务辅导与培训。

市北第二图书馆（原青岛市四方图书馆）位于青岛市鞍山二路61号，为国家一级图书馆，馆舍面积2600平方米，阅览席位300个，计算机20台，馆藏文献20万册。年接待读者18万人次，外借图书14万册次。市北第二图书馆与7家街道、社区的分馆或流通点实现了馆际互借服务。2009年以来，市北第二图书馆持续对街道、社区图书馆人员进行专业培训和网络资源使用指导，计70余次，参加人数共400余人。

三、李沧区图书馆

李沧区图书馆位于青岛市永年路20号，为国家一级图书馆，馆舍面积4000平方米，阅览席位300个。设有成人借书室、成人阅览室、少儿借阅室、电子阅览室、视障阅览室、自习室、国学讲堂、文化体验活动区、国学道德展区、地方文献室等功能区，配有少儿触控一体机、电子读报机、书目查询机、电子图书借阅机和自助办证机等数字化服务设备。

李沧区图书馆

李沧区图书馆资源丰富且有特色，馆藏文献约30万册，图书馆着重收藏地方文献，较为完整地保存了李沧区的历史文化信息。

四、崂山区图书馆

崂山区图书馆位于青岛市崂山区文化中心广场，为国家一级图书馆，馆舍面积2532平方米，阅览座席309个，藏书17.5万册，报刊400种。年接待读者15万人次，文献流通10.8万册次。内设报刊阅览室、图书外借室、少儿阅览室、电子阅览室、地方文献阅览室、多媒体阅览室、自习室等多个服务窗口。

崂山区图书馆近年的工作重点为全国文化信息资源共享工程建设和图书配送体系建设，全区139个农村社区全部建立了社区图书室和电子阅览室，覆盖率达100%，基本建成了覆盖崂山区的图书借阅网络，开通了不受时空限制的电子图书传播渠道，为农村文化建设与发展奠定了良好的基础。

崂山区图书馆

五、城阳区图书馆

城阳区图书馆位于城阳区和阳路 327 号，为国家一级图书馆，馆舍面积 3700 平方米，阅览座席 400 个（其中少儿阅览座席 100 个），藏书 37 万册，各类期刊 400 余种。年接待读者 60 万人次，借还图书 37 万余册次。设有中文图书外借室、中文报刊阅览室、少儿借阅室、公共电子阅览室、自修室、地方文献阅览室、报告厅等免费开放服务窗口。已经建成街道级分馆 126 个，其中有 14 个特色分馆，全区图书借阅实现了“一卡通”。

城阳区图书馆

城阳区图书馆常年组织开展读书节、全民读书月、书画作品展等主题活动，图书馆的知识大讲堂、“驿路书香”流动图书服务、读者沙龙等活动，有效促进了阅读推广。在未成年人阅读指导和服务领域，有英语沙龙、影片展映、“故事大王”评选、“我是小小图书管理员”志愿服务等活动，吸引青少年走进图书馆。

六、黄岛区图书馆

黄岛区图书馆位于文化路 105 号，为国家一级图书馆，馆舍面积 11941 平方米，藏书量 76.03 万册。设有成人外借室、少儿借阅室、报刊阅览室、资料室、电子阅览室、“尼山书院”国学经典阅览室、“尼山书院”活动体验室、“尼山书院”国学讲堂（道德讲堂）、地方文献特藏室、自学室等服务窗口。已经建立街道、社区分馆 61 个。

2006 年，图书馆内设立了方志馆，收集地方市志、年鉴等地情资料以及全国各地的志书、年鉴和文史专著，成为馆藏一大特色。图书馆还对部分地方文献进行数字化处理，建立起地方文献数据库。

2010 年，图书馆联合青岛理工大学、山东科技大学、中国石油大学（华东）、青岛黄海学院、青岛职业技术学院、青岛港湾学院等六所区域内高校图书馆成立了黄岛区图书馆联盟，推动高校图书资源向社会免费开放，丰富了市民的文化资源。

黄岛区图书馆（位于文化艺术中心之内）

七、即墨市图书馆

即墨市图书馆位于青岛即墨市（今即墨区）文化路西部，创建于1915年，已有百年历史，为国家一级图书馆。馆舍面积7500平方米，阅览座席400个，馆藏总量28万册，其中，地方文献约3600册，数字资源1.5TB，年接待服务读者31万余人次。设有服务台、视障阅览室、中文及文学图书外借室、中文及少儿报刊阅览室、少儿图书外借室、电子阅览室、地方志馆、国学阅览室等10余个免费服务窗口。

即墨市图书馆与青岛市地区公共图书馆服务网络以及即墨市24所基层分馆实现了

即墨市图书馆

数据实时联通，书刊文献也实现了通借通还。图书馆通过品牌活动和特色服务凝聚人气，“墨墨”智慧加油站、“墨墨”火炬手行动——小志愿者服务活动等在社会公众中口碑良好。

八、胶州市图书馆

胶州市图书馆位于青岛胶州市湖州路 222 号，为国家一级图书馆，馆舍面积 2530 平方米，藏书近 20 万册，年图书流通量 9 万余册。

胶州市图书馆定期举办送书下乡、中小学生乡土文化知识竞赛、双语美文诵读、全民阅读有奖征文及演讲大赛、书画创作笔会、诗歌朗诵大赛、健康知识讲座、文学作品欣赏、爱国影片展映、地方戏曲欣赏等阅读推广活动，吸引更多的市民利用图书馆，为推进胶州市新农村建设发挥了积极作用。

九、平度市图书馆

平度是山东省最早建立图书馆的县市之一。平度市图书馆始建于 1956 年，为国家一级图书馆，馆舍面积 3010 平方米，馆内收藏自 1939 年以来的报刊 870 种，合订本 2 万多册，古籍及各类工具书 1 万余册，地方文献 3500 册。馆内设有成人外借室、成人阅览室、儿童借阅室、采编辅导室及典藏书库、报刊资料库等服务窗口。

平度市图书馆通过“科技示范点”“科技赶集”等形式，开展信息传递和定题跟踪服务，配合重大节日及纪念日举办“元宵节灯谜会”“征文比赛”“诗歌朗诵会”等阅读推广活动，吸引市民走进图书馆。

十、莱西市图书馆

莱西市图书馆位于青岛月牙湖畔的烟台路 38 号，为国家一级图书馆，馆舍面积 3080 平方米，馆藏文献 21 万册，其中图书 3532 种，报刊 400 种，视听文献 33 套。设有公共电子阅览室、地方文献资料室、中文借书处、儿童借阅室、报刊阅览室、文化信息资源共享工程支中心等服务窗口。自纳入青岛市图书馆总分馆体系后，莱西市图书馆实现了文献资源共享，并且正在向电子化、自动化图书馆转型。

莱西市图书馆所在地区有基层图书馆（室）1196 所，藏书总量 894 万册，包括机关、企事业单位图书馆（室）161 所，藏书 234 万册；中小学图书馆（室）159 所，藏书 278 万册；镇（办）图书馆（室）15 所，藏书 44 万册；农村图书室 861 所，藏书 338 万册。

莱西市图书馆

第二节

系统融合消除数字鸿沟

随着数字信息处理和网络通信技术的发展，人们获得信息资源的差别导致信息鸿沟出现，社会弱势群体面临信息获取能力削弱的窘境。城市公共图书馆构建了一个完善的数字文化资源服务网络，将数字信息服务延伸到社会基层，这是保障公众基本文化权益的必要举措。青岛市图书馆努力加强馆藏数字资源建设，主动拓展社会服务网络，完善城市图书馆的数字资源服务系统。

一、文化信息资源共享工程

2006 年，根据国家文化部统一部署，青岛市图书馆成立了青岛市文化信息资源共享工程支中心。支中心设立了硬件设备管理、软件系统维护、资源建设、资源推广利用、信息联络、培训辅导等职能岗位。青岛市图书馆馆长兼任中心主任，配备专职人员 10 人。

支中心建设得到青岛市政府财政支持，共投入 200 余万元。根据文化共享工程示范市的标准，支中心完善了计算机服务系统的硬件配置，拥有 IBM 系列服务器近 10 台，存储能力达到 13. 6TB，互联网带宽 100M，形成较完备的网络信息处理与服务能力。

至 2015 年，青岛市已经建立了 12 个区（县市）支中心，在镇、街道和社区建设了 160 个扩展型基层服务点，并建立了 3734 个村级扩展型基层服务点，构建了市、区（县市）、街道（镇）、社区（村）四级服务网络，全市各级共享工程支中心和服务点达到了 3906 个。

丰富的数字资源是文化共享工程服务社会公众的基础前提。2006 年以来，青岛市图书馆根据自身的实际情况，逐步形成了一套数字文化资源建设的有效方法，包括重视建设自有版权资源、积极搜集社会优秀资源、开发利用网络公共资源、接受社会捐赠的具有知识产权的资源，等等。青岛市图书馆文化共享工程目前已经建立了一批具有鲜明地方特色的数据库，如“青岛市文化共享工程流媒体平台”“地方戏曲文化”“市民学堂”等，数字资源总量超过了15TB。

青岛市文化共享工程流媒体平台

青岛市图书馆为了让文化共享工程真正走向公众，采取了一系列的推广措施，确保共享工程切实取得社会效益。

首先，考虑到市民的年龄、受教育状况等差异，青岛市图书馆针对不同读者群体定期开展各种层面和类型的培训活动，提高社会用户掌握、利用网络文化信息资源的方法和技巧。一是总馆向计算机操作能力薄弱、缺乏文献信息检索基础知识的读者，提供计算机基础知识、图书馆文献资源检索、OPAC系统使用等方面的培训；二是派遣工作人员到各区（县市）支中心以及街道、社区基层服务点上门培训，协助基层完善数字文化服务体系；三是与社会相关部门合作，组织电子政务培训、转业军人培训、下岗工人和进城务工人员再就业培训等专题培训；四是面向老年读者，组织专项培训。

青岛市图书馆还通过举办“动漫书阅读心得交流会”“少儿益智游戏大赛”“老年人计算机技能比赛”等兴趣类比赛，以生动活泼的形式把培训内容传递给各种用户，吸引了更多的读者关注数字文化资源，促进资源利用率的上升。

其次，应用文化共享机、投影仪等设备，在文化共享工程青岛市支中心视频播放厅定期举行共享工程优秀影视节目展播。视频资源选自文化共享工程讲座资源，涉及历史、艺术、法律以及社会热点问题等，深受读者欢迎。

“青岛市共享工程信息平台”使用培训

青岛市图书馆每年都有详细的社会服务计划，组织文化共享工程进军营、进社区、进学校，通过多种形式的读者活动，保证共享工程的文化资源得到充分利用。

共享工程进军营

二、数字图书馆推广工程

数字图书馆是应用数字网络技术为公众提供便捷的信息服务、实现资源共享的图书馆新型服务方式，是建设公共数字文化服务体系的基础工程。

2007 年，青岛市图书馆开始探索建设数字图书馆。此图书馆是利用已有的图书馆基础服务设施，以山东省数字图书馆为依托，以青岛市数字图书馆为核心，以全市各区数字图书馆为主要节点的虚拟图书馆网络，目标是实现青岛市各级各类数字图书馆资源的共建共享。

2012 年，青岛市图书馆以 Interlib 图书馆集群管理系统为基础，通过 SSO 单点登录系统实现了青岛地区 10 个区（县市）12 个馆的统一用户管理，并参与完成了全省内的 VPN 虚拟网连接，使本市的数字文化资源可以通过 VPN 在山东省内实现共享。青岛市图书馆还将加入全国图书馆文化资源网络，逐步走向与全国公共图书馆资源与服务的全面共享。

数字资源建设是数字化图书馆的基础和核心。数字化文献信息资源的种类和结构复杂，对资源建设有着更高的要求。青岛市图书馆立足实际，对各种信息资源进行筛选、加工和整合，建成了一批资源丰富的地方特色数据库，例如“青岛旧影”“胶澳文化遗产”“青岛历史街巷”“名人与青岛”“青岛国际啤酒节”等。这些专题数据库中包含了珍贵的文字资料、历史照片和视频文献，具有鲜明的地方特色和较高的文化价值。

此外，青岛市图书馆还采购了 20 多种数据库资源，涉及时事新闻、学术研究、社会发展、职业教育和儿童教育等多个领域。

地方特色数据库

数据库读者培训

读者利用数字图书馆知识技能大赛

为了使这些资源得到充分利用，青岛市图书馆主动宣传推广，借助移动电话、数字电视、移动电视等新兴媒体，通过互联网、移动通信网、广播电视网等通道，提供多样化、专业化、个性化的数字图书馆服务。此外，青岛市图书馆还依托数字资源，面向社会提供各种专题信息咨询服务、信息检索服务、决策信息服务、用户教育服务等，获得了良好的社会反响。

三、公共电子阅览室服务

公共电子阅览室建设是推动城乡公共文化服务体系建设、保障数字文化服务的重要途径之一。

青岛市图书馆公共电子阅览室面积540平方米，位于图书馆东楼四层，环境安静，光线充足，分为游戏动漫区、数字阅览区、互动学习区、少儿读者区、政府信息查询区五个区域，配置了应用服务器2台、运维服务器1台、磁盘阵列2台、电脑98台，提供150M宽带接入。电子阅览室中单独设立少儿读者区，在等候区配备沙发、圆桌等，为等候上机的读者提供便利。

公共电子阅览室资源以山东省公共电子阅览室平台为主，包括“网络图书馆”“学习园地”“在线影院”“动漫世界”“快乐网游”“互动空间”“网上少年宫”“本地资源”等8个栏目，种类丰富，资源齐全，基本内容有中文书刊、地方志、非物质文化遗产、舞台艺术、影视作品、文化讲座、法律法规、医疗卫生、农科技术、少儿动漫和科普等。

山东省公共电子阅览室平台

电子阅览室资源导航界面

图书馆公共电子阅览室以未成年人、老年人、外来务工人员等群体为主要服务对象，服务重心为公众的娱乐休闲需求。未成年人专区提供上网服务，配备了学习机等设备，利用外购数字资源“少儿多媒体图书馆”“乐儿数字资源平台”“MyET 我的口语学习家教”等，以青少年素质教育和技能培训资源为重点，如利用电子书制作工具——“点点DIY”进行电子书籍和相册制作等。

小贝壳 IT 达人公益培训活动

公共电子阅览室面向老年读者组织各种网络培训辅导、休闲娱乐活动等定向服务，帮助老年读者享受信息时代数字生活的便捷。短期辅导班传授计算机基础操作知识、网络信息获取方法、预防网络诈骗等上网注意事项；利用外购视频资源，组织老年读者开展养生、保健等活动；为老年读者搭建网络学习平台，挑选写作、书法、美术、音乐等适合老年群体的材料，组织老年读者共同学习，让他们的晚年生活丰富多彩。

公共电子阅览室针对外来务工人员群体，组织了求职信息、技能培训、医疗保险、法律服务等实用类资源信息服务，利用馆藏视频资源，开展科普知识、实用技术、社会教育等方面的培训，帮助他们尽快适应城市的工作和生活。

第三节

古籍保护传承文化遗产

自全国中华古籍保护计划实施以来，青岛市图书馆积极开展古籍普查与保护工作。2008 年 9 月，青岛市古籍保护中心在青岛市图书馆正式成立，其任务是指导全市开展古籍保护工作，组织开展古籍普查、登记、培训、研究等工作。

古籍普查与鉴赏培训讲座

古籍保护中心成立后，青岛市图书馆开展了大量工作。首先着手本地区古籍普查工作，初步掌握青岛地区古籍保存现状，同时对各区（县市）古籍普查工作人员进行培训。通过古籍普查，平度市图书馆被发掘出古籍 6000 余册，其中不乏善本，市图书馆即刻指导平度市图书馆申报《山东省珍贵古籍名录》。

古籍保护与普查走访调研

为做好青岛地区的古籍保护与普查，古籍保护中心走访了许多藏有古籍的单位及个人，成果颇丰。如指导并协助青岛大学医学院图书馆对馆藏1000多册古籍进行普查，帮助青岛民间古籍收藏者王文祥先生整理家藏的数千册古籍。

对于部分不具备古籍收藏保护条件的古籍收藏单位和个人，青岛市古籍保护中心首先提出了“古籍寄存制”模式，青岛市图书馆为这些单位和个人免费寄存古籍，同时确认古籍所有权不变。至今已接受1个单位、15位个人寄存的古籍132种1077册。这一方法解决了这些单位和个人的实际困难，被称为“青岛模式”。同时，作为青岛市可移动文物普查试点单位，青岛市图书馆按照相关文件要求参与了可移动文物普查工作，发掘善本古籍作为可移动文物的存在价值，申报了具有较高文物价值的古籍1000余种，填报国家可移动文物普查平台数据1047件套14799件。这项工作得到青岛市可移动文物领导小组的肯定，青岛市图书馆获得了“文物普查试点工作突出贡献单位”等荣誉。

古籍编目与鉴定培训活动

为了推动古籍保护活动的开展，青岛市图书馆还开展了丰富多样的古籍保护宣传活动，不仅专门印制了《古籍保护宣传册》，还通过电视、报纸、网站等媒体，向广大市民宣传古籍保护的相关知识，提高全社会的古籍保护意识；多次邀请国内知名专家来青岛举办讲座，为图书馆员和社会公众讲授古籍版本与鉴定、编目与著录方面的知识。同时，青岛市图书馆还组织了古籍有奖猜谜、“书的诉说”大型书史展等活动，取得了良好的社会效益。

第四节

书院服务谱写新篇章

为了充分发挥公共图书馆在传承文明、社会教育、引领阅读中的重要作用，提高城市图书馆的文化服务能力，山东省文化厅决定在全省推行“图书馆 + 书院”的公共文化服务模式，让古老书院在现代图书馆中焕发青春，让图书馆优质的资源和服务通过书院走进百姓。

青岛市图书馆适应市民文化需求，带动各区（县市）图书馆开展“尼山书院”建设。至 2014 年年底，青岛地区 13 所公共图书馆的尼山书院全面开放，形成了尼山书院区域联盟。尼山书院开放以来，累计举办国学讲座和体验活动等 300 余场，参与人数达 25000 余人。

尼山书院揭牌仪式

在尼山书院项目建设过程中，青岛市图书馆利用现有馆舍和资源，专门建构了网上尼山书院展示平台，平台设有“圣贤先儒”“国学经典”“国艺学堂”“网上展厅”等多个栏目，通过文字、图片、音频、视频等多种媒介向青岛市民展示传承了五千年文明的国学经典，市民可以通过手机、平板电脑等多种方式随时进入网络平台。各区（县市）图书馆也可以通过尼山书院网络平台上传各具地域特色的民风民俗、名胜古迹、文化遗产等数字资源，共同完善青岛地区公共图书馆网络的数字资源服务。

古琴学堂

首先，自尼山书院开放以来，青岛市图书馆定期组织丰富多彩的传统文化活动，包括经典诵读、国学普及、礼乐教化、道德实践、情趣培养等五大版块，涵盖了传统儒学的礼、乐、射、御、书、数等基础知识，全方位地构建了实用简洁的国学教育体系。在实践过程中，青岛市图书馆注重利用已有的成熟服务项目，将道德讲堂、书画展览、少儿诵读等活动划为尼山书院的活动系统。

书法学堂

其次，整合本地区的多个书院资源，组织了视频资源共享、优秀展览巡展和知名专家巡回演讲等活动，丰富了各个尼山书院的活动内容，提高了尼山书院的整体知名度。

最后，市图书馆还加强与本地区其他国学教育机构、组织的合作，包括青岛地区的高校、中小学、民间吟诵团队、武术协会、社区老年大学等，合作举办各种活动，推进传统文化传承并扎根于基层社会。

少儿诵读活动

青岛市2011年公共图书馆业务竞赛

07

第七章

发挥学会效能
完善专业队伍

图书馆的人性化服务、网络信息服务、阅读推广工作都需要以高素质的专业馆员队伍为前提，青岛市图书馆学会为此搭建了与业界同人交流的平台，拓展图书馆人的眼界，保障图书馆事业的发展。

第一节

营造专业人才成长氛围

人才是图书馆事业发展的基础，图书馆的海量文献和先进的技术装备需要与专业馆员完美结合，才能充分发挥其应有的服务效能。近几年来，青岛市图书馆每年向社会公开招聘具备本科以上学历的专业人员，他们的专业背景涵盖了图书馆学、情报学、古典文献学、信息管理、考古学、新闻传媒等多个学科领域。2015 年，青岛市图书馆在编人员 110 人，其中博士学位 1 人，硕士学位 10 人，本科学位 79 人，本科（含）以上学历的馆员占全馆总数的 80% 以上。

青岛市图书馆始终坚持以人为本的建设理念，将人才培养作为“固本强基”的主体工程，鼓励特色发展，推崇创新发展，力求形成开放发展与可持续发展的合力，提供求实创新的发展环境，营造独立开放的学术氛围，推进建设一支专业人才队伍。

一、制定科学管理规则与激励机制

青岛市图书馆为保障业务工作的高效有序，在多年来的探索和实践中建立了一套行之有效的规章制度，如《青岛市图书馆文明服务规范》《青岛市图书馆工作人员守则》《青岛市图书馆各级领导干部工作职责》《青岛市图书馆“文明馆员标兵”评选办法》等。这些规章制度明确了各部门、各岗位的职责，让每个馆员各司其职、各负其责。同时，建立了激发馆员主动工作和培养创新意识的奖惩机制，建设了一支具备较高职业素养的专业队伍，营造了可持续发展的工作氛围。

二、提供良好的发展环境

青岛市图书馆重视馆员的继续教育和业务技能培训，鼓励馆员参加各种职业教育或学历教育，以提高自身的理论和业务水平。馆内经常组织各种类型的岗位培训，开展业务“练兵”和技能竞赛，帮助馆员构建合理的知识结构、培养与时俱进的职业技能。这些培训教育有效地增强了馆员队伍的整体素质，促进了各项业务水平的提升，也为图书馆馆员的日后发展创造了良好的环境。

青岛地区公共图书馆业务竞赛

三、营造浓厚的学术氛围

青岛市图书馆鼓励馆员在实践的基础上不断总结经验并升华为专业理论。图书馆馆员积极挖掘馆藏资源，开展学术研究，发表专业论文，撰写专业著作，不断有馆员在省级以上专业期刊发表论文。浓厚的学术氛围有效提高了各位馆员的业务能力与研究水平，馆员们在专业课题研究过程中逐步对馆藏资源有了全面、深入的了解，为日后更好地开展专业服务奠定了基础。

四、丰富职工的业余生活

青岛市图书馆为全体馆员开辟了才艺展示平台。花样翻新的趣味运动会、充满活力的共青团活动、丰富多彩的工会活动和博采众长的年会，就像一张洁白而又包罗万象的稿纸，馆员可以用楷书书写自己的执着，用行书描绘自己的洒脱，用草书展现自己的豪迈。青岛市图书馆人在丰富的业余文化活动中谱写了独具魅力的青春之歌，展现了无私奉献、敬业创新的高贵品质。

青岛市图书馆年会

第二节

专业交流拉动学术研究

1985年12月青岛市图书馆学会成立，成为专业同行间沟通与联系的重要桥梁。第一届理事会会长鲁海，秘书长王惠生，有会员87人，其中高级职称16人，中级职称38人。学会发展至2015年，已拥有会员600余人，其中具备中高级专业技术职称者508人。

青岛市图书馆学会的宗旨是遵守宪法、法律、法规和国家政策，遵守社会道德风尚，发展社会主义先进文化；贯彻国家发展文化、教育和科学技术工作的基本方针，发扬民主，倡导创新，弘扬“尊重知识，尊重人才”的风尚；促进图书馆学研究、促进图书馆事业的繁荣与发展、促进图书馆界人才的成长与提高，为社会主义物质文明和精神文明建设服务。

青岛市图书馆学会工作主要围绕图书馆学、目录学和情报学开展学术交流，组织各种学习班和讲座，培训相关工作人员，推动馆际互借活动开展，召开图书馆业务工作会议，群策群力发展青岛地区的图书馆事业。

一、召集学术交流会议

学会每年组织不同主题的学术研讨会与经验交流活动，推荐本学会会员加入省图书馆学会和中国图书馆学会。学会组织会员撰写学术论文，这些学术论文先后被提交到青岛市社科联组织的社科优秀成果评奖活动、中国图书馆学会和山东省图书馆学会组织的征文评选活动中，每年获奖作品众多。

业务交流

近年来，青岛市图书馆学会组织了“和谐社会的图书馆建设”“图书馆建设与科学发展”等多次征文活动，参与者近 400 人，征文 1000 余篇，评选出了多篇优秀论文并结集出版。

2013 年 10 月，学会组织学会成员单位参加了青岛市图书馆学会和青岛市第一次可移动文物普查办公室联合举办的全市图书馆系统暨纸质文物普查培训班，培训班聘请了国家图书馆古籍馆、中国出版博物馆和中国版本图书馆的专家到会做专业讲座。包括各会员单位馆长在内的 80 多人参加了此次培训班，有效地配合了青岛市图书馆系统文物普查工作的开展。

2014 年 6 月，学会组织包括会员单位馆长在内的 100 多人参加了由中国图书馆学会主办、青岛市图书馆学会承办的“第 26 届全国十五城市公共图书馆工作研讨会暨华东地区国家公共文化服务体系示范区创建城市公共图书馆馆长研讨班”，提升了各会员单位为公共文化服务体系建设服务的意识，进一步推动了青岛市公共文化服务体系建设的进程。

2015 年 5 月，学会组织了 2015 年度学术论坛，进行了学术征文活动。论坛邀请了国家图书馆研究院副院长申晓娟研究员、上海图书馆副馆长周德明研究员、山东省图书馆副馆长王玉梅研究员等做专业学术报告，帮助图书馆员及时了解业内最新发展动态，推进本地区图书馆活动发展。

十五城市公共图书馆工作研讨会

青岛市图书馆学会 2015 年度学术论坛

学会还组织理事到江西、湖南、甘肃等地参观学习，拓宽了研究视野，丰富了研究内容。同时，学会还利用参加国际图联大会的机会，组织学会理事和各级图书馆馆长出国考察，学习国外图书馆的先进管理模式，对改进与加强本单位和本地区的工作起到了促进作用。

二、组织文化教育活动

近年来，青岛市图书馆学会积极发挥自身的文化教育职能，与青岛市社会科学界联合会、青岛市老年大学等兄弟单位联合举办知识普及讲座、地方文史沙龙、老年保健讲座、社会热点讲座等各类文化讲堂；在各会员单位间举办文化联展和巡展，互融互惠，共同进步。

三、开展业务培训活动

邀请业内专家讲学和组织各种业务培训也是青岛市图书馆学会工作的一个侧重点。近几年来，学会举办了文化信息资源共享工程知识学习班、数据库使用学习班、电子图书使用学习班等，举办了12区（县市）文化共享知识比赛、共享知识有奖答卷等交流竞赛以及Interlib系统使用培训、公共图书馆评估标准解读培训等活动。

四、召开年会及馆长联席会

青岛市图书馆学会始终坚持每年举办年会和馆长联席会议。年会力求内容丰富、形式多样并有较强的学术性，全面展示各会员馆和馆员的风采。馆长联席会议主要目的是总结各区（县市）图书馆的工作，并根据全市图书馆事业的进展，就地方文献资源、总分馆制、数字化图书馆建设等进行沟通和交流。

2012年馆长例会

青岛市图书馆学会工作的有序开展，提高了青岛地区图书馆界的学术水平，加强了图书馆同人之间的交流，为本地区图书馆事业可持续发展提供了有效的智力支持。

馆藏篇

南華經副墨
青島市
圖書館藏珍貴古籍敘錄

全国古籍重点保护单位

08

第八章

服务基石　馆藏概况

悠悠五千年中华文化，依托卷帙浩繁的文献典籍得以薪火相传、相承延续。历史典籍记载了自然变化、社会文化的存在与发展，蕴含了中华民族的精神价值、思维方式和创造能力。

青岛市图书馆现有馆藏资源总量2481414册，包括中文普通图书1890238册，古籍图书143163册，外文图书152097册，民国文献33112册，以及电子、视听、缩微等多种文献。

在馆藏特色资源建设中，青岛市图书馆致力于不同类型文献资料的采集，尤其注重古籍与珍贵地方文献的收藏与保存，这些文献资料在当代社会政治、经济、文化的发展中有积极作用。

经过一代代图书馆馆员的辛勤努力，青岛市图书馆建构了以明清两代山东人著作为特色的古籍收藏体系，现有古籍14万余册，其中有善本87种1000余册。5部古籍入选了第一至第三批《国家珍贵古籍名录》，另有111部馆藏古籍入选了第一、第二批《山东省珍贵古籍名录》。

地方文献记录了本地区的社会、政治、历史、经济、军事、物产资源以及人文活动。目前，市图书馆收藏了中华人民共和国成立前青岛地方文献500余种1000余册，其中不乏珍品。如1935年出版的《避暑录话》，是由当时在青岛的洪深、老舍、王统照、孟超等12位作家共同创办的文学周刊，这份刊物存世稀少，馆藏《避暑录话》合订本因此显得尤其珍贵；《胶澳志》是胶澳作为“市”的第一本城市志，也是青岛市的第一本方志。市图书馆收藏的中华人民共和国成立后地方文献10000余种，主要是1976年以后编印的各种书刊文献。其中最具代表性的是2002年出版的《青岛市志》，含分志66卷，约1400万字，是山东省唯一以行业志汇纂方式出版的市级志书。

青岛市图书馆旧藏有大量日、德两国军队于第一次世界大战和第二次世界大战之后撤离青岛时留下的几万册图书，其中有关该时期山东及青岛地区的文献资料500余册，特别是关于青岛的地域情报调查尤为罕见。这些资料涉及政治、经济、文化、军事、艺术、工业技术等诸多领域，形式为地图或年鉴等连续出版物。日文山东地方文献和满铁资料显示了日军侵华时期日本调查和研究山东及青岛的记录，较为翔实地反映了那一历史时期的社会状况，填补了日占时期社会活动记录的部分空白，具有重要的史料研究价值，是青岛市图书馆的特色馆藏之一。

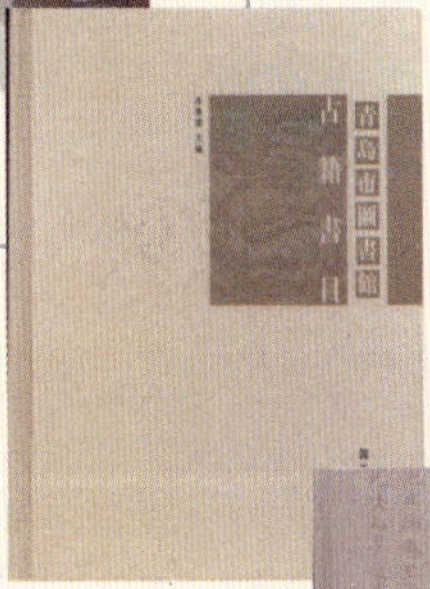
青島市圖書館
古籍書目

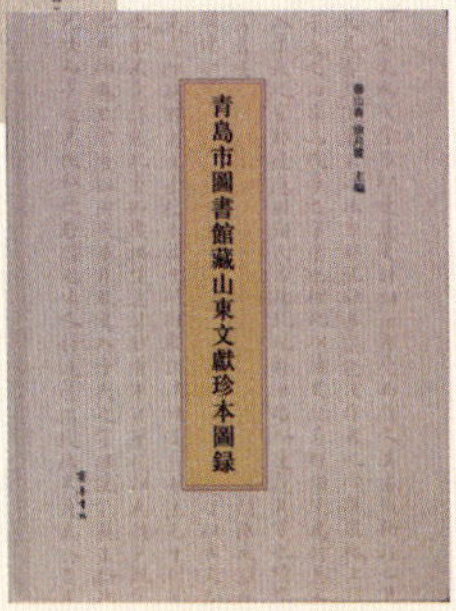
青島市圖書館藏山東文獻珍本圖録

09

第九章

古籍保护与珍品文献

青岛市图书馆（青岛市古籍保护中心）于 2008 年入选第一批“全国古籍重点保护单位”，共收藏古籍 143163 册，经专家认定已被全国古籍善本书目收录的善本古籍 87 种 1187 册，其中明朝永乐十三年（1415 年）内府刻本《周易传义大全》、明嘉靖三年（1524 年）司礼监刻本《文献通考》等多部善本全国存量稀少，弥足珍贵。

“全国古籍重点保护单位”标牌

《周易传义大全》古籍善本

青岛市图书馆有 6 种古籍入选《国家珍贵古籍名录》，200 多种古籍入选《山东省珍贵古籍名录》。在古籍普查中，又发现部分善本（这部分待专家认定），最早的为元本《豫章黄先生别集》（残本），还有一部分具有特色的地方文献。这些古籍来源主要有三种。一是各单位移交。1949 年 6 月 2 日青岛解放时，青岛市军管会派人接管了青岛市图书馆，当时的图书馆没有一本古籍线装书。后来，市委、市政府下达专项文件，指示各机关、团体、学校将所藏 1949 年以前的图书全部上交图书馆。二是社会人士的捐赠，岛城著名藏书家张公制、郑爰居、张铮夫等捐献了许多珍善本古籍线装书，赵尔巽、赵琪等人也捐献了图书。三是从民间搜集，主要是通过购买途径得来。

馆内设有专门的古籍特藏书库，总面积 550 平方米。书库内全部采用钢结构书柜，内贴樟木板，书籍全都配装了古籍函套，可以达到防虫防蛀的效果；配有专门遮阳窗帘，以防古籍受阳光直射。书库还配备独立的恒温恒湿设备，可使书库常年温度保持在 16～22℃，相对湿度 45% ～60% 。各项设备符合国家的建设标准和技术标准。

古籍特藏书库

青岛市图书馆作为首批入选“全国古籍重点保护单位”的图书馆，一直不遗余力地开展古籍保护整理与研究开发工作，近几年相继完成《青岛市图书馆古籍书目》《青岛市图书馆藏山东文献珍本图录》《青岛市图书馆藏珍贵古籍叙录》三部著作。《青岛市图书馆古籍书目》共计收录古籍 5000 余种，以明清文献为主，全面详细地展现了该馆所藏古籍的各项基本情况，是了解和利用馆藏古籍的重要参考书目。《青岛市图书馆藏山东文献珍本图录》收录山东人著书 300 余种，体现了该馆的馆藏特色，是了解与研究山东地方文献的重要参考书。《青岛市图书馆藏珍贵古籍叙录》进一步展示了馆藏，为从事古籍整理与研究的同人进行更深入细致的研究提供一些线索和资料。该书既有对已有学术成果的吸收和借鉴，也注重在原书中寻求根据，力求在版本源流、价值、地位等方面有新的发现，是古籍整理基础工作的又一成果，是国家公共图书馆界第一部古籍叙录专著。

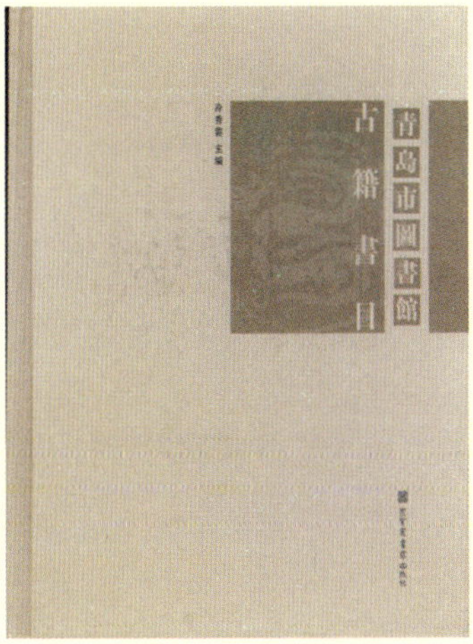

《青岛市图书馆古籍书目》

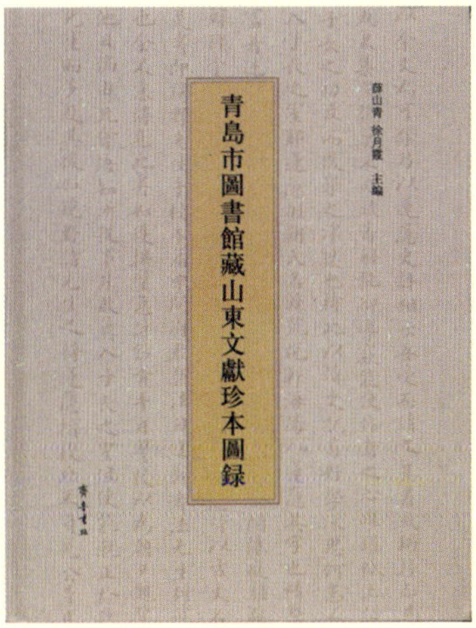

《青岛市图书馆藏山东文献珍本图录》

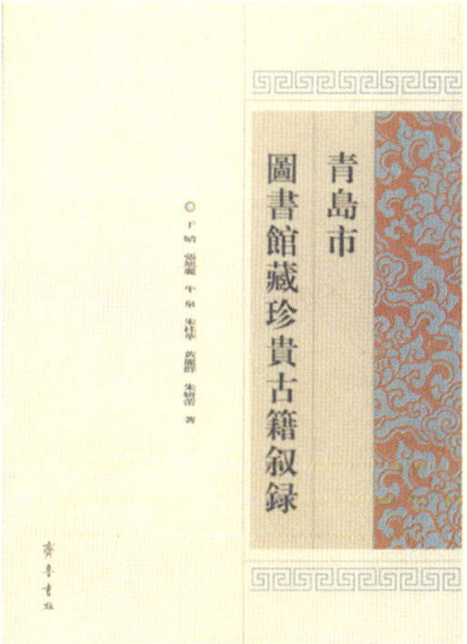

《青岛市图书馆藏珍贵古籍叙录》

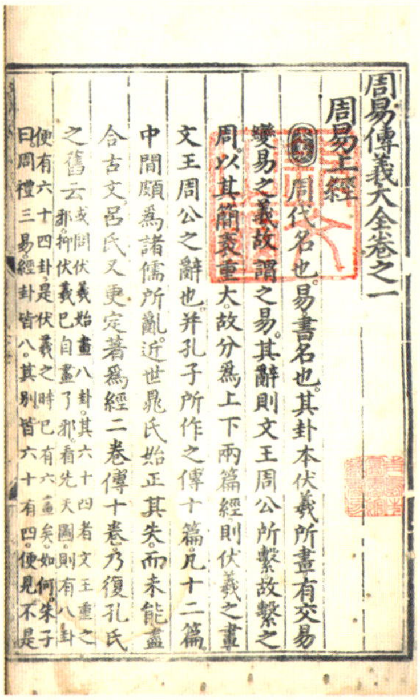
周易傳義大全卷之一
周易上經
周代名也。易書名也。其卦本伏羲所畫有交易變易之義故謂之易。其辭則文王周公所繫故繫之周。以其簡袠重大故分爲上下兩篇經則伏羲之畫文王周公之辭也并孔子所作之傳十篇凡十二篇中間頗爲諸儒所亂近世晁氏始正其失而未能盡合古文呂氏又更定著爲經二卷傳十卷乃復孔氏之舊云 或問伏羲始畫八卦其六十四者文王重之邪抑伏羲自畫了邪看先天圖則有八卦便有六十四卦是伏羲之時已有六畫矣如何朱子曰周禮三易經卦皆八其別皆六十有四。便見不是

《周易传义大全》(1)

周易傳義大全
卷六之八

《周易传义大全》(2)

一、《周易传义大全》

二十四卷，纲领一卷，朱子图说一卷，（明）胡广等奉敕纂，明内府刻本。框高 26.5 厘米，宽 18.1 厘米。每半页十行，行二十二字，小字双行二十二字，上、下粗黑口，四周双边，双黑鱼尾。《中国古籍善本书目》经部易类 367 号。

二、《范文正公集》

二十卷，别集四卷，政府奏议二卷，尺牍三卷，（宋）范仲淹撰，明嘉靖翻元刻本。存一函十册，框高 21.6 厘米，宽 15.3 厘米。每半页十二行，行二十一字，白口，左右双边，单黑鱼尾。有刻工。《中国古籍善本书目》集部宋别集 2359 号。

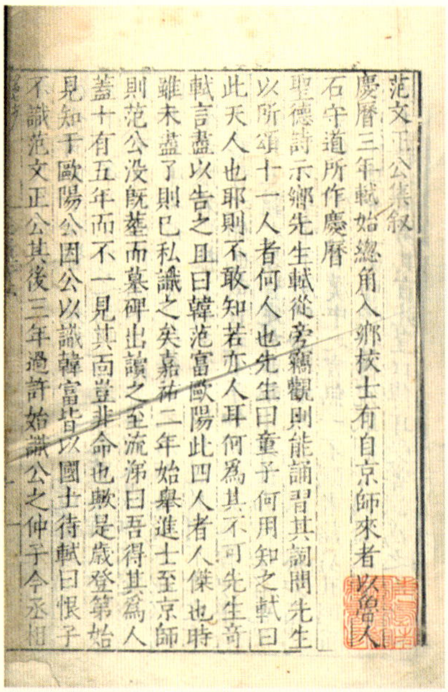
范文正公集敘
慶曆三年軾始總角入鄉校士有自京師來者以魯人石守道所作慶曆
聖德詩示鄉先生軾從旁竊觀則能誦習其詞問先生以所頌十一人者何人也先生曰童子何用知之軾曰此天人也耶則不敢知若亦人耳何爲其不可先生奇軾言盡以告之且曰韓范富歐陽此四人者人傑也時雖未盡了則已私識之矣嘉祐二年始舉進士至京師則范公沒既葬而墓碑出讀之至流涕曰吾得其爲人蓋十有五年而不一見其面豈非命也歟是歲登第始見知于歐陽公因公以識韓富皆以國士待軾曰恨子不識范文正公其後三年過許始識公之仲子今丞相

《范文正公集》(1)

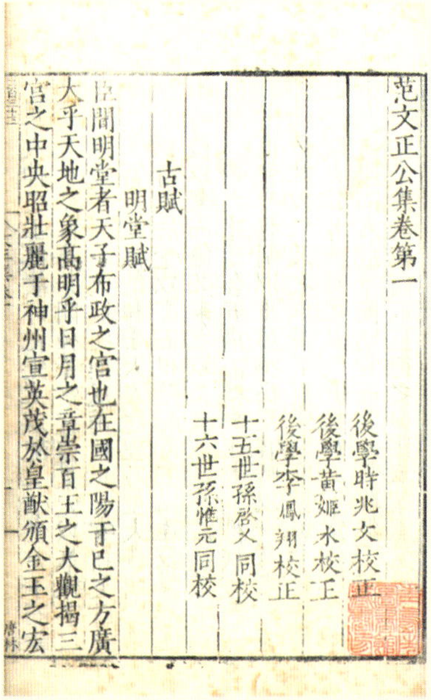
范文正公集卷第一
後學時兆文校正
後學黃姬水校正
後學李鳳翔校正
十五世孫啓义同校
十六世孫惟元同校
古賦
明堂賦
臣聞明堂者天子布政之宮也在國之陽于巳之方廣大乎天地之象高明乎日月之章崇百王之大觀揭三宮之中央昭壯麗于神州宣英茂於皇猷須金玉之宏

《范文正公集》(2)

三、《范忠宣公文集》

二十卷，（宋）范纯仁撰，明嘉靖刻本。框高 21.6 厘米，宽 15.3 厘米。每半页十二行，行二十一字，小字双行二十一字，白口，左右双边，单白鱼尾。《中国古籍善本书目》集部 2359 号。

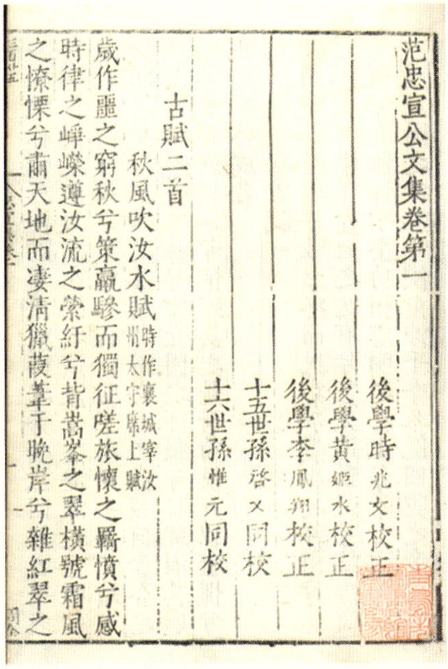
范忠宣公文集卷第一
後學時兆文校正
後學黄嬺水校正
後學李鳳翔校正
十五世孫啓乂同校
十六世孫惟元同校
古賦二首
秋風吹汝水賦（時作襄城宰汝州太守席上賦）
歲作噩之窮秋兮策羸驂而獨征嗟旅懷之羈憤兮感
時律之崢嶸遵汝流之縈紆兮背嵩峯之翠橫號霜風
之憭慄兮肅天地而淒清獵葭葦于晚岸兮雜紅翠之

《范忠宣公文集》

四、《文献通考》

三百四十八卷，（元）马端临撰，明嘉靖三年（1524 年）司礼监刻本。框高 25.4 厘米，宽 17.4 厘米。每半页十行，行二十字，小字双行同，黑口，四周双边。

五、《金史》

一百三十五卷，（元）脱脱等撰，明嘉靖八年（1529 年）南京国子监刻本。框高 20.4 厘米，宽 16.2 厘米。每半页十行，行二十二字，黑口，左右双边。《国家珍贵古籍名录》（第二批）7577 号。

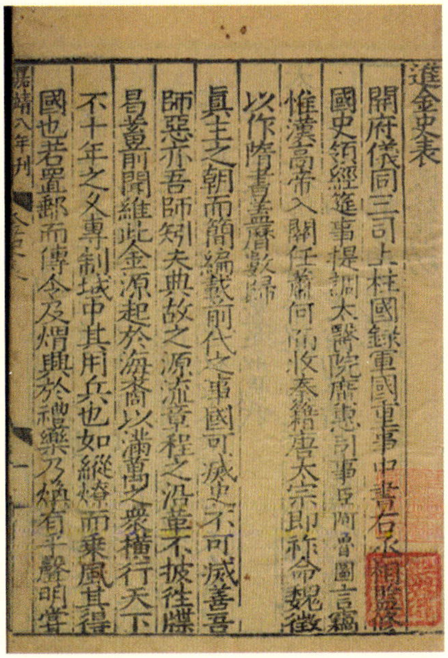
進金史表
開府儀同三司上柱國錄軍國重事中書右丞相監修
國史領經筵事提調太醫院廣惠司事臣阿魯圖言竊
惟漢高帝入關任蕭何而收秦籍唐太宗即祚命魏徵
以作隋書蓋歷數歸
眞主之朝而簡編載前代之事國可滅史不可滅善吾
師惡亦吾師矧夫典故之源流章程之沿革不披往牒
曷鑒前聞維此金源起於海裔以滿萬之衆橫行天下
不十年之久專制域中其用兵也如縱燎而乘風其得
國也若置郵而傳令及爝興於禮樂乃煥有乎聲明嘗

《金史》（1）

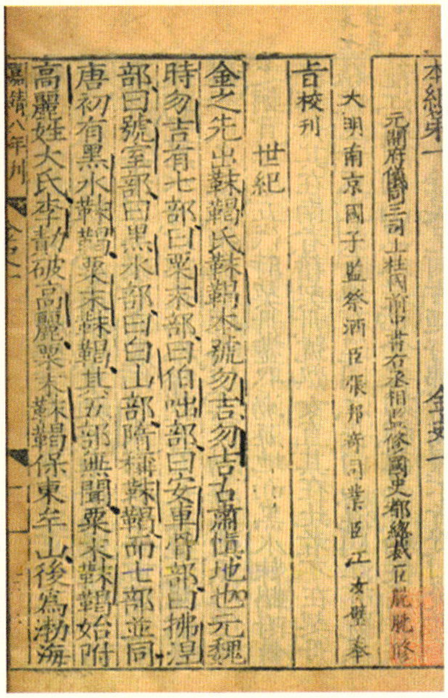
本紀第一　金史一
元開府儀同三司上柱國前中書右丞相監修國史都總裁臣脫脫修
大明南京國子監祭酒臣張邦奇司業臣江汝璧奉
旨校刊
世紀
金之先出靺鞨氏靺鞨本號勿吉勿吉古肅愼地也元魏
時勿吉有七部曰粟末部曰伯咄部曰安車骨部曰拂涅
部曰號室部曰黑水部曰白山部隋稱靺鞨而七部並同
唐初有黑水靺鞨粟末靺鞨其五部無聞粟末靺鞨始附
高麗姓大氏李勣破高麗粟末靺鞨保東牟山後為渤海

《金史》（2）

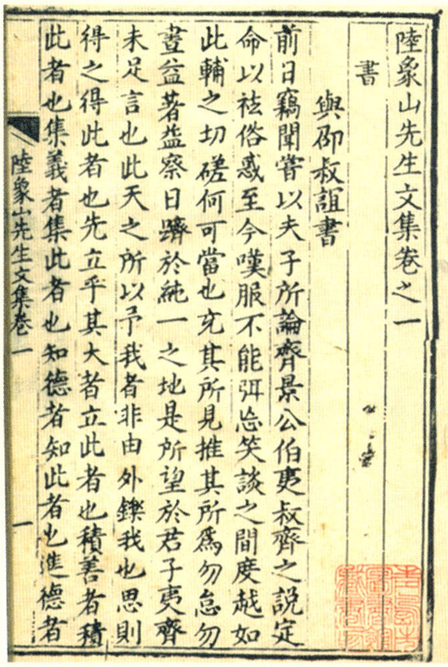

陸象山先生文集卷之一

書

與邵叔誼書

前日竊聞嘗以夫子所論齊景公伯夷叔齊之說定
命以祛俗惑至今嘆服不能弭忘笑談之間度越如
此輔之切磋何可當也究其所見推其所爲勿怠勿
晝益著益察日躋於純一之地是所望於君子夷齊
未足言也此天之所以予我者非由外鑠我也思則
得之得此者也先立乎其大者立此者也積善者積
此者也集義者集此者也知德者知此者也進德者

陸象山先生文集卷一　一

《陆象山先生文集》

六、《陆象山先生文集》

三十六卷，（南宋）陆九渊撰，明嘉靖三十八年（1559 年）刻本。框高 19.8 厘米，宽 12.8 厘米。每半页十行，行二十字，白口，四周双边，单黑鱼尾。《中国古籍善本总目》集部宋别集 4058 号。

七、《铨部王先生文集》

一卷，诗集一卷，（明）王教著，王所明录辑，明万历四十四年（1616 年）张至发刻本。一函三册。框高 23.2 厘米，宽 15.8 厘米。每半页九行，行二十字，白口，四周单边，单黑鱼尾。《中国古籍善本书目》集部 9090 号。

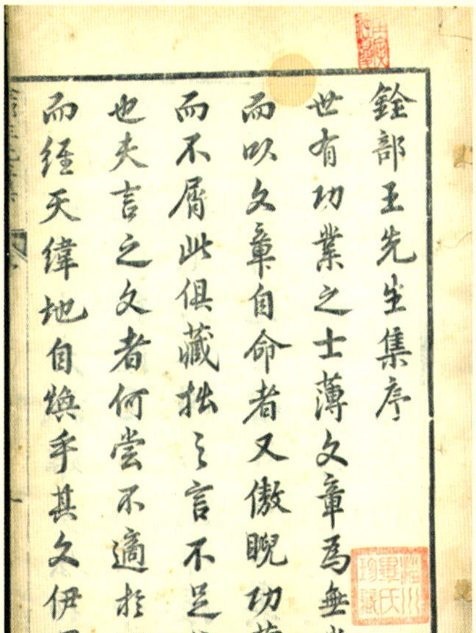

銓部王先生集序

世有功業之士薄文章爲無當
而以文章自命者又傲睨功業
而不屑此俱藏拙之言不足信
也夫言之文者何嘗不適於用
而經天緯地自煥乎其文伊周

《铨部王先生文集》（1）

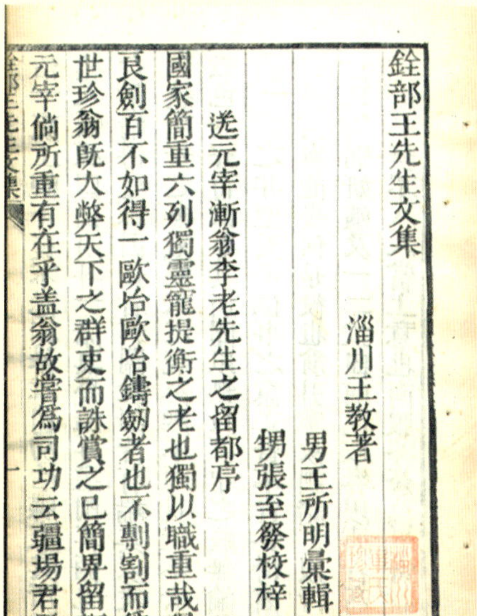

銓部王先生文集

淄川王教著

男王所明彙輯

甥張至發校梓

送元宰漸翁李老先生之留都序

國家簡重六列獨靈寵提衡之老也獨以職重哉得
良劍百不如得一歐冶歐冶鑄劍者也不剸割而爲
世珍翁既大弊天下之群吏而詠賞之已簡畀留都
元宰倘所重有在乎蓋翁故嘗爲司功云疆場君子

《铨部王先生文集》（2）

八、《梦山存家诗稿》

八卷，（明）杨巍撰，明万历三十年（1602 年）杨岑刻本。框高 20.5 厘米，宽 14.2 厘米。每半页九行，行十八字，白口，四周双边，单黑鱼尾。《中国古籍善本书目》集部 8582 号。

杨巍（1516—1608）字伯谦，号梦山，海丰（今山东无棣）人。《明史》卷二二五有传，称“巍素厉清操，性长厚，有时望”。所著《梦山存家诗稿》八卷，被收入《四库全书》。

卷首有万历壬寅邹观光序。邹观光，字孚如，德安府云梦（今湖北云梦）人。万历八年（1580 年）进士，官至南京兵部郎中。

钤印：张镜夫藏书印、胶海张鉴祥（字镜芙）藏书画印。

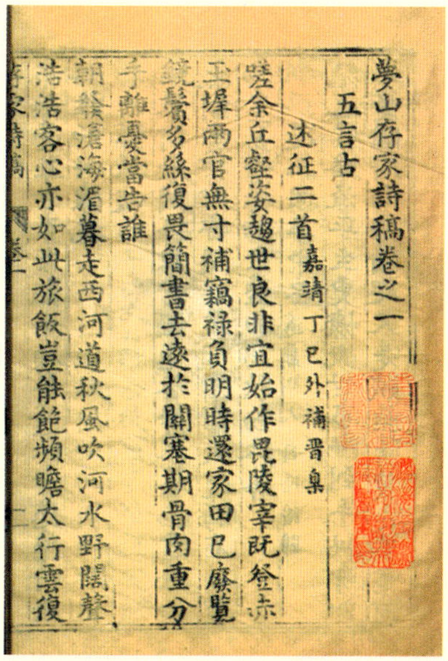
夢山存家詩稿卷之一
五言古
述征二首 嘉靖丁巳外補晉臬
嗟余丘壑姿趨世良非宜始作毘陵宰旣登赤
墀兩官無寸補竊祿負明時還家田已廢貿
鏡鬢多絲復畏簡書去遠於關塞期骨肉重分
手離憂當告誰
朝發渤海湄暮走西河道秋風吹河水野隰蔓
浩浩客心亦如此旅飯豈能飽頻瞻太行雲復

《梦山存家诗稿》（1）

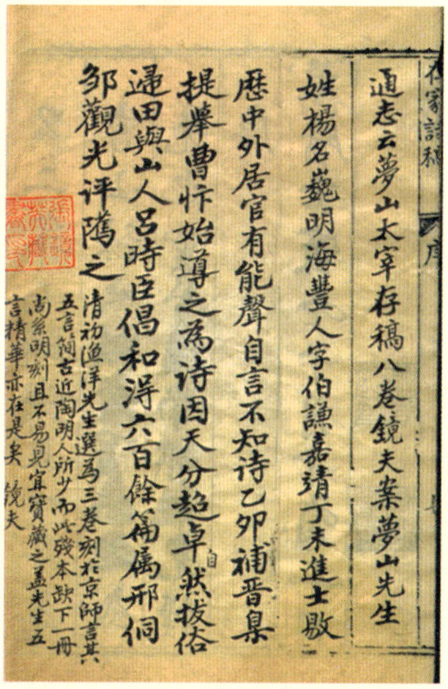
通志云夢山太宰存稿八卷鏡夫案夢山先生
姓楊名巍明海豐人字伯謙嘉靖丁未進士敭
歷中外居官有能聲自言不知詩乙卯補晉臬
提舉曹忭始導之爲詩因天分超卓然自拔俗
還田與山人呂時臣倡和得六百餘篇屬邢侗
鄒觀光評騭之
清初漁洋先生選爲三卷刻於京師言其五言詩古近陶明人所少而此殘本缺下一冊尚系明刻且不易見宜寶藏之蓋先生五言精華亦在是矣 鏡夫

《梦山存家诗稿》（2）

九、《杨忠愍公集》

不分卷，（明）杨继盛著，明万历三十年（1602 年）吴氏刻本。框高 20.3 厘米，宽 12.8 厘米。每半页九行，行二十字，白口，四周单边。《中国古籍善本书目》集部 8529 号。

杨继盛（1516—1555）字仲芳，号椒山，直隶容城（今河北容城县）人。《明史》有传。

书名页题：刻椒山杨先生年谱文集，海阳石岭吴氏梓。卷前有：隆庆三年林润“重梓椒山杨忠愍公集序”，万历戊戌（1598 年）史宣政“杨忠愍公集序”。钤印：强恕堂。卷末有：万历壬寅吴时行“书忠愍杨公集后”。

该本属年代较早的一种。查《中国古籍善本书目》，仅国家图书馆、青岛市图书馆有藏。

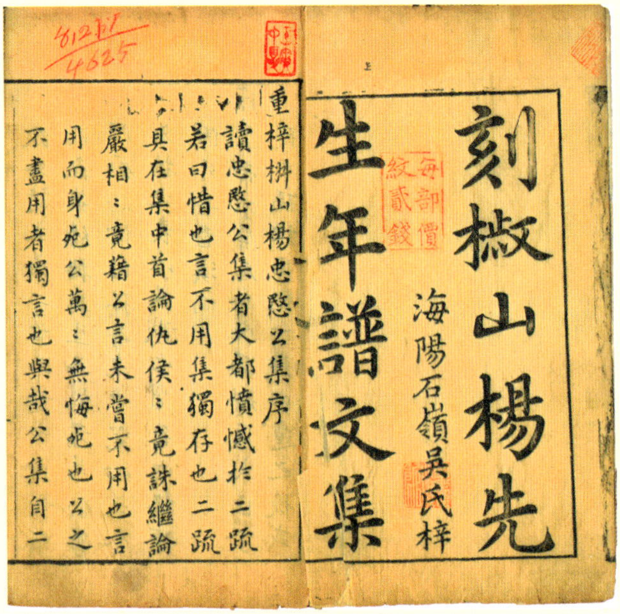

《杨忠愍公集》（1）

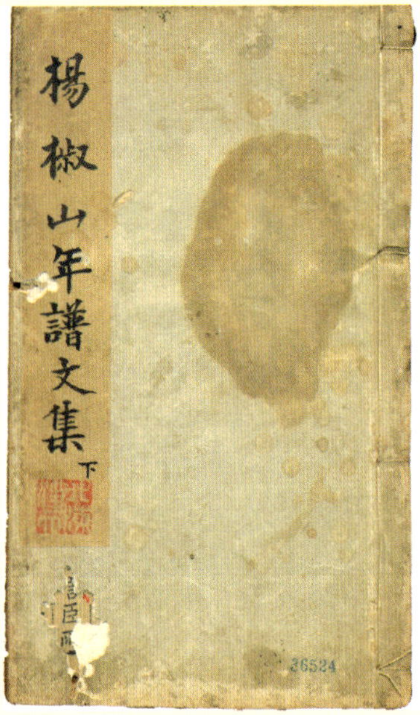

《杨忠愍公集》（2）

十、《白沙先生文编》

六卷，年谱一卷，（明）陈献章撰，（明）唐伯元辑；年谱一卷，（明）王弘诲撰，明万历十一年（1583 年）郭惟贤、汪应蛟等校刻本。一函四册。框高 20.8 厘米，宽 13.4 厘米。每半页十行，行二十一字，白口，左右双边，单黑鱼尾。

陈献章（1428—1500）字公甫，号石斋，别号碧玉老人、江门渔父等，谥号文恭。唐伯元（1540—1597），明潮州府澄海县苏湾都仙门里（今属汕头市澄海区）人。王弘诲（1541—1617）字绍传，号忠铭，广东琼州府（现海南省）定安县人。

白沙哲学摆脱了宋儒烦琐的学风，力求简易的治心涵养功夫，形成了一个有自己特点的江门学派，打破了程朱理学原有的理论格局，使明代学术由此开始了新阶段，在明代理学史上具有革命性贡献。黄宗羲说：“有明之学，至白沙始入精微，至阳明而后大。”聂豹亦称：“周程以后，白沙得其精，阳明得其大。”著作被汇编为《白沙子全集》。

钤印：郑叟盦藏书、古诸县郑叟藏。

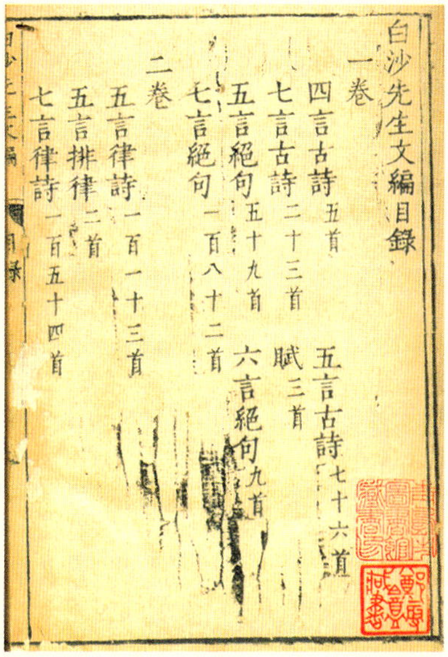
白沙先生文編目錄
一卷
四言古詩 五首　五言古詩 七十六首
七言古詩 二十三首　賦 三首
五言絕句 五十九首　六言絕句 九首
七言絕句 一百八十二首
二卷
五言律詩 一百一十三首
五言排律 二首
七言律詩 一百五十四首

《白沙先生文编》（1）

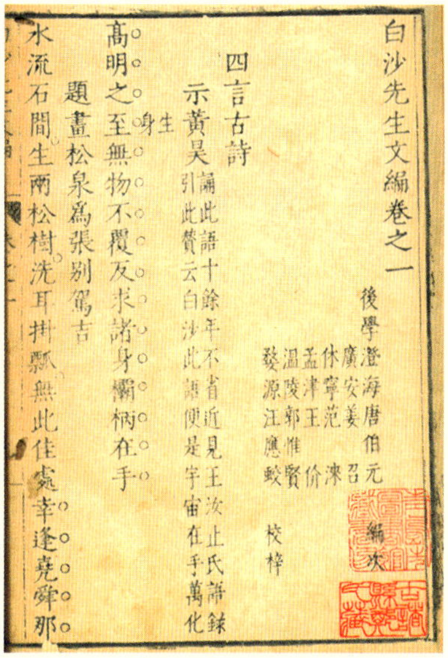
白沙先生文編卷之一
後學澄海唐伯元編次
廣安姜召　休寧范淶　孟津王价　溫陵郭惟賢　婺源汪應蛟　校梓
四言古詩
示黃昊 論此語十餘年不省近見王汝止氏語錄引此贊云白沙此語便是宇宙在手萬化
高明之至。無物不覆。反求諸身。霸柄在手。
題畫松泉為張別駕吉
水流石間。生兩松樹。洗耳掛瓢。無此佳處。幸逢堯舜邪。

《白沙先生文编》（2）

十一、《南华真经副墨》

八卷，《读南华真经杂说》一卷，（明）陆西星撰，明万历乙酉（1585 年）孙大绶刻本。一函八册。框高 21 厘米，宽 14.2 厘米。每半页八行，行十七字，白口，四周单边。《中国古籍善本书目》子部 11757 号。

陆西星（1520—1606）字长庚，号潜虚子，又号方壶外史、蕴空居士，江苏兴化人，为道家一代宗师。

全书三十三篇，列为八卷，以“虚”“静”“恬”“淡”“寂”“寞”“无”“为”八字为名。内篇分二卷，含七篇；外篇分三卷，含十五篇；杂篇分三卷，含十一篇。除《知北游》《外物》《寓言》三篇外，其余各篇前均有解题。每篇逐节注疏，解释字句，义理详明；每篇篇末有“乱辞”，

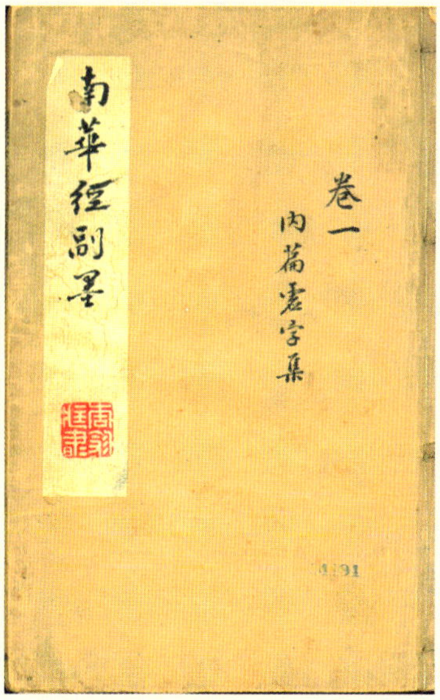
南華經副墨
卷一
內篇 虛字集

《南华真经副墨》（1）

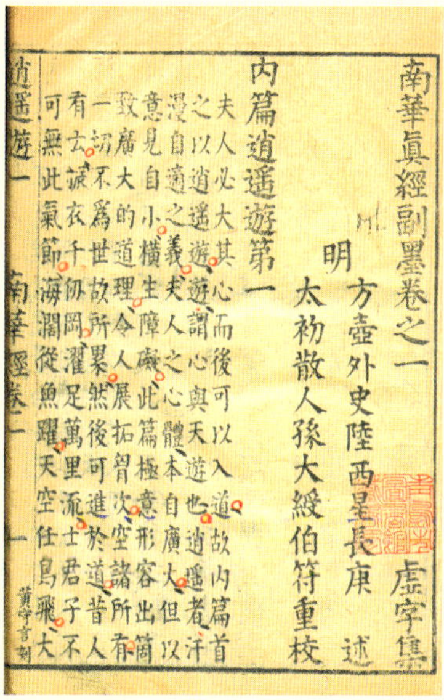
南華真經副墨卷之一　虛字集
明　方壺外史陸西星長庚　述
太初散人孫大綬伯符　重校
內篇逍遙遊第一
夫人必大其心而後可以入道故內篇首
之以逍遙遊謂心與天遊也逍遙者汗
漫自適之義夫遊心之體本自廣大但以
意見自小橫生障礙此篇極意形容出箇
致廣大的道理令人展拓胸次空諸所有
一切不為世故所累然後可進於道昔人
有云振衣千仞岡濯足萬里流士君子不
可無此氣節海闊從魚躍天空任鳥飛大
逍遙遊一　南華經卷之一　一　黃守言刻

《南华真经副墨》（2）

重宣一篇之义。

本书可谓融通儒释道三家要旨，对《庄子》之意蕴剖析详明。方勇先生赞其在“庄子阐释史上都是前无古人的，标志着人们对庄子文章的研究已进入了一个更自觉的阶段”。卷首有孙大绶刻书序。有刻工：黄守言。

十二、《万姓统谱》

一百四十卷，《历代帝王姓系统谱》六卷，《氏族博考》十四卷，（明）凌迪知编，明万历刻本。框高 20.5 厘米，宽 14.2 厘米。每半页九行，行二十字，小字双行同，白口，四周单边。《中国古籍善本书目》子部 9812 号。

凌迪知，字稚哲，号绎泉，浙江乌程人。所撰《万姓统谱》收上古到明万历年间人物，为我国第一部专收人名的工具书。

该书将古今姓氏分韵编排，以姓氏为目次，先常姓，后稀姓，每姓下先注郡望和五音（阴平、阳平、上声、去声、入声），并考姓氏所出，而后依时代先后，分列各姓著名人物，从上古至万历年止，记述人物生平事迹，实则合谱牒传记共成一书。因其收罗广博，既可为姓氏学专著，又可作为查阅历史人名的工具书，所以有较高的学术价值和实用价值。

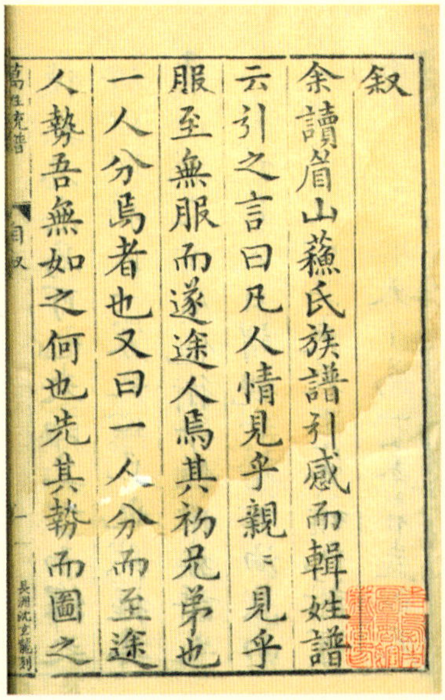
叙
余讀眉山蘇氏族譜引感而輯姓譜
云引之言曰凡人情見乎親〻見乎
服〻至無服〻而遂途人焉其初兄弟也
一人分焉者也又曰一人分而至途
人勢吾無如之何也先其勢而圖之

《万姓统谱》（1）

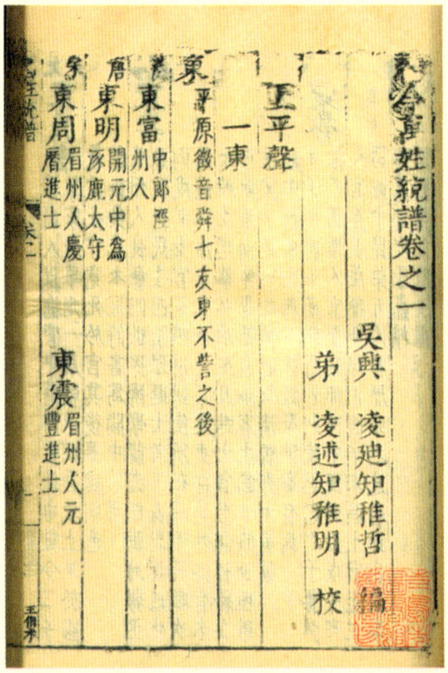
萬姓統譜卷之一
吳興 凌迪知稚哲 編
弟 凌述知稚明 校
上平聲
一東
東 平原 微音 舜七友東不訾之後

《万姓统谱》（2）

十三、《老学庵笔记》

十卷，（南宋）陆游纂，明天启三年（1623年）周应仪校，清乾隆壬午（1762年）刻本。一函四册。框高19.9厘米，宽14.1厘米。每半页九行，行十八字，白口，左右双边，单黑鱼尾。《中国古籍善本书目》子部杂家6149号。

陆游（1125—1210）字务观，号放翁，越州山阴（今浙江绍兴）人，南宋爱国诗人、学者。周应仪，字元度，吴江（今江苏苏州）人，官光禄寺署丞。王志坚（1576—1633）字弱生，一字闻修，号淑士，江苏昆山人。

“老学庵”是陆游晚年蛰居故乡山阴时的书斋名，取师旷“老而学如秉烛夜行”意名之。该书在陆游生前并未刊印，直到南宋绍定元年（1228年）他的儿子陆子遹才将其刊印十卷，此即陆氏家刻本，今已不存。明代，主要刻本有《稗海》本、《说郛》本（节选本）及吴江周元度刻本（内有钱允治序），其中《稗海》本流传最广。清代除《四库全书》本、《学津讨原》本、《丛书集成》本外，尚有残宋本五卷、影宋本及穴砚斋抄本十卷（据陆氏家刻本）。近代有商务印书本、中华书局本等。

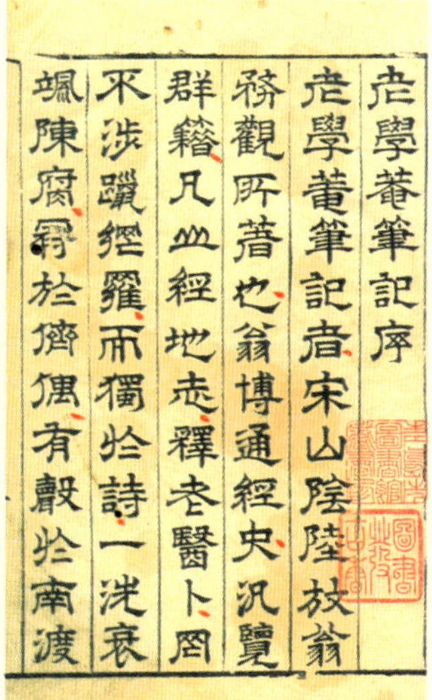
老學菴筆記序
老學菴筆記者宋山陰陸放翁
務觀所著也翁博通經史汎覽
群籍凡山經地志釋老醫卜罔
不涉躐經羅而獨於詩一洗衰
颯陳腐習於儕偶有觳於南渡

《老学庵笔记》（1）

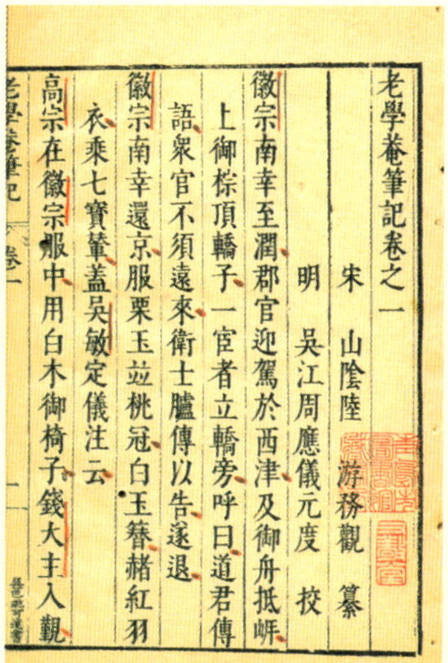
老學菴筆記卷之一
宋 山陰陸 游務觀 纂
明 吳江周應儀元度 校
徽宗南幸至潤郡官迎駕於西津及御舟抵岸
上御棕頂轎子一宦者立轎旁呼曰道君傳
語衆官不須遠來衛士臚傳以告遂退
徽宗南幸還京服栗玉竝桃冠白玉簪赭紅羽
衣乘七寶輦蓋吳敏定儀注云
高宗在徽宗服中用白木御椅子錢大主入覲

《老学庵笔记》（2）

十四、《邵子全书》

二十四卷，（宋）邵雍著，明万历三十四年（1606年）徐必达刻本。框高21.1厘米，宽14.7厘米。每半页十行，行二十字，小白口，四周双边，单黑鱼尾。《中国古籍善本书目》子部427号。

邵雍（1011—1077）字尧夫，谥号康节，自号安乐先生、伊川翁，原籍范阳（今河北涿州），幼随父迁共城（今河南辉县）。徐必达（1562—1631），字德夫，号玄丈，浙江秀水（今嘉兴）人。

邵雍的突出贡献在于在继承传统象易学基础上对易学所进行的精心改造和创新，是以数为框架建立起的庞大思想体系，即所谓“自得者”，推动了易学向前发展并臻于完善。清儒全祖望称：“康节之学，别为一家。”邵雍之后出现了许多研究著作，有其子邵伯温《皇极系述》《观物内篇解》、张元定《经世指要》、朱元升《邵易略例》、无俞琰《易外别传》，明代黄畿《皇极经世传》、余本《皇极经世释义》、清代王植《皇极经世直解》等，对其学说加以诠释和阐发，使之成为专门之学，治此学者则成为一个重要学派。清儒黄宗羲《宋元学案》专立“百源学案”，以述其思想源流。

首有徐必达“刻邵子全书序”、朱国祯序，卷端题徐必达校正。有刻工：毛。全国仅山西省图书馆、山东省图书馆和青岛市图书馆三家单位有藏。

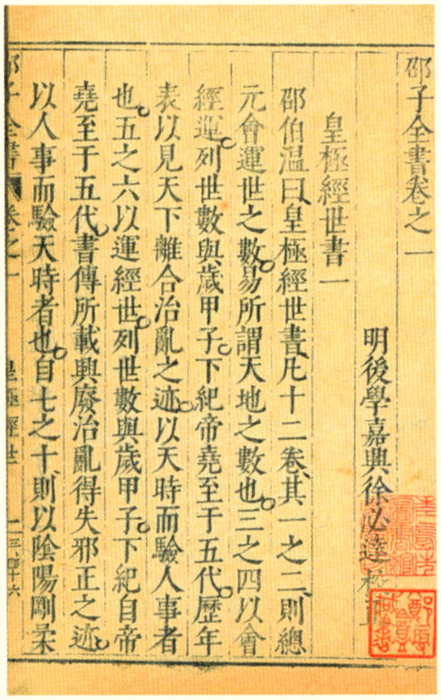

《邵子全书》(1)

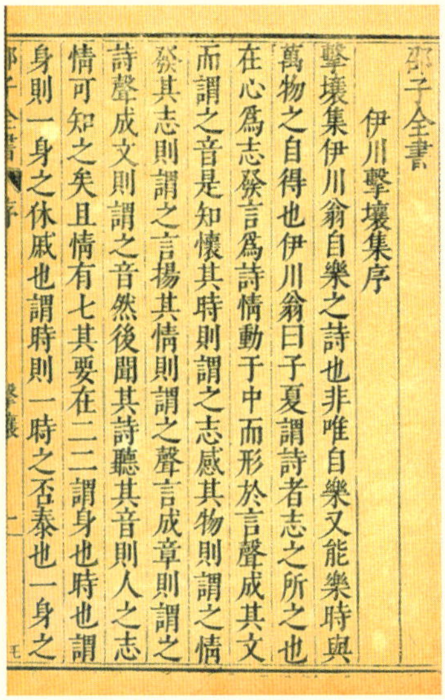

《邵子全书》(2)

十五、《艮斋笔记》

八卷，（清）李澄中著，清抄本。开本高 25.6 厘米，宽 17.8 厘米。每半页十行，行十九字。《中国古籍善本书目》子部 6819 号。

李澄中（1629—1700）字渭清，号茵田，又号渔村，山东诸城箭口乡辛庄人。清初著名文人，主要著作有《卧象山房文集四卷》《诗集七卷》《赋集一卷》《艮斋笔记八卷》《滇南日记三卷》《东武吟》《白云村文集》。

在《艮斋笔记》中，表彰诸城人文者占有相当篇幅。其卷一“情话录”叙述诸城的奇闻轶事，可谓“家园情话”或“东武情话”。直到李澄中去世前夕，他仍孜孜于乡帮文献的整理。张侗《续三生传》说：“庚辰夏六月，选同邑王钟仙、丁野鹤、丘海石、刘子羽四先生诗，成于二十二日，乃卒。”乾隆《诸城县志》记载，李澄中尚有《齐鲁纪闻》，但已失传。

此书为纸捻装订，书衣题“李渔村先生艮斋笔记”。此书为张镜夫先生旧藏，卷末有其亲笔题识。查《中国古籍善本书目》著录，为青岛市图书馆独家所藏，堪称海内孤本，弥足珍贵。

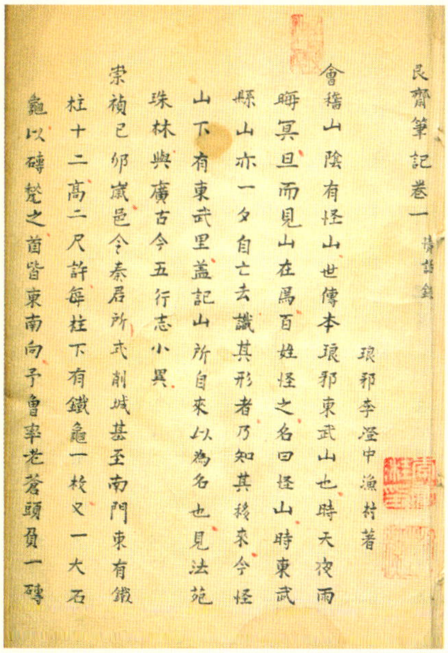
艮齋筆記卷一 情話録
琅邪李澄中漁村著
會稽山陰有怪山世傳本琅邪東武山也時天夜雨
晦冥旦而見山在焉百姓怪之名曰怪山時東武
縣山亦一夕自亡去識其形者乃知其移來今怪
山下有東武里蓋記山所自來以為名也見法苑
珠林與廣古今五行志小異
崇禎己卯歲邑令秦君所式削城甚至南門東有鐵
柱十二高二尺許每柱下有鐵龜一枚又一大石
龜以磚甃之首皆東南向予曾率老蒼頭負一磚

《艮斋笔记》（1）

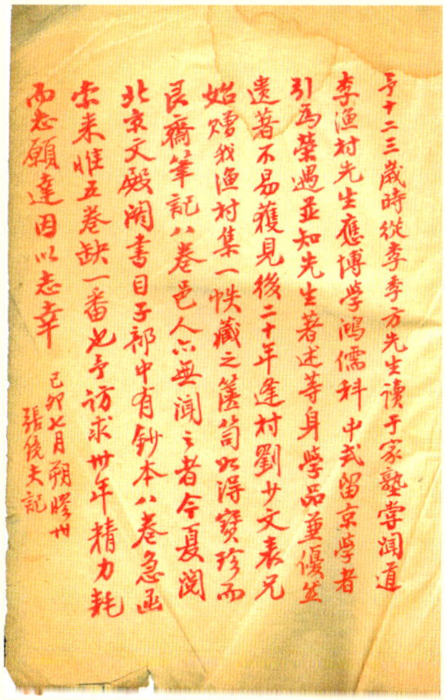
予十二三歲時從李季方先生讀于家塾嘗聞道
李漁村先生應博學鴻儒科中式留京學者
引為榮遇並知先生著述等身學品兼優並
遺著不易獲見後二十年逢村劉小文表兄
始贈我漁村集一帙藏之篋笥如得寶珍而
艮齋筆記八卷邑人亦無聞之者今夏閱
北京文殿閣書目子部中有鈔本八卷急函
索來惟五卷缺一番光予訪求卅年精力耗
而未顧達因以志幸
己卯七月朔晦卅 張鏡夫記

《艮斋笔记》（2）

避暑錄
合訂本

東方漁業
EASTERN FISHERIES
本期要目

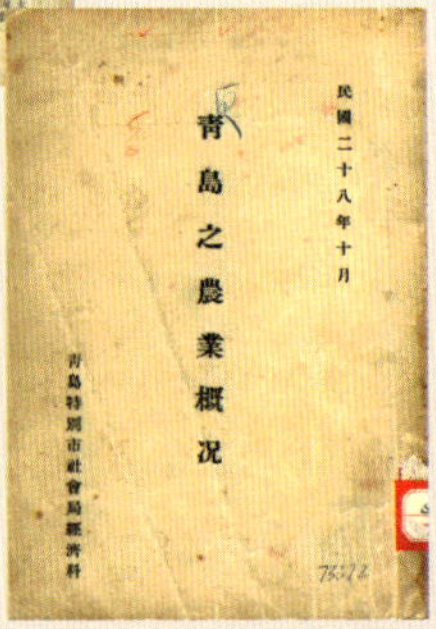
青島之農業概況
民國二十八年十月

地瓜乾
創刊號

10

第十章

民国时期
留存的珍稀书刊

青岛是近代中国较早对外开放的城市，较早摆脱了传统守旧思想的束缚。大批具有新思想、新文化、新观点的知识分子在青岛建立了学术社团，在多个思想文化领域宣传各自的立场、观点，而图书与期刊是这一时期青岛文化的重要记录载体。目前，青岛市图书馆收藏的中华人民共和国成立前的青岛地方文献有500余种1000余册，内容涵盖行政管理、工商企业、文化教育、地理人文等各个领域，其中不乏历史研究价值较高的珍稀文献。

第一节

民国时期出版的图书

一、《胶澳商埠行政纪要》

胶澳商埠局编纂，1927 年（民国 16 年）6 月出版。本书完整记录了从 1922 年（民国 11 年）至 1927 年（民国 16 年）的六年中，北洋政府在青岛采取的各项行政管理举措，包括商埠局经办的清查户籍、维持治安、核减经费、绘制图表等工作以及下属各机关经办的各种事项。书中有胶澳商埠总办赵琪的照片及其所写的序言。

《胶澳商埠行政纪要》(1)

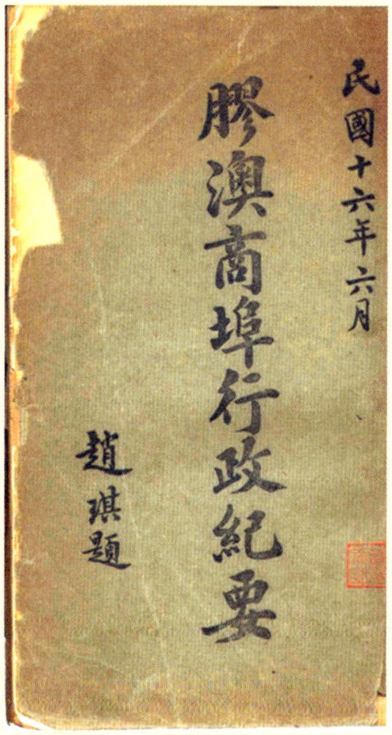

《胶澳商埠行政纪要》(2)

二、《斐案始末记》

1928 年（民国 17 年）胶澳商埠局编。

1926 年 8 月 9 日，德国商人斐师恒被人杀死于寓所之中，后嫌犯英国人拉克被缉获并送交英国领事馆，竟然未经审讯即被释放。青岛警察厅一面与英方交涉，一面追寻真凶，直至缉获真凶俄国人古德林和瓦列茨基，使得是非曲直终于大白。该书全面收录此案侦破过程中的往复信函、呈报公文、新闻报道等，反映了案件的全过程。

《斐案始末记》(1)

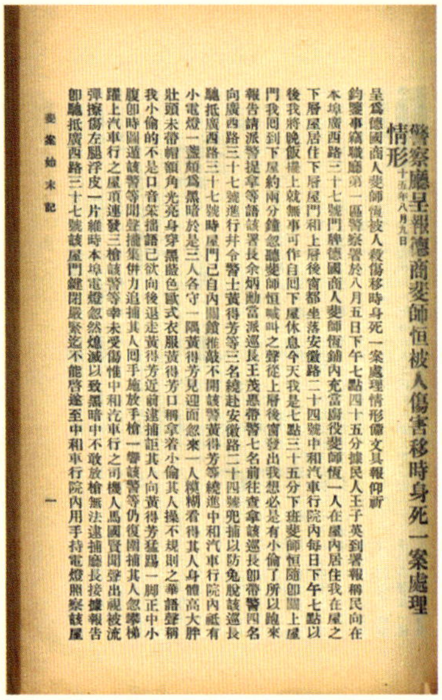

《斐案始末记》(2)

三、《青岛警察沿革》

骆金铭编，1934 年（民国 23 年）兴华印刷局出版，76 页，有插图，32 开本。

自 1922 年中国政府接管青岛后的 13 年间，青岛警察局几经改革。期间骆金铭任文书一职，亲身经历了所有活动，因此他将自己经手承办大小事件的文献资料辑佚成书。全书共分为 77 篇（上下册），本馆留存了上册。该册内容包括“警务组织沿革”“水陆治安管理”“消防设备改良”“警察补充教育”“一般待遇改善”“警察技术提高”等篇章。

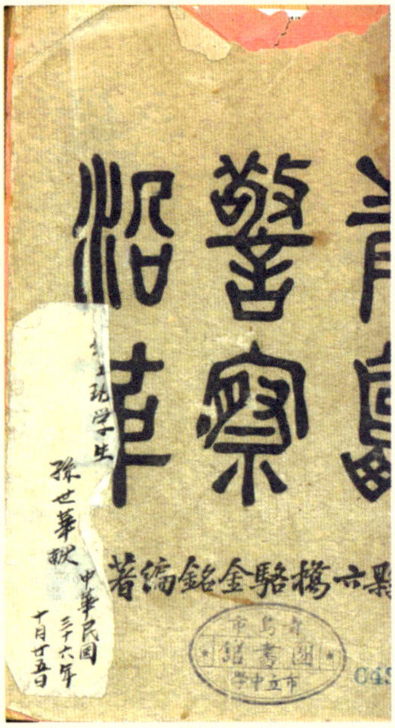

《青岛警察沿革》(1)

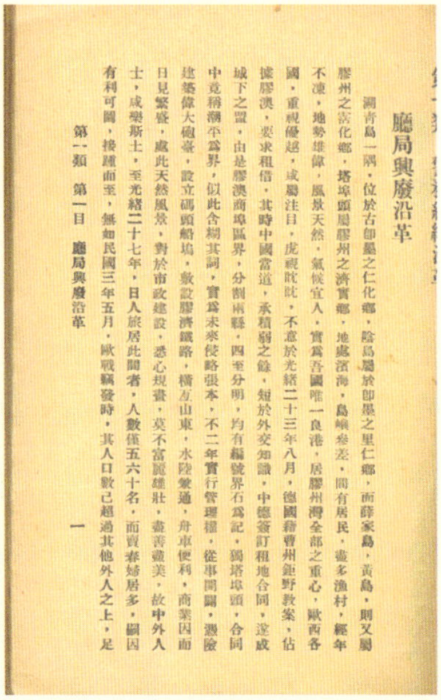

《青岛警察沿革》(2)

四、《抗战外史》

刘贯一著，增订版，213 页，32 开。

本书 1945 年（民国 34 年）初版，馆藏系增订版。作者从事新闻业多年，抗战期间辗转于鲁、豫、陕、川。全书用通俗的笔调描绘了各地抗战期间的军、民、官、商各界活动以及不同地区的人文地理、社会状况，内容丰富。王统照为其作序。何思源、于右任、傅斯年等分别为该书题词。书中有关青岛的章节有“敌统制下青岛之形形色色”“由青岛飞济南”等。

五、《崂山志》

（明）黄宗昌著，1934 年（民国 23 年）新民印书局再版，33 页，32 开。

《崂山志》为明末清初即墨人黄宗昌所撰，馆藏该书为 1916 年（民国 5 年）重排本的再版。内容分为“考古”“本志”“名声”“栖隐”“仙释”“物产”“别墅”“游观”等八部分，是一部珍贵的地方志。如“栖隐”和“仙释”对隐居崂山的郑玄（康成）、公沙穆、张允抡、丘处机、华盖真人、李志明等人均有详细记载和考证。书中有顾炎武作的序言，并附有历代名人如王士祯、匡源、李白、蓝田、高凤翰、法若真、康有为等人的题咏。

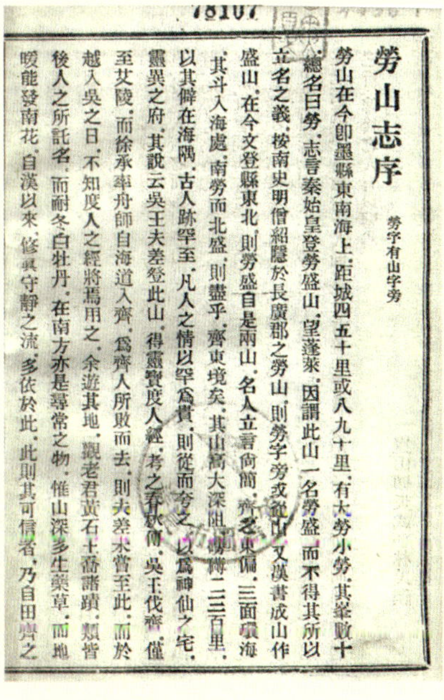

勞山志序

勞字有山字旁

勞山在今即墨縣東南海上，距城四五十里或八九十里，有大勞小勞，其峯數十，總名曰勞。志言秦始皇登勞盛山，望蓬萊，因謂此山一名勞盛，而不得其所以立名之義。按南史明僧紹隱於長廣郡之勞山，則勞字旁或從山。又漢書成山作盛山，在今文登縣東北，則勞盛自是兩山。名人立言尚簡，齊之東偏，三面環海，其斗入海處，南勞而北盛，則盡乎齊東境矣。其山高大深阻，磅礴二三百里，以其僻在海隅，古人跡罕至，凡人之情以罕爲貴，則從而夸之，以爲神仙之宅，靈異之府。其說云吳王夫差登此山，得靈寶度人經，考之春秋傳，吳王伐齊，僅至艾陵，而徐承率舟師自海道入齊，爲齊人所敗而去，則夫差未嘗至此。而於越入吳之日，不知度人之經將焉用之。余遊其地，覩老君黃石王母諸蹟，類皆後人之所託名。而耐冬白牡丹，在南方亦是尋常之物，惟山深多生藥草，而地暖能發南花，自漢以來，修眞守靜之流，多依於此，此則其可信者，乃自田齊之

《崂山志》（1）

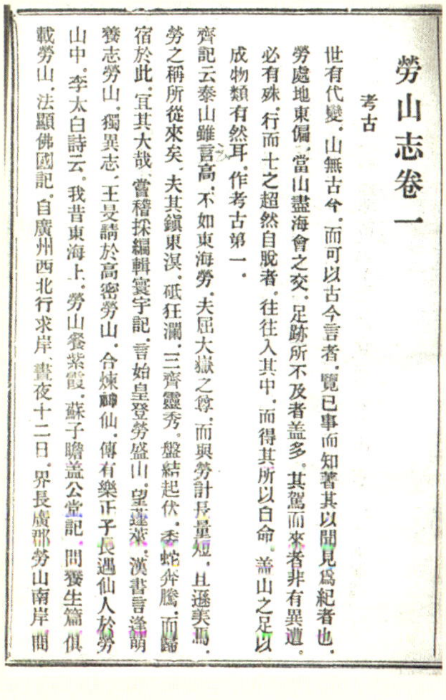

勞山志卷一

考古

世有代變，山無古今，而可以古今言者，覽已事而知著其以聞見爲紀者也。勞處地東偏，當山盡海會之交，足跡所不及者蓋多，其駕而來者非有異遭，必有殊行，而士之超然自脫者，往往入其中，而得其所以自命，蓋山之足以成物類有然耳，作考古第一。

齊記云泰山雖言高，不如東海勞。夫屈大嶽之尊，而與勞計長量短，且遜美焉。勞之稱所從來矣。夫其鎮東溟，砥狂瀾，三齊靈秀，盤結起伏，香蛇奔騰，而歸宿於此，宜其大哉。嘗稽採編輯寰宇記，言始皇登勞盛山，望蓬萊，漢書言逢萌養志勞山，獨異志，王旻請於高密勞山，合煉神仙，傳有樂正子長遇仙人於勞山中，李太白詩云，我昔東海上，勞山餐紫霞，蘇子瞻蓋公堂記，問養生篇，俱載勞山。法顯佛國記，自廣州西北行求岸，晝夜十二日，界長廣郡勞山南岸，間

《崂山志》（2）

六、《青岛之农业概况》

1939 年（民国 28 年）青岛特别市社会局经济科编，附日文，101 页，16 开。

本书根据社会局农林股调查的青岛市农业概况的资料编辑而成，包括农林沿革、位置、气候、农林现状、农耕地、病虫害、农业劳工和市场状况，附录收录了即墨县、胶县两区地情。

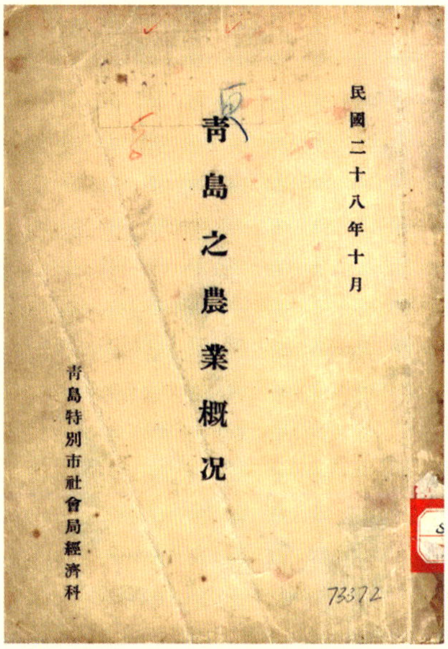

《青岛之农业概况》（1）

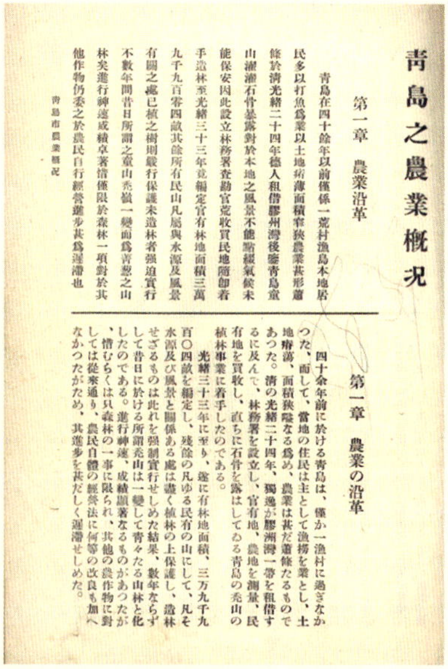

《青岛之农业概况》（2）

七、《儿童教育问题汇编》

李振声编，1935 年（民国 24 年）青岛青年会少年部发行。

本书是青岛青年会为 1935 年儿童节（南京政府 1932 年规定每年 4 月 4 日为儿童节）编印的专刊，辑录了众多专家关于儿童教育的文章多篇，包括儿童的家庭教育、学校教育和社会教育等，封面题签者为青岛市长沈鸿烈。

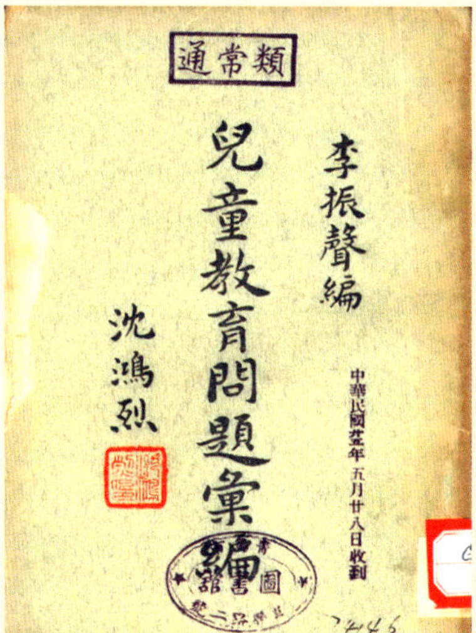

《儿童教育问题汇编》（1）

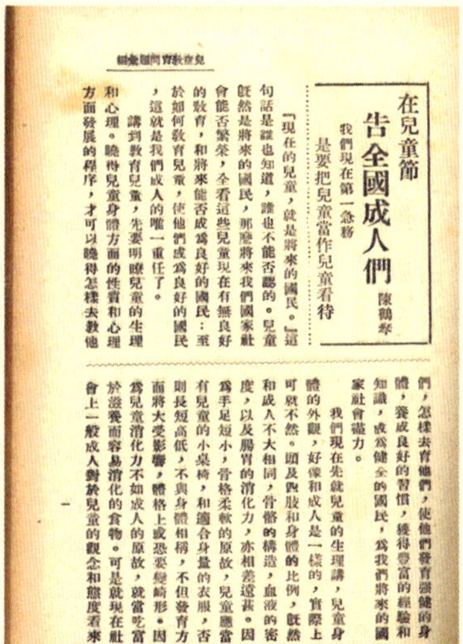

《儿童教育问题汇编》（2）

八、《旅游指南》

胶济铁路管理局总务处编，1931 年（民国 20 年）出版。

胶济铁路 1899 年由德商组成铁路股份公司承接、兴办，1902 年开通青岛至胶州段，至 1941 年胶济全线开通。1914 年后由日本铁道联队管理，至 1922 年 2 月华盛顿会议后，由中国政府接管。胶济线自青岛至济南，全线长 294 公里，设有大小车站 57 处。该书介绍了青岛、济南两市及沿途各站概况，摘登了《中华国有铁路客车运输通则》等，为铁路旅客提供了方便。

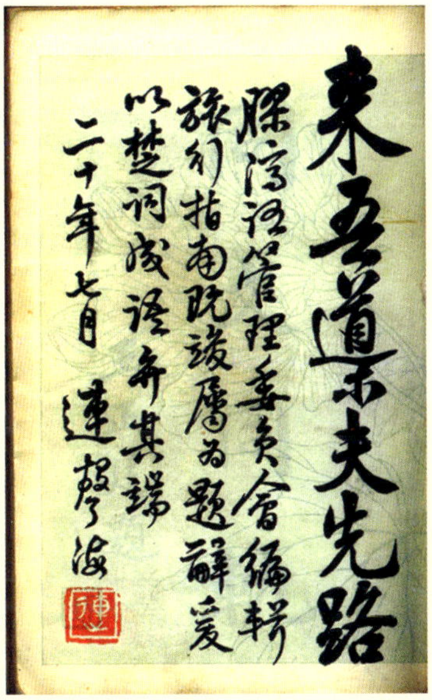

《旅游指南》（1）

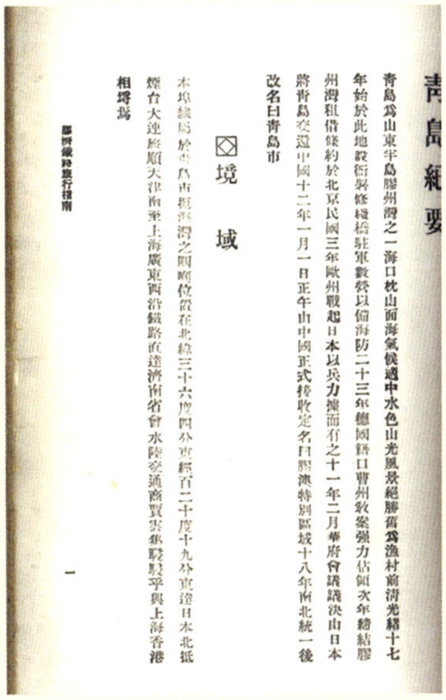

青島紀要

青島爲山東半島膠州灣之一海口枕山面海氣候適中水色山光風景絕勝舊爲漁村前清光緒十七年始於此地設衙署修棧橋駐軍數營以備海防二十三年德國藉口曹州敎案强力佔領次年締結膠州灣租借條約於北京民國三年歐洲戰起日本以兵力據而有之十一年二月華府會議議決由日本將青島交還中國十二年一月一日正午由中國正式接收定名曰膠澳特別區域十八年南北統一後改名曰青島市

境域

本埠隸屬於青島市扼膠州灣之咽喉位置在北緯三十六度四分東經百二十度十九分東達日本北抵煙台大連旅順天津南至上海廣東西沿鐵路直達濟南省會水陸交通商賈雲集駸駸乎與上海香港相埒焉

膠濟鐵路旅行指南 一

《旅游指南》（2）

第二节

民国时期发行的期刊

一、《青声》

月刊，《青声》月刊社出版，芮麟主编，1947 年（民国 36 年）创刊。

刊物以宣传青岛文化、提高青岛地区的学术研究水平为宗旨，作者多为本市大学教授或政府官员，如山东大学教授徐中玉、王统照，政府人事处长芮麟等，内容以政论为主体，兼及经济、文学等领域。

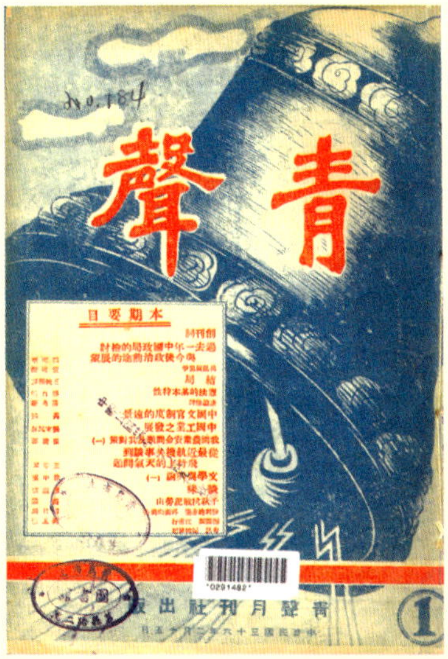

《青声》(1)

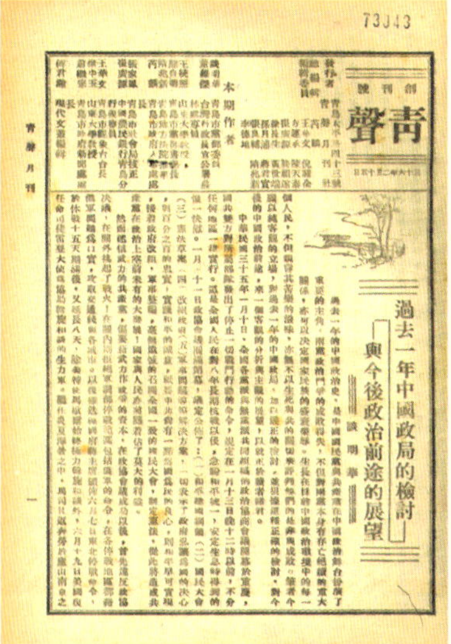
創刊號
青聲
過去一年中國政局的檢討
與今後政治前途的展望

《青声》(2)

二、《都市与农村》

金慕陶主编，1935 年（民国 24 年）创刊。

刊物内容为青岛地区的农村经济、城乡建设、行政沿革等。其中，部分专题刊物内容有重要史料价值，如第 9 期第四届铁展会特刊；第 11 期第四届铁展会胶济专刊，内有胶济沿线物产概观、崂山导游等；第 17 期青岛建设专号等。

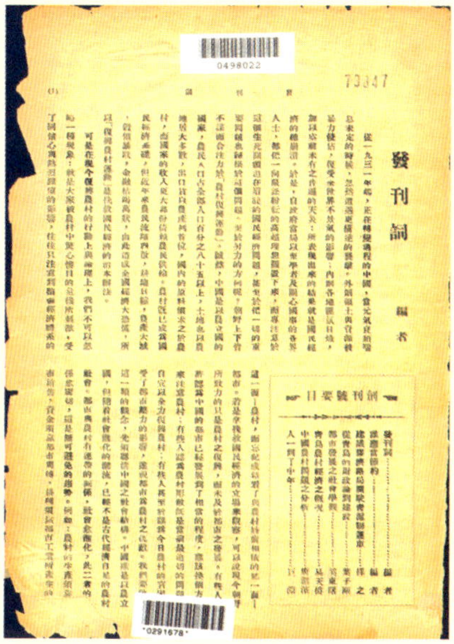
發刊詞
編者
創刊號要目

《都市与农村》（1）

都市与農村
創刊號
青島接收紀念章
二十四年四月二十一日出版

《都市与农村》（2）

三、《青岛教育》

青岛市教育局编，创刊于 1933 年（民国 22 年），初为半月刊，自第 1 卷第 7 期起改为月刊。主要内容为发布政令、研究学理、介绍教育方法、报告教育实况等。

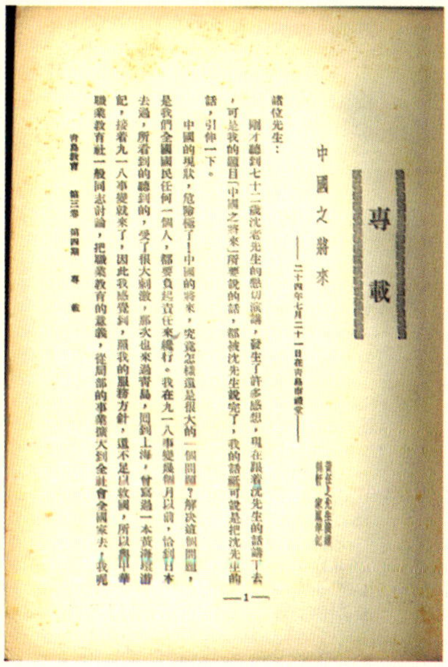
專載
中國之將來

《青岛教育》（1）

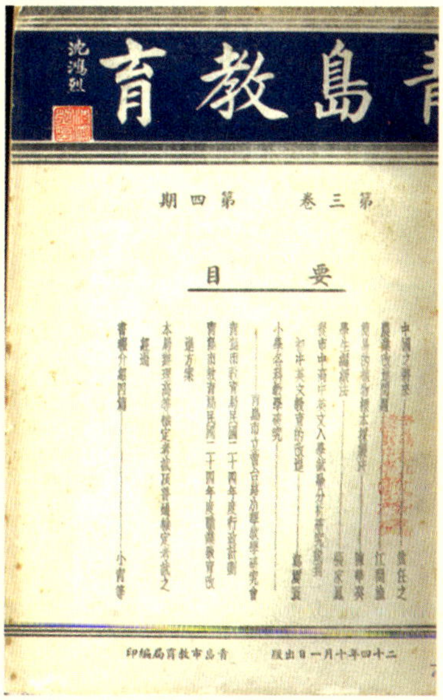
青島教育
沈鴻烈
第三卷 第四期
要目
二十四年十月一日出版　青島市教育局編印

《青岛教育》（2）

四、《胶东大众》

胶东文协主编，1941 年（民国 30 年）创刊，半月刊，新华书店出版。

1941 年创刊后，因战争影响曾一度停刊，抗战胜利后复刊。该刊为综合性社会文化刊物，内容包括政论研讨、文艺通讯、教育漫画等，其中有田汉、李公朴、郭沫若等人的作品，责任主编为马少波。

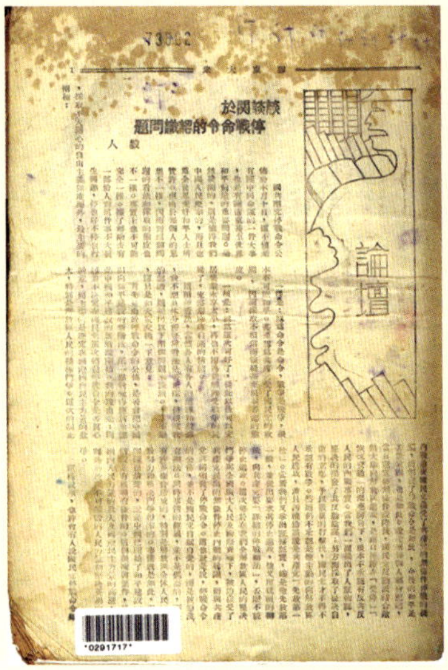

《胶东大众》（1）

《胶东大众》（2）

五、《避暑录话》

避暑录话编辑部编，1935 年（民国 24 年）创刊。

该刊系《民报》副刊，共出版十期。由主要撰稿人王统照、老舍、洪深、吴伯萧、臧克家、赵少侯、杜宇、王亚平等集体编辑定稿。面对日本侵略者的步步紧逼，作者们以“沸腾着的血，焦煎着的心”，在“报纸之花”的副刊上表达了中国人民抗争的意志。

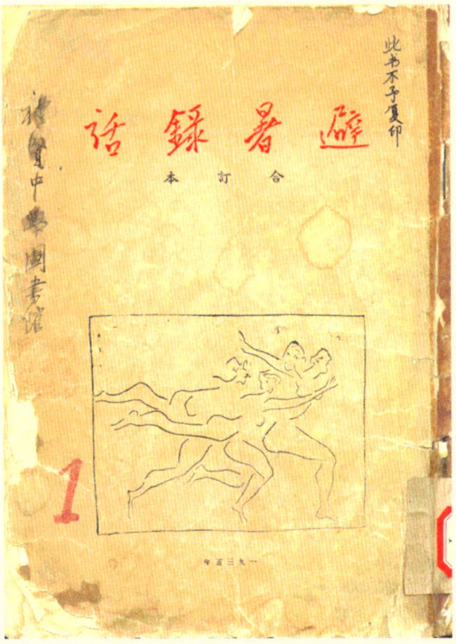

《避暑录话》（1）

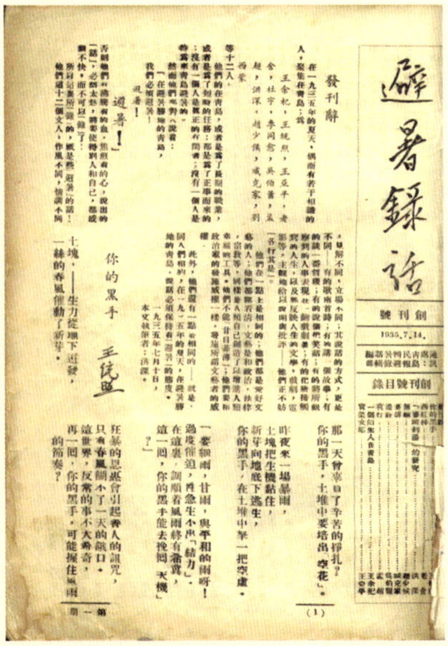

《避暑录话》（2）

六、《东方渔业》

青岛鱼市场股份有限公司编，1948 年（民国 37 年）出版。

抗战胜利后，青岛市农林局为积极建立渔业，修订渔业法规，平衡鱼价，维护渔业，以求渔业全面发展。刊物内容主要有编译、转载、法规、新闻、统计，尤其是对青岛地区渔业市场的交易规则、渔业数量、价格统计等有详尽的记录。

《东方渔业》（1）

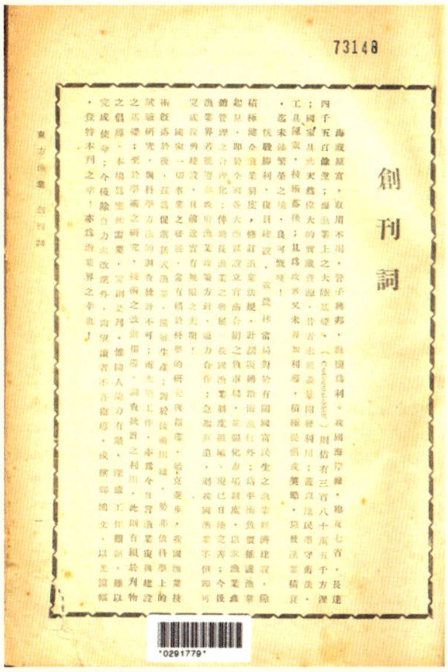

《东方渔业》（2）

七《荒土》

半月刊，1946 年（民国 35 年）创刊，张咸初编，荒土杂志社出版。

抗战胜利后，青岛文坛呈荒芜状。荒土，即荒芜开拓者的文坛。刊物内容广博，有“时事评论”“小说连载”“艺术园”“文艺”“影剧”“妇女家庭”“学生园地”等栏目。主要作者为当时活跃在青岛文坛的作家鲁军、废丁等。

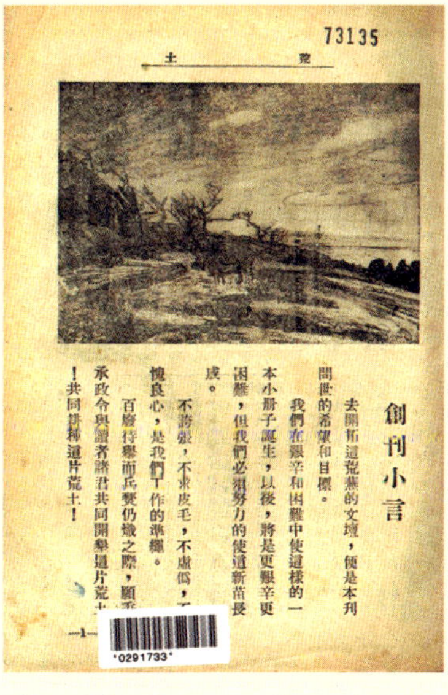

《荒土》（1）

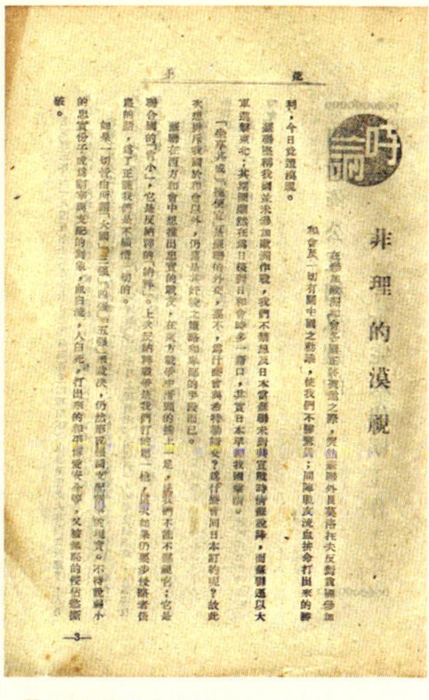

《荒土》（2）

八、《地瓜干》

《地瓜干》月刊出版社委员会编，1945 年（民国 34 年）创刊。

该刊取此刊名，实为追求一种朴素无华的风格，不求华丽。宋儒有云“嚼得菜根万事做得”，“膏粱锦绣，岂吾人所企望，这就算是地瓜干”。地瓜干本是青岛百姓的家常菜，该刊以此自喻，表达了服务民众精神食粮的意蕴。

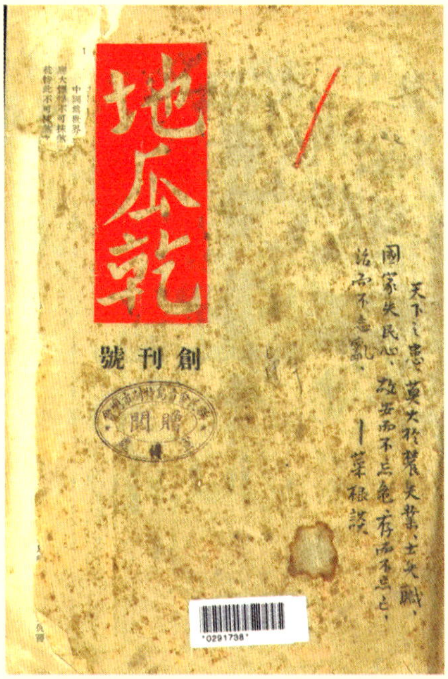

《地瓜干》(1)

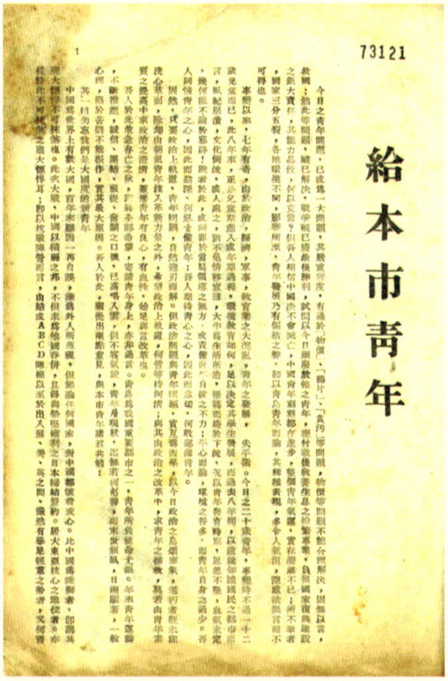
73121

給本市青年

《地瓜干》(2)

TSINGTAU UNDER
THREE FLAGS

A FREE and
RESPONSIBLE
PRESS

11

第十一章

外文文献旧藏

青岛市图书馆馆藏的外文旧藏以日文、英文、德文和法文文献为主。此类文献里英文、德文和法文等西文文献的出版时间跨度自 17 世纪至 20 世纪，合计 1 万余册。日文文献的出版时间涵盖日本明治、大正、昭和三代，从19 世纪末到20 世纪中叶，计 2 万余册。

青岛市图书馆的外文文献旧藏有图书、档案、手稿、照片等多种载体，包含自然科学、社会科学多个领域，承载着不同历史时期的社会记录，有较高的研究价值。

第一节

西文旧藏中的稀见精品

馆藏旧版西文文献主要收藏了从17世纪至20世纪在国内外出版的旧版西文文献，以英文、德文和法文文献为主，合计1万余册。

青岛市图书馆西文文献旧藏中英文文献最多，有6100余册。其中比例最大的前四类依次为：文学类（44%）、政治法律类（10%）、历史地理类（9.6%）、哲学宗教类（5%）。德文文献次之，有1600余册，主要为哲学宗教类、语言类和文学类。法文文献1000余册，以文学和历史地理类为主。

西文文献旧藏中版本最早的是出版于1776年的《亚当·斯密的〈国富论〉节选》（*Select Chapters and Passages from the Wealth of Nations of Adam Smith*）。西文旧藏主要为社会科学类图书，包括宗教、政治、经济、文化、数理科学、医药、工农业等门类，其中有些已经属于文献珍品。如1912年英文版的《论法的精神》一书，作者是查理·路易·孟德斯鸠（Baron de Montesquieu，1689—1755），法国启蒙思想家、社会学家，是西方国家学说和法学理论的奠基人。1922年德文版《一位哲学家的旅行日记》，作者是赫尔曼·凯泽林（Hermann Keyserling，1880—1946），其姓名曾译为克士林，德国哲学家、富翁、贵族，其妻为奥托·冯·俾斯麦的孙女。此书叙述了作者在中国的旅行经历及对中国哲学的认识。还有19世纪莱比锡B. G. 拓普诺出版社的《诗与真》第五版。此书是德国著名思想家、作家、科学家，魏玛的古典主义最著名的代表约翰·沃尔夫冈·冯·歌德（Johann Wolfgang von Goethe，1749—1832）晚年所写的自传，回忆了他从童年到青年时期的成长岁月。

西文文献旧藏（1）

西文文献旧藏（2）

HANDBUCH
ZUM NEUEN TESTAMENT
DAS LUKAS-
EVANGELIUM
VON
ERICH KLOSTERMANN
ARBEIT UND SITTE
IN PALÄSTINA
Der
Rembrandt-
deutsche

西文文献旧藏（3）

第二节

日文旧藏中的重要书刊

青岛市图书馆的日文文献旧藏有2万余册，在山东省各级各类图书馆中藏量位居前列。这些日文文献大多装帧精美，多为系列丛书，例如《世界大思想全集 》（109卷）、《大百科事典》（28卷）、《世界文学全集》（38卷）等。图书类目涉及哲学、宗教、政治、经济、军事、医学、文化、历史、地理、民俗等。旧藏中有线装古籍，也有近现代出版物，具有较高文献价值的有《中国经济年报》（1937年）、《天津志》（1909年）、《青岛战记》（1930年）、《青岛经济统计月报》（1941年）和《最新中国官绅录》（1918年）等。

青岛市图书馆的日文文献旧藏是近现代中日关系史的重要资料库，其价值体现在多个方面。一是旧藏文献大多为日本人自行收集、拍摄、描画、书写的资料，集中反映了当时日本人的真实立场，史实来源多元，包括档案、调查报告等，比较真实地记录了日本侵华战争的历史。二是资料中有众多对中国自然资源和社会情况的调查报告，如对森林、江河、山野、地形、土壤、矿产、交通、港口等的调查，特别是对中国农村社会经济的调查材料比例最大。三是资料中有不少对当时中国特别是山东及青岛的内政、外交、经济、军事、文化、教育、社会风情的原始记录，这些源于当时直接或间接调查获得的资料，对中国社会历史的重大事件以及中国现代史研究都具有相当大的价值。

一、日文山东地方文献旧藏

青岛市图书馆有日文山东地方文献旧藏500余册，具有鲜明的区域性和很强的史料价值。如“青岛作为日本的殖民地的确是一个理想的地方”，是日本人著述《宝库青岛》中的一句话，充分暴露了日寇对青岛、山东的觊觎之心。《大日本战史》（第七卷）、《青岛战记》中详细记载了第一次世界大战期间日、德两军在青岛开战的原因、经过和结果。这场战役还分别记录于日本各种军事史图书中，如《海军五十年史》《陆军五十年史》《日本海军陆战队史》等。在《陆军五十年史》一书中，有大正三年（1914 年）日军以攻占青岛祝贺“天长节”（日本天皇诞辰）的照片。书中附有“青岛攻略战要图”，清楚标识了日军进攻青岛的要点。其他文献中有众多日本随军记者撰写的通讯报道以及拍摄的照片，日军的侵华战争罪行历历在目，如写真集《七七事变》中“占领青岛飞机场”和“陆战队青岛登陆”；《“七七事变”日本国之精华》以图片与文字结合报道了“青岛作战”；《大东亚战争美术》《圣战美术》是日本陆军协会组织一批画家随军，用西画、水墨画、素描的手法对日军的行动进行记录，从另一个角度留下了日军侵华历史的真相。

日文旧藏中还有日本驻青岛守备军司令部、青岛军政署、兴亚院华北联络部青岛出张所、满铁驻青办事处等军事和特务机构编印的各种书籍，如《山东研究》《青岛当下形势》《山东指南》等。还有日军占领期间制定的各种工商行业管理规定，如《领事馆法会》《青岛守备军法令法规》等，反映了日军在经济领域疯狂掠夺的各种手段。其他如《中国北部资源统计年鉴》《中国北部农业》《中国经济地理》《中国经济全书》《中国人口和食粮问题》《中国各省经济状况》《中国主要进口商品研究》《青岛盐》《中国工商指南》等书中，对中国的经济行业和资源有详细的调查报告，为控制和掠夺中国经济资源作了精心规划。另有绝密资料《山东炭的对日作用和今后的供给状态》一书，表明昭和十五年（1940 年）山东运往日本煤炭的计划额是 60 万吨，并且要求逐年递增等。

记载山东、青岛概况的日文图书及调查资料

日军两次侵略青岛遗留的日文文献

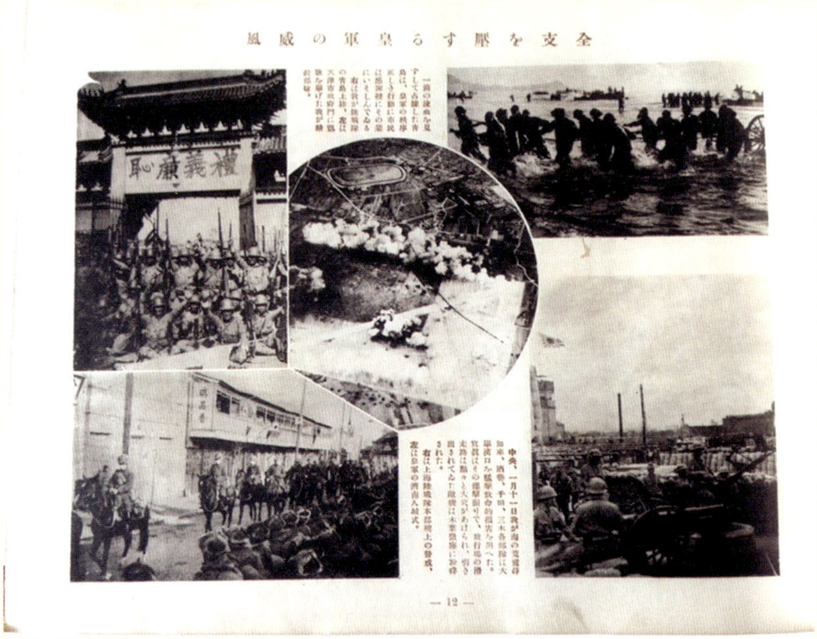

日军侵华宣传照片

有关山东、青岛的日文调查资料

有关山东和青岛的日文文献

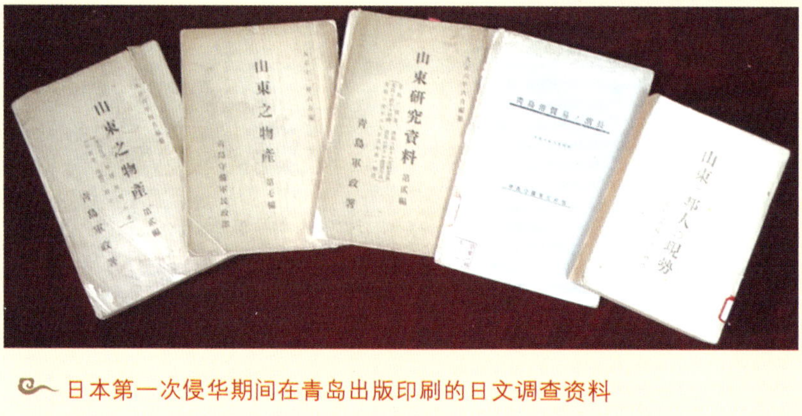

日本第一次侵华期间在青岛出版印刷的日文调查资料

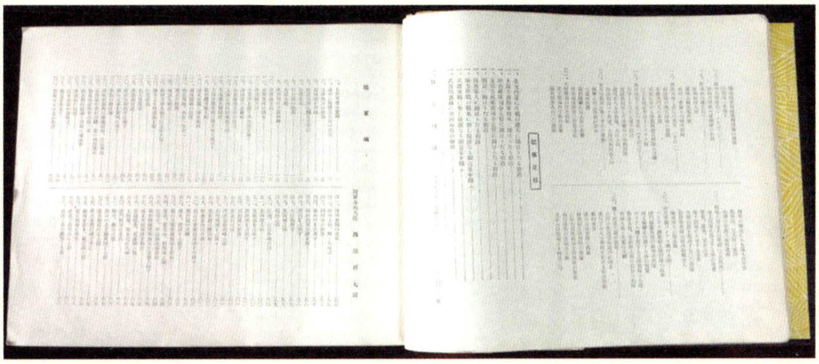

日军侵华时对战争的相关记载

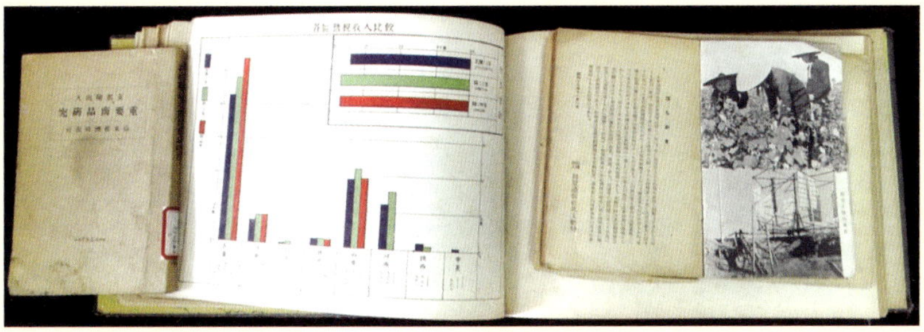

山东等省市经济的统计资料

以下是青岛市图书馆部分日文山东地方文献旧藏的介绍。

1.《中国村落（人口）分布的研究：山东省卷》，水谷国一著，大连南满州铁道株式会社出版，昭和十五年（1940 年）

该书介绍了中国山东省的人口分布情况，主要分作图、调查和说明三篇。作图篇介绍了计测图及其作图的方法。调查篇介绍了资料、方法和成果。资料部分中包括山东省详图和 1:100000 比例的山东省图。成果部分包含山东省人口分布密度和聚居地构成。说明篇根据聚居地人口密度分布的状态，分别介绍了黄河平原区、渤海沿岸区、中央山地北麓区、鲁西峡谷走廊区、洪积黄土区、中央山地区、半岛山地地带的人口分布情况。书后附有山东省聚居地人口密度图说明表、各个县的聚居地和户数密度图、各县的

《中国村落（人口）分布的研究：山东省卷》（1）

耕地利用百分比图、山东省地理区域图、山东省各县的位置图、山东省聚居地分布图、山东省聚居地密度图等。

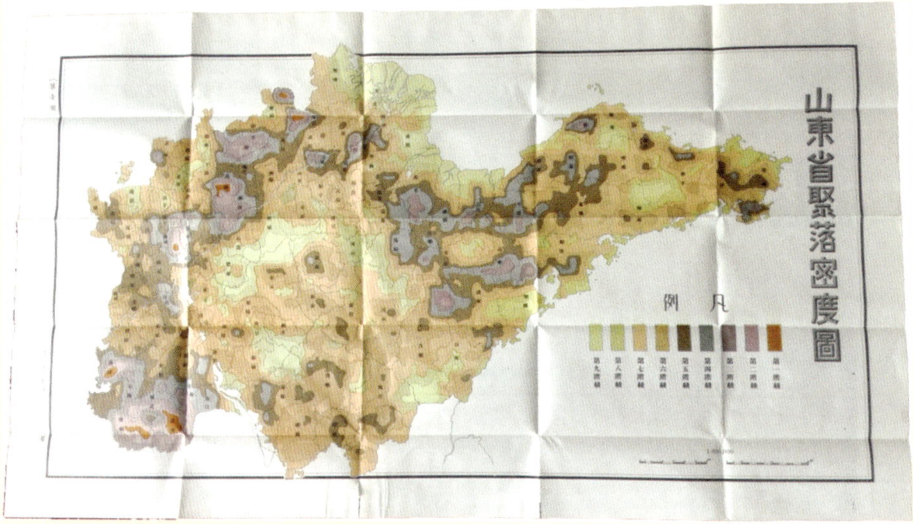

《中国村落（人口）分布的研究：山东省卷》(2)

2.《以“济南事件”为中心》，小川雄三著，济南山东新报社出版，昭和三年（1928 年）

该书介绍了国民革命军第二次北伐期间，日本对于山东的思考、日本出兵占领山东的策略以及“济南事件”（“五三惨案”）在全世界的反响等。

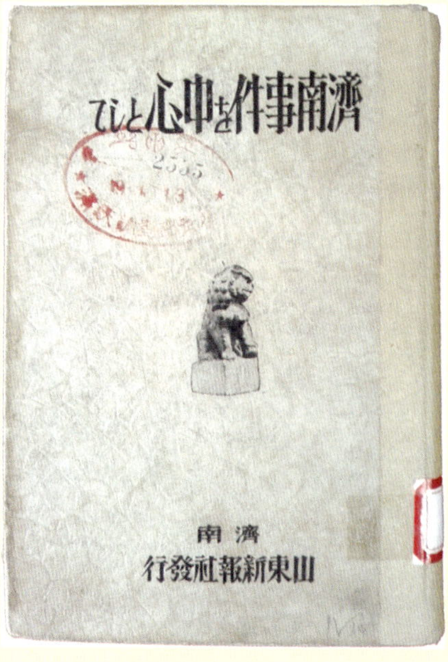

《以“济南事件”为中心》(1)

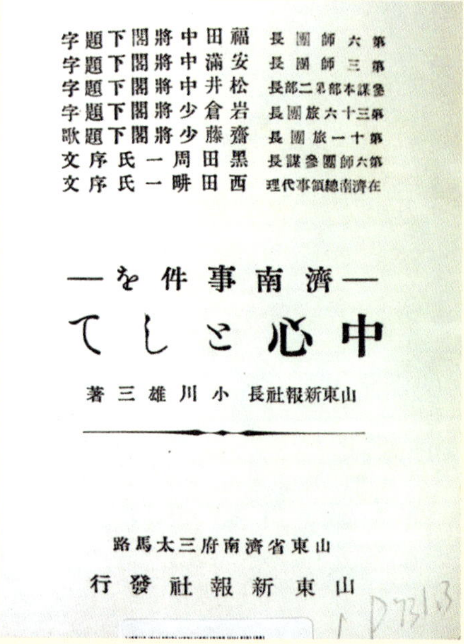

第六師團長 福田中將閣下題字
第三師團長 安滿中將閣下題字
參謀本部第二部長 松井中將閣下題字
第十三旅團長 岩倉少將閣下題字
第十一旅團長 齋藤少將閣下題歌
第六師團參謀長 黑田周一氏序文
在濟南總領事代理 西田畊一氏序文

—濟南事件を—
中心として

山東新報社長 小川雄三著

山東省濟南府三太馬路
山東新報社發行

《以“济南事件”为中心》(2)

3.《1914—1919 世界大战史：后篇》，箕作元八编，东京富山房出版，大正八年（1919 年）

该书是《1914—1919 世界大战史》的后篇，主要介绍了交战各国的外交历史、经济和财政情况、军备状况、动员情况以及兵器使用等内容。书中特别提及了德国租借胶州湾的权利，如拥有胶州湾铁路的权益等。书中附有欧洲和世界地图。

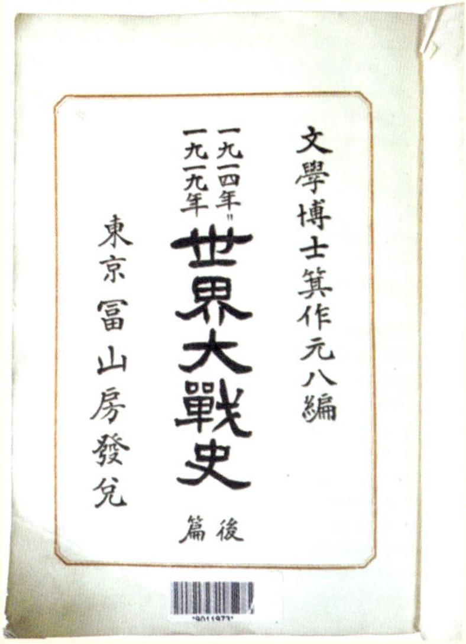

《1914－1919 世界大战史：后篇》（1）

《1914－1919 世界大战史：后篇》（2）

4.《活机战（第一部）：满洲事变》，佐藤庸也著，东京日本军用图书株式会社出版，昭和十八年（1943 年）

该书介绍了“九一八事变”及相关情况，并附有战斗要图，如北大营战斗要图、天津市区地图、哈尔滨附近的战斗经过要图等。书中还特别介绍了青岛的问题和“二十一条”的历史以及中国南方的抗战情况，讨论了青岛的租界地、山东铁路、日本在山东的权益等内容。

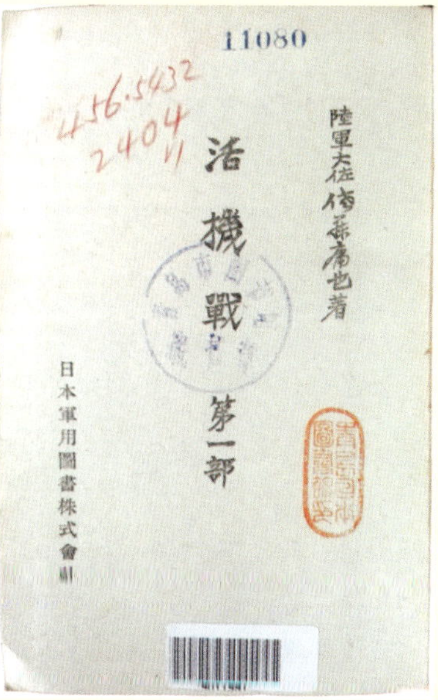

《活机战（第一部）：满洲事变》

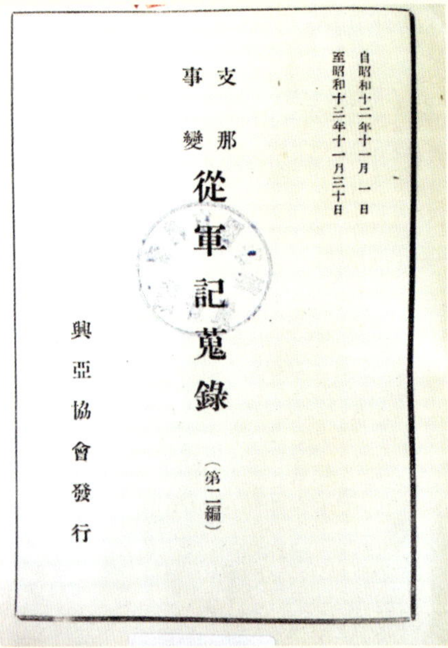

《“七七事变”从军记汇录》

5.《“七七事变”从军记汇录》，宫居康太郎编，东京兴亚协会出版，昭和十六年（1941 年）

该书详细记载了“七七事变”以后的重大战役。第一篇是南京攻略，包含了日军对苏州的进攻、无锡的激战、攻占江阴要塞、南京总攻击、进攻杭州等内容；第二篇为日军对山东的扫荡战，具体讲述了济南攻略战、山东的形势、青岛的战势等；第三篇为徐州会战，介绍了日军攻击徐州、台儿庄激战、袭击沂州、黄河堤防爆破等内容。该书还记录了日军对汉口的攻略战、九江的立体战以及突袭广东阶段的惠州城攻略、攻击博罗城等。

6.《“七七事变”日本国之精华》，长泽小辅编，青岛山东每日报社出版，昭和十四年（1939 年）

该书主要为日军侵华战争时期各重要战役的大量照片并附有大量重要人物题词，照片内容涉及山西战线、山东南部战线、徐州会战、进攻长江、大别山之战和空战等。该书还附有“七七事变”时期的战局地图。

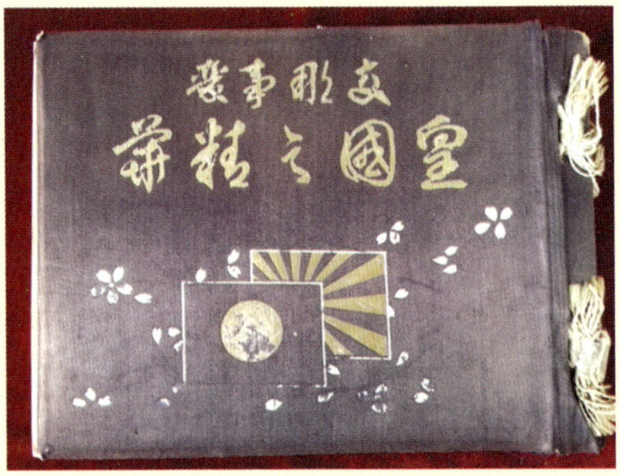

《“七七事变”日本国之精华》(1)

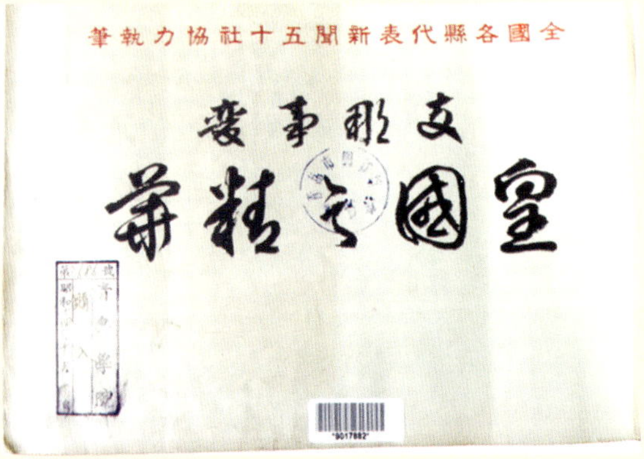

《“七七事变”日本国之精华》(2)

7.《中国北部农村概况调查报告》，水谷国一著，大连南满洲铁道株式会社出版，昭和十五年（1940 年）

该资料介绍了山东泰安第一区下西隅乡涝洼庄的自然条件、面积及户口、行政沿革、交通通信、产业金融等概况，还有当地农舍、农具、农作物耕作、生产等调查报告。

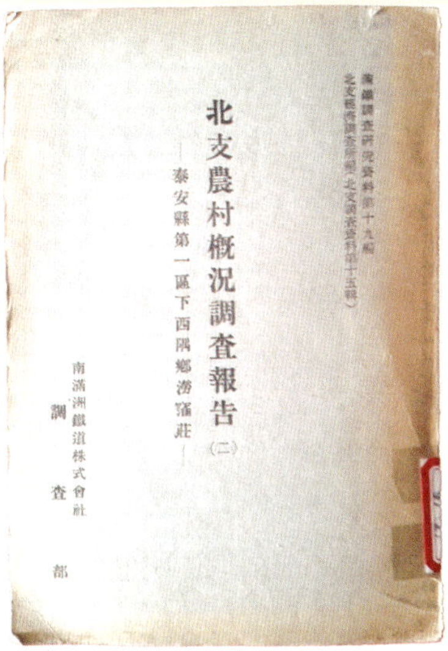
北支農村概況調査報告（二）
—泰安縣第一區下西隅鄉澇窪莊—
南満洲鐵道株式會社
調査部

《中国北部农村概况调查报告》（1）

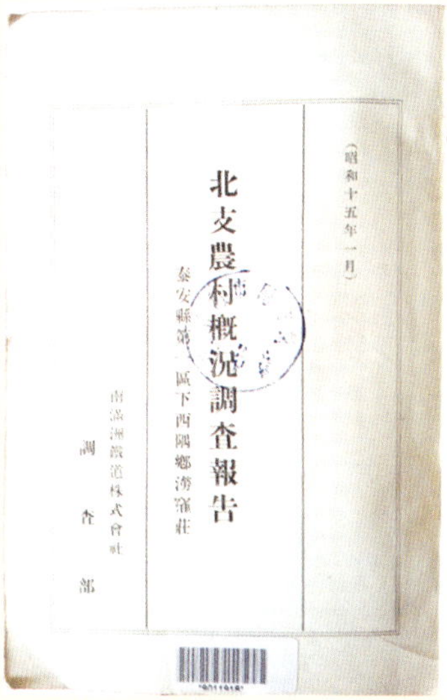
（昭和十五年一月）
北支農村概況調査報告
泰安縣第一區下西隅鄉澇窪莊
南満洲鐵道株式會社
調査部

《中国北部农村概况调查报告》（2）

8.《青岛都市及港湾计划调查报告》，满铁调查部编（出版地、出版年不详）

该书系青岛都市及港湾计划调查报告，主要介绍了青岛未开垦土地的总面积、农作物、畜产品以及矿产、渔港等基本情况。

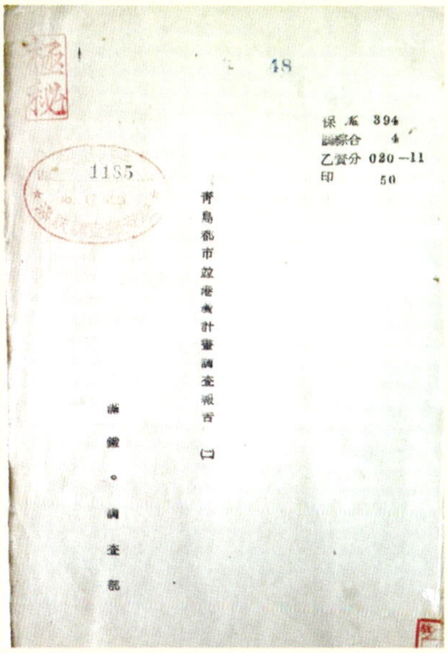
極秘
青島都市竝港灣計畫調査報告（二）
滿鐵・調査部

《青岛都市及港湾计划调查报告》（1）

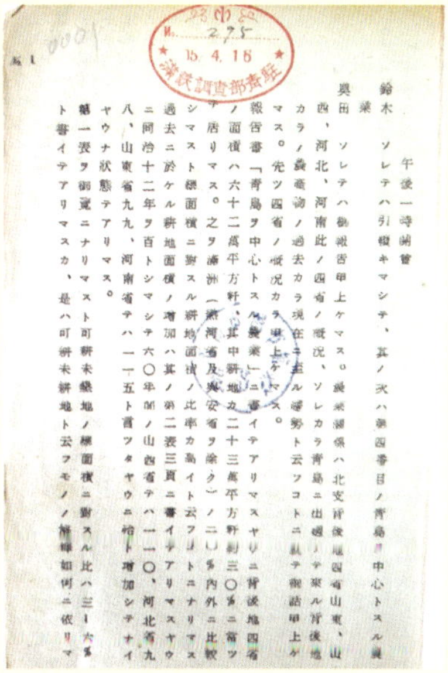

《青岛都市及港湾计划调查报告》（2）

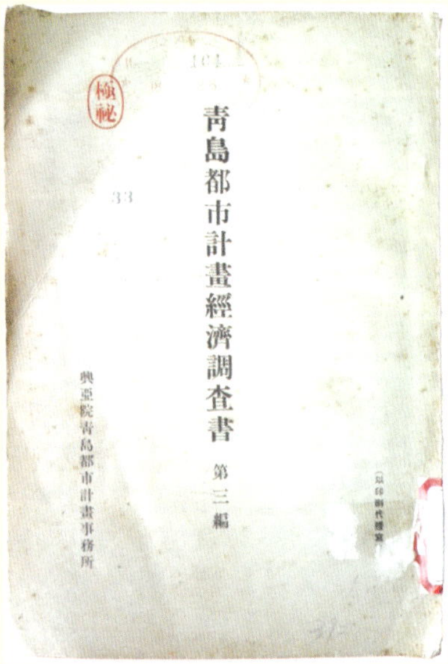

《青岛都市计划经济调查书》

9.《青岛都市计划经济调查书》，兴亚院青岛都市计划事务所编（出版地、出版时间不详）

本书是关于青岛市经济计划的调查报告，分为青岛腹地铁路的改良及建设、青岛港出口煤炭状况两个部分。其中第一部分介绍了青岛经济的基础、铁路的改良和建设及经费、地方铁路的开发等。在铁路改良和建设计划中有第一至第四期概要及各期所需要的资金等。书中附有铁路的改良及新线路建设等图示、青岛中心停车场的新建略图以及相关工程设计等诸多图表。

10.《山东绅士录》，木村雄平著，青岛杏城社出版，昭和十二年（1937 年）

该书介绍了与山东有直接或者间接关系的日本人士和青岛在中国经济社会发展中的优势，记述了日本人在青岛的经济、金融、药店、教育、交通、电力、医学、新闻、水产等领域发挥的作用，并有当时在青岛政治、经济各界担任重要职务的人物的简介。

《山东绅士录》（1）

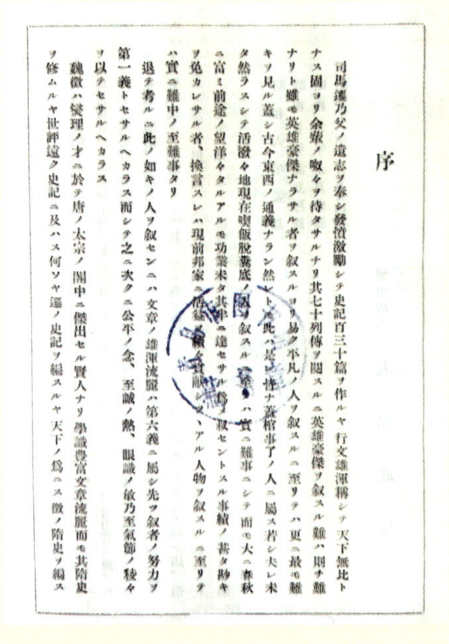

序

司馬遷乃父ノ遺志ヲ奉シ發憤激勵シテ史記百三十篇ヲ作ルヤ行文雄渾稱シテ天下無比トナス固ヨリ余輩ノ喋々ヲ待タサルナリ其七十列傳ヲ閲スルニ英雄豪傑ヲ叙スル難ハ則チ難ナリト雖モ英雄豪傑ナラサル者ヲ叙スルヨリ易ク平凡ノ人ヲ叙スルニ至リテハ更ニ最モ難キヲ見ル蓋シ古今東西ノ通義ナラン然レトモ此ハ是レ惟ナ蓋棺事了ノ人ニ屬ス若シ夫レ未タ然ラスシテ活潑々地現在喫飯脫糞底ノ[illegible]ヲ叙スル[illegible]ハ實ニ難事ニシテ而モ大ニ春秋ニ富ミ前途ノ望洋々タルアルモ功業未タ其[illegible]ニ遂セサル[illegible]ヲ叙セントスル事績ノ甚タ尠キヲ免カレサル者、換言スレハ現前邦家ニ[illegible]ヽアル人物ヲ叙スルニ至リテハ實ニ難中ノ至難事タリ

退テ考ルニ此ノ如キノ人ヲ叙センニハ文章ノ雄渾流麗ハ第六義ニ屬シ先ヲ叙者ノ努力ヲ第一義トセサルヘカラス而シテ之ニ次クニ公平ノ念、至誠ノ熱、眼識ノ敏乃至氣節ノ稜々ヲ以テセサルヘカラス

魏徵ハ燮理ノ才ニ於テ唐ノ太宗ノ閣中ニ傑出セル賢人ナリ學識豐富文章流麗而モ其隋史ヲ修ムルヤ世評遠ク史記ニ及ハス何ソヤ遷ノ史記ヲ編スルヤ天下ノ爲ニス徵ノ隋史ヲ編ス

《山东绅士录》（2）

11.《中国文化研究》，后藤朝太郎著，东京富山房出版，大正十五年（1926 年）

该书是关于中国文化的研究，分为“天”“地”“人”三部分。在“天”文化中，具体讲述了大陆文化的情趣、中国文学、中国社会的现代性理解、感知中国、中国人的乐天生活、中国的春节、中国文物的特色、社会学、中国的玩具、中国美食、中国人的战争心理、中国人的山寺生活等内容。在“地”文化中，介绍了民国时期山西省、山东省、三峡巴蜀等地的地理状况，对山东的建筑和雕刻、山东的古典美术进行了描述，还对泰山的地理学位置、泰山碑刻、泰山的名胜等做了描述。在“人”文化中，讲述了民国时期人们的团结力、中国和日本两国人民习惯的差异等内容。

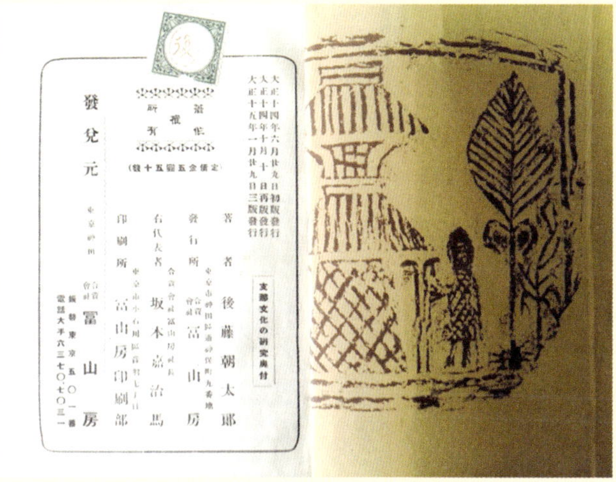
大正十四年六月廿九日初版發行
大正十四年十月十日再版發行
大正十五年一月廿九日三版發行

支那文化の研究奥付

著作權所有

（定價金五圓五十錢）

著者　後藤朝太郎

發行所　東京市神田區表神保町九番地　合資會社　富山房

右代表者　合資會社富山房社長　坂本嘉治馬

印刷所　東京市小石川區音羽七丁目　富山房印刷部

發兌元　東京神田　合資會社　富山房　振替東京五〇一番　電話大手六三七〇、七〇三一

《中国文化研究》

二、满铁资料

20 世纪初的日俄战争结束后，日本于 1906 年设立南满洲铁路株式会社，简称“满铁”。作为日本帝国主义的“国策公司”，“满铁”在 1906 年到 1945 年的 40 年间设立了许多调查机关，专门从事社会调查、搜集情报等活动，为日本侵华政策提供军事、政治、经济、社会等情报。“满铁”调查机构对我国和周边国家及地区的政治、经济、军事、文化、自然资源等方面的资料大肆搜集调查，形成和收藏了包罗万象的调查报告、图书文献和档案材料，通常总称“满铁资料”。

青岛市图书馆部分馆藏满铁资料介绍如下。

《大正九年统计年报》

1.《大正九年统计年报》，总务部调查科著，大连南满洲铁道株式会社出版，大正十一年（1922年）

该刊物汇总了满铁总务部1920年对中国的土地、建筑、会计、铁道、船舶、港湾、矿山、工业、电气、旅馆、地方事业等多方面情况进行统计的资料，并附有诸多图表。

2.《中国北部概述》，南满洲铁道株式会社总务部资料科编（出版地、出版时间不详）

本书记述了中国北部的地理、交通、社会、政治、财政、金融、产业、资源、贸易及西方列强在华的利益等内容，其中包括山东的煤矿和煤矿公司、青岛的棉纺织业、青岛港的对日贸易及主要输出品等内容。

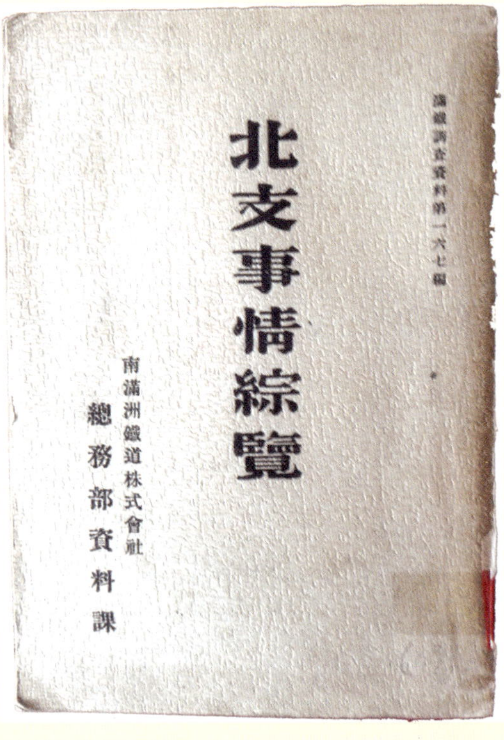

《中国北部概述》

3.《中国北部经济综观》，南满洲铁道株式会社产业部编，东京日本评论社出版，昭和十五年（1940 年）

该书介绍了中国北部的经济概况，还包括中国北部的政治社会、国际关系等内容。在政治及社会章节中，介绍了中国北部政局的发展及其特质、中国北部的政治社会机构等。在国际关系章节中，介绍了中国北部的对外关系、西方列强在中国北部的权益等。在生产及流通章节中，特别介绍了山东省的盐田和渔业等情况。书中附有中国北部经济统计和中华民国铁路全图。

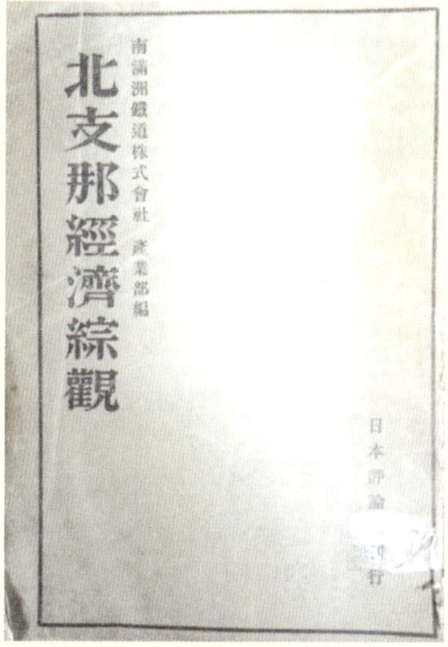

《中国北部经济综观》（1）

《中国北部经济综观》（2）

4.《中国北部河川水运调查报告：第二队至第七队》，中国驻屯军司令部编（出版者不详），昭和十二年（1937 年）

本书为中国北部河川水运的调查报告，分为总论和调查报告两部分。总论详细介绍了中国北部的地形和各河川的流域面积、气象、概要、治水、维修灌溉现状等大体情况。在“运河的经济地位篇”中，有山东运河沿线城市的经济地理资料。

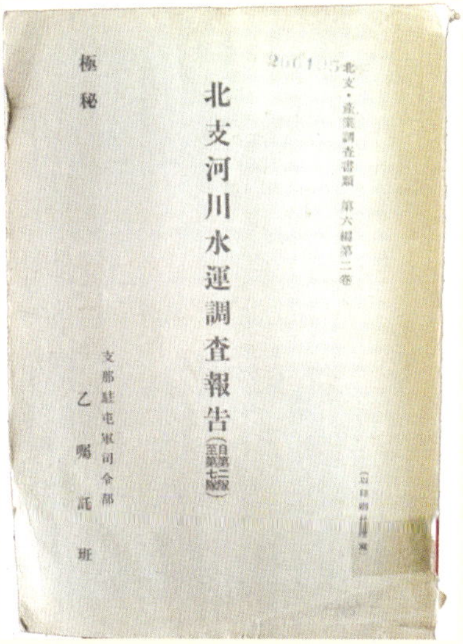

《中国北部河川水运调查报告：第二队至第七队》

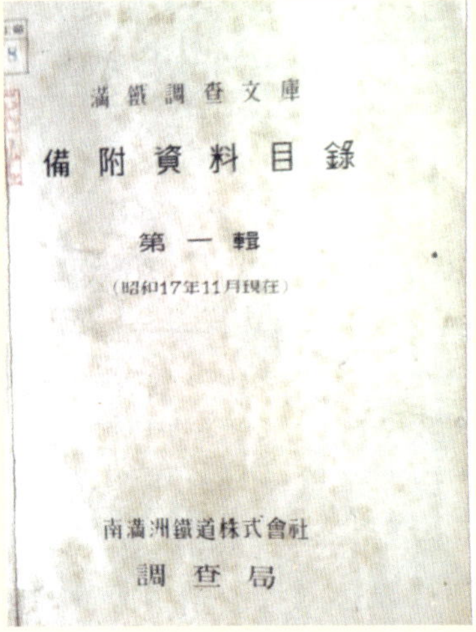

5.《满铁调查文库：备附资料目录》，南满洲铁道株式会社编（出版地不详），昭和十七年（1942 年）

该书目系满铁调查报告、重大事件报告、满铁调查月报、统计年报、满铁调查资料等的汇总目录，阅读该书可以了解“满铁调查文库”的基本内容。

《满铁调查文库：附资料目录》

6.《杂志综合目录》，人松本丰三著，大连满洲铁道株式会社，昭和十一年（1936 年）

该书目为截至 1936 年 4 月末满铁各研究机构保存的杂志综合目录，含杂志名、发行所、保存所和期刊发行周期等内容。

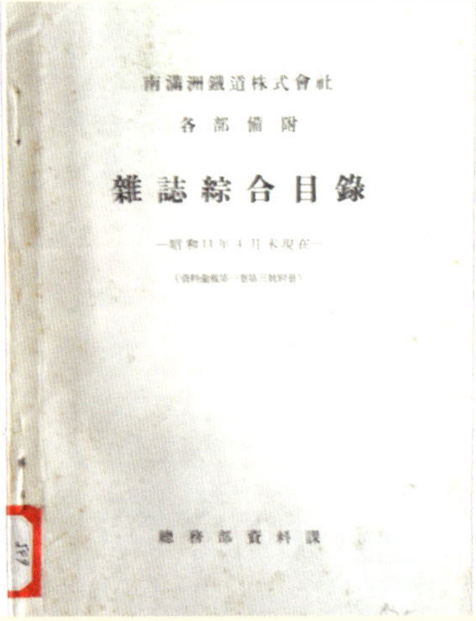

《杂志综合目录》

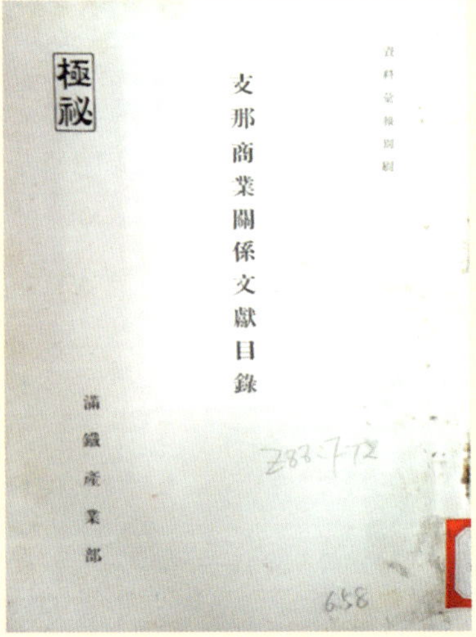

7.《中国商业关系文献目录》，古山胜夫著，满铁产业部编（出版地不详），昭和十二年（1937 年）

该书目分为图书、杂志、极密三部分，包括丛书、统计年报、商业事件记录以及经济政策、贸易、关税、商业机关和分配组织、物价等研究文献。其中有青岛港贸易概况、对日贸易概况、重要商品市况、青岛港贸易额和进出口货物概况等历史资料。

《中国商业关系文献目录》

后　记

青岛市图书馆前身是1924年建立的胶澳商埠公立通俗图书馆，1953年改称青岛市图书馆。2002年原址扩建改造成现在的规模，图书馆总建筑面积近2.6万平方米，高7层，设30个厅、室及活动区域。2014年，青岛市图书馆建馆90周年庆，同年底，接到天津大学出版社参与编写“21世纪中国城市图书馆丛书”的邀约，备感荣幸。

收到邀约后，青岛市图书馆启动编写计划，成立了由于婧馆长任主编，陈东庆助理具体负责组稿事宜，多馆员参与编写的编委会。编委会根据各位成员的工作领域进行了精细的分工，历时半年，组织了多次集中讨论，数易其稿，终成本书，并即将付梓。在编写过程中，每一位撰稿人员都力求遵循王宗义老师提到的“寓褒贬臧否于纪事之中”的编撰原则，以客观简洁的叙述，从历史、服务、馆藏三大视角，向国内外同人和关心图书馆事业的朋友展示了青岛别具一格的城市文化以及青岛市图书馆的服务和馆藏特色，同时，本书穿插了大量精美的图片，以期达到生动、形象、直观的效果，增强可读性和感染力。

本书的顺利出版，首先要特别感谢南开大学徐建华教授及天津大学出版社的领导、编辑们所给予的细致的帮助和指导。此外，还要感谢编委会所有工作人员的辛勤付出以及青岛市图书馆各位领导和同事的全力支持，在此一并敬谢。

由于编者编著水平和能力所限，虽力图完美，但仍难免有疏漏不当之处，敬请广大读者和专家多提宝贵意见。

《青岛市图书馆》编委会

History

01

Chapter 1

A Famous Historic and Cultural City at the Coast of the Yellow Sea

Qingdao, a coastal city located in the southern part of Shandong Peninsula, is graceful and charming, like a pearl inlaid in bluish waves, emitting unique light against its background. Here in the city, there are meandering coasts with lots of capes and bays, colorful, elegant and tranquil islands, warm and cheerful people and an honest and simple folkway. Qingdao, which has "flowers in spring, bright moon in autumn, cool breezes in summer, and white snow in winter", and "the blue sky, blue sea, red tiles and green trees", has been walking gracefully on the timeline from ancient to modern times, carrying a long history and a splendid culture. Being fascinating and charming, Qingdao graciously greets its guests from all around the world.

Section 1

A Hundred-year-old City with a Vicissitudinous History

Although the administration in Qingdao area has only an about 120-year-old history, the source of the social civilization development can be traced back to thousands of years ago, in the Neolithic Period. The archaeological excavation of Remains at Beiqian, Jimo revealed the activity status of the ancestors in Dongyi (the eastern tribes), who lived in Qingdao area about six thousand years ago. After years of excavation and investigation, the scattered ancient cultural relics in Qingdao area began to be shown to people today. The discovery of Jiaozhou Sanlihe Cultural Relics Site and Pingdu Yueshi Cultural Relics Site indicated that there were already sedentary Dongyi primitive tribes in Qingdao area four or five thousand years ago. Through their efforts and explorations from generation to generation, the Dongyi tribes, together with other ancestors in the Central Plain, created the splendid ancient Chinese civilization, thus composing a long and epic history of the Chinese nation.

During the long development process of the primitive civilization, Dongyi Culture, which was rich in regional characteristics, emerged and lasted for thousands of years. In the early period, the Laiyi people established the country of Lai and experienced the whole Western Zhou Dynasty. In the Spring and Autumn Period, Qi country (another ancient state) ruined Lai country and established Jimo city, which became the economic and cultural center of the eastern area of Qi during the Warring States Period. The city was populous, rich and prosperous. It kept being a famous city in the eastern coastal area till the Qin and Han dynasties, and simultaneously, Dongyi Culture gradually integrated into the Qi Culture.

In 221 BC, Emperor Shihuang of Qin Dynasty (the First Emperor of Qin) unified China, and established the first centralized country mechanism in Chinese history, then Qingdao area was designated as Langya Prefecture. In the Qin and Han dynasties, Langya harbor was one of the country's five major ports. It earned the emperors' preference, due to its favorable natural conditions and graceful scenery. Emperor Qin Shihuang and Emperor Wu of Han had visited Langya for many times. Moreover, it is said that Emperor Qin Shihuang had ever dispatched Xu Fu and his team to go to sea for elixirs, leaving from Langya and Jiaozhou Bay area. In the Tang and Song dynasties, Qingdao gradually became more and more important to foreign trade because of the convenience the harbor brought. In the Northern Song Dynasty, shipping and commercial activities were active here, making Qingdao an essential harbor in the north. A department of Shibosi (an institution to manage international marine trade) was set up in Banqiao Town, Mizhou at the northwest of Jiaozhou Bay. In the Yuan and Ming dynasties, Jiaolai Canal, the only canal connecting two seas of China, was once dug here. In the Ming Dynasty, a series of military and executive institutions were set up on both sides of Jiaozhou Bay, including Aoshanwei, Lingshanwei, Fushansuo, Xiongyasuo, Jiaozhousuo and Xiahezhai Suo. Simultaneously, several seaports, such as Qingdao Port, Jinjia Port and Nügu Port were opened, making Qingdao a relatively important fishing port. In 1862, the Qing government established East Customs in Shandong Province to manage the activities on tariffs in the coastal area of Shandong. In 1865, a sub-office of

Chefoo Customs was set up in Qingdao. In 1891, the Qing government approved to set up garrisons and fortifications in Jiao'ao, which was the beginning of the establishment of Qingdao. Qingdao was firstly a small fishing port, then developed to a commercial port and then a naval port, becoming a prosperous town by that time.

At the end of the Qing Dynasty, the western imperialist countries invaded China one after another. Qingdao had been coveted by European powers for a long time because of the nearby harbor, Jiaozhou Bay. In 1897, using the "Juye anti-church case" as an excuse, Germany and Russia conspired to invade and occupy Qingdao and Jiaozhou Bay. In 1898, the Qing government signed the "Jiao'ao Concession Treaty" with Germany, then Qingdao regrettably became a German colony. In 1914, as World War I broke out, Japan used "to declare war on Germany" as an excuse, and actually attacked and occupied Qingdao and the whole Jiaozhou-Jinan Railway, forcing Yuan Shikai to accept the "Twenty-one Demands" and to admit that all of the Germany's privileges in China were transferred to Japan. In 1919, the victors of World War I, including China, held a "peace conference" in Paris, proposing to abolish the Powers' privileges in China and the unequal treaties such as the "Twenty-one

Demands". However, the Paris Peace Conference was under the control of western imperialists. They not only rejected China's requests, but also stipulated that Japan took over all of Germany's privileges in Shandong in the treaty with Germany. Surprisingly, the Beiyang Government did prepare to sign the treaty, which aroused strong opposition from the whole nation, leading to the May Fourth Movement raised by young students. Students proposed several patriotic slogans, such as "Fight and strive, and do everything to recapture Qingdao", "Refuse to sign the treaties" and "Abolish the Twenty-one Demands". Faced with the strong pressure from the public, the representatives of China eventually refused to sign the treaties.

In 1922, the Chinese government and the Japanese government signed a treaty, stipulating that Japan should return Qingdao back to China. Since then, Qingdao experienced several historical periods, from the Beiyang Government to the Nanjing National Government, then the Anti-Japanese War and the War of Liberation. This city had been invaded successively by three imperialistic countries—Germany, Japan, and the United States—and finally greeted its emancipation in 1949. Its tortuous and complicated history intensively embodied the trajectory of development of cities in a semi-colonial and semi-feudal society in modern China. The historical events, including the Strike Movement in gauze factories, the May Thirtieth Movement, and the armed struggle all over the city against the invasion of Japan and the United States, together with the collision and fusion of European and Asian cultures, brought Qingdao's history some unique and profound components.

After the founding of the People's Republic of China in 1949, Qingdao has been reborn. Especially since the 1980s, Qingdao has become one of the earliest 14 coastal open cities in China, and has been focusing on developing port economy, marine industry and tourism, relying on the excellent natural harbor, marine resources and advanced marine technology, thus forming a unique and distinctive marine economy. Now Qingdao not only possesses the country's largest container terminal which allows the fifth-generation container ships to berth, the world's leading modern coal terminal, and the Asia's best, which is also the world's second advanced ore terminal of 200, 000 tons, but also has a number of world-famous brands, such as Haier, Hisense, and Tsingtao Beer.

Moreover, Qingdao also has one third of the total number of the research and development institutions of marine science and technology, and has many well-known academicians, experts in marine sciences, professors and scholars as well. Therefore, today's Qingdao is not only an important economic center and a port city in eastern China's coastal area and one of the country's top tourist destinations, but also an educational base of professionals in marine science. Using their enthusiasm and ingenuity, Qingdao people have made significant contributions to build their beautiful homeland. After nearly 120 years of search and exploration since Qingdao's establishment, large achievements have been reached, and thus Qingdao has finally become a shining pearl on the Yellow Sea, sparkling charmingly.

Section 2

The Long-standing City Culture

A culture must have its root and foundation. It is formed in a specific region and nourished by a specific environment. Thus it is deeply grounded here, keeping development, being prosperous and nourished. As a city surrounded by mountains and seas, Qingdao has developed a perseverant, vigorous, comprehensive and open culture owing to its distinctive geographic environment. Qingdao culture is like a mountain, being powerful, solid, perseverant and exciting. Simultaneously, Qingdao culture is like water, being comprehensive, open, vibrant, and full of spirit. The mountains and seas here both have their characters, enhancing each other's beauty. Similarly, Qingdao culture is bold and unconstrained, but delicate and restrained at the same time. In the long course of history, a unique charming culture is formed and has been lasting from past to today.

Qingdao has a long history and many brilliant people. The splendid primitive civilization here was already born over 5, 000 years ago. The development process of Qingdao culture is portrayed by historical evidences, from Dawenkou Culture, Longshan Culture and Yueshi Culture to the ancient city of Jimo, the old Langya Harbor and Banqiao Post, leaving us a brilliant ancient civilization and forming a profound traditional culture of Qingdao. In the pre-Qin period, Qingdao was once the cultural center in the east, being far away from Linzi, the capital of the state of Qi, which was on the other side of the country. In the Qin and Han dynasties, Shihuang of Qin Dynasty and Emperor Wu of Han visited Qingdao for several times and left stone inscriptions in Langya. As the birthplace of Taoism, Laoshan Mountain, the so-called "the best known mountain on the sea", was respected and valued by emperors, literati and celebrities, such as the scholar Zheng Xuan, the eminent monk Faxian,

the "Immortal Poet" Li Bai, Bai Juyi, Su Dougpo, Qiu Changchun, Zhang Sanfeng, Gu Yanwu and Pu Songling. All these celebrities had once visited Qingdao. Confucianism, Buddhism and Taoism were all active here and left us a large number of historical places and well-known poetries, owing to the mutual communication and integration among them. As an example, the well-known story *The Taoist of Laoshan Mountain* is Pu Songling's masterpiece. On the other hand, the ancient sites and temples all over the mountain area also reflect the profound cultural connotations, embodying unique characteristics of the traditional culture here.

The establishment and development of Qingdao were both closely related to the sea. The sea not only makes mountains, seas and the city here a unified entity, which is Qingdao's unique city characteristic, but also forms the profound maritime culture of Qingdao. In Qingdao, all the socio-cultural phenomena, including the ports, the urban construction, industry and commerce, clothes and foods, literature and art, education and the construction of universities, and the well-known scholars and writers' visit to Qingdao, adequately embody the oceanic features of Qingdao culture.

Historically, Langya was the earliest harbor in historical records, where the powerful country, Yue, once established its capital. In the Qin Dynasty, Xu Fu organized a fleet by order, leaving from here to the sea for seeking immortals. Since the Tang and Song dynasties, as the earliest flourishing place on the Maritime Silk Road, which was the connection between the Korean Peninsula and the Japan archipelago, Qingdao's fishery and shipping industry had been prosperous, and the cultural exchanges had been frequent. Simultaneously, the marine consciousness of Qingdao people was strong, which impacted Qingdao culture deeply.

In the modern times, China was forced to adopt the open door policy by modern Western colonizers. Qingdao was one of the main "doors", where cultural exchanges between the East and West was objectively promoted. With the introduction of Western foreign culture, the traditional culture of Qingdao was impacted. However, simultaneously, Qingdao culture absorbed the advanced Western culture in the cultural exchange, then gradually became open and comprehensive, containing both Chinese and Western cultural characteristics. On the one hand, the introduction of advanced Western science and technology promoted the development of the cultural undertakings to a certain degree, such as movies, dramas and book publishing. On the other hand, with the introduction of the Western ideas of freedom and democracy, a new trend of thought appeared and the New

Literature Movement erupted and flourished. Some famous scholars and celebrities, such as Lao She, Hong Shen, Wang Tongzhao, Yang Zhensheng, Wen Yiduo, Shen Congwen, Liang Shiqiu, Wu Boxiao, and Hua Gang, successively came to Qingdao and created a great deal of literature and artistic works, forming a glorious period in the cultural history of Qingdao. During this period, the literature, films, dramas, operas, music, painting, and photography all gained full-scale development. A number of literature clubs, drama clubs, art clubs and music clubs were founded, and the artistic and literary creation also tended towards prosperity. By the 1930s, Qingdao had become one of the three cultural centers in northern China.

From the perspective of modern Qingdao culture, an essential reason why Qingdao has become one of the earliest coastal open cities and one of the few famous economic centers and tourism cities is that Qingdao holds a unique and superior Eastern marine culture. Qingdao is called the "Oriental Venice". People appreciates the trees, the red roofs, the blue sea and the blue sky. When traveling, people will certainly visit Zhanqiao Pier, Badaguan Zone and Laoshan Mountain, and will have sea bathes in summer, try beers and seafood anytime in a year. The style of the residential buildings in Qingdao has some foreign elements. People appreciate Qingdao not only because of its advanced marine science and technology, as well as marine industries, but also because it is a celebrated city with a brilliant marine culture.

The superior geographical conditions and rich marine resources of Qingdao cultivated a large number of outstanding oceanographers, such as Mao Hanli, Zhu Shuping, Shu Xingbei, Zhang Xi, Tong Dizhou and He Chongben, bringing a good start and laying a solid foundation of oceanography in China.

In today's Qingdao, the inclusive and open cultural characteristics have been more distinct increasingly. Cultural exchanges among countries have also been more frequent day by day. Basing on Qingdao's excellent traditional culture and advanced marine culture, the Qingdao municipal government has made great efforts to build three cultural brands, including "the Island of Music", "the City of Sailing", and "the City of Films", which can fully demonstrate the power of Qingdao culture and enrich the characteristics of city culture, thus inheriting, disseminating and developing Qingdao's unique culture, and composing a harmonious and melodic movement with "mountain, sea, city, culture, people, and business".

Section 3

The Printing and Publishing Activity with a Tortuous Development Process

Books are one of the most important carriers for human culture inheritance. The retrospect of a city's historical and cultural origins cannot be finished without studying the printing, publishing and collecting activities of local literature. On the other hand, the developing locus of a local culture can also be learnt with a glimpse of the history of printing and collecting activities.

The book printing, publishing and issuing activities in Qingdao started in the Ming and Qing dynasties. Printing activities evolved from bookshop printing, woodblock printing to letterpress printing and offset printing, while publishing agencies evolved from old-fashioned bookstores to book companies and new bookstores. Through the ups and downs of history, these activities and institutions kept evolving constantly.

In the Ming and Qing dynasties, official printing, private printing and workshop printing were all prosperous in Qingdao, where the traditional woodblock printing mode was the mainstream. There were 6 institutions which specialized in book printing during this period, including Chengwen Hall, Wende Hall and Zhongde Hall in Jiaozhou, Wenfu Hall and Xiude Hall in Jimo, and Wenyue Hall in Jiaonan area. Among them, Chengwen Hall was the oldest and largest one, and also a representative of private bookstores at that time in Qingdao. The woodblock printing works it mainly possessed included thread-bound books such as "The Four Books" and "The Five Classics", and some primers for children as well.

During the Germany and Japanese occupation, the modern mechanical printing mode was introduced. There were seven or eight main publishing houses, such as the German Asia Newspaper Office. More than 20 printing houses were successively established, invested by German, Japanese and national capitalists. The introduction of advanced foreign printing technology promoted the development of modern printing and publishing business in Qingdao. For instance, the German Asia Newspaper Office started in 1897 was the first newspaper office holding the ability of type composition, and became a precursor of the printing industry of China.

In 1929, after taking over Qingdao, the Nanjing National Government set up the administration of publishing—the Third Section of the Bureau of Society. In March 1935, a codification committee was established, which administrated publishing activities and the compilation of municipal records. During this period, the printing and publishing activity of Qingdao made certain progress, and there were over 20 public or private publishing houses, such as Xiangruihang Art Publishing House and Chenghetang Book Company. There were more than 270 kinds of periodicals such as the first literary magazine *Trend of the Youth* (*Qing Chao*) edited by Wang Tongzhao, an advanced cultural worker. In the printing industry, there were over 30 printing houses such as Xingmin Printing House. In the publishing industry, there were over 40 book companies such as the Qingdao sub-office of Zhonghua Book Company and Zhengzhong Book Company.

In 1937, Japan invaded Qingdao once again, then forcibly took over Xiangruihang Art Publishing House in early 1938, retained the original staff, and changed its name to Xinmin Printshop. During this period, there were Ludong Publishing House and Gonghua Publishing Company in the national publishing industry, and 7 printing houses such as Demin Printing House and Fudonghe Printing House in the printing industry, which published periodicals like *The Police Series* and *Education Weekly*. In 1945, with Japan's surrender, the Japan-funded printing houses were closed down.

After the liberation of Qingdao, with the entrance of people's liberation army, Jiaodong Xinhua Bookstore Printing House started its business in Qingdao and took over the Qingdao sub-office of the printing house of Zhengzhong Book Company and the printing house of National University of Shandong. In June 1949, the first administration of publishing and distribution after Qingdao's liberation, the Qingdao sub-office of Xinhua Bookstore, was officially established, implementing a trinity system consisting of editing and publishing, printing, and distribution.

After the establishment of the PRC, the publishing, printing, and distribution business in Qingdao has been rapidly developing. Especially, since the establishment of Qingdao Publishing House in 1987, there have been a complete range of books, and over 100 categories of books are published each year. The publishing of periodicals has also made great progress, since there have already been over 70 categories of periodicals when just taking into account those at provincial, municipal and prefectural levels. Among them, the marine science and technology periodicals are quite influential nationwide. In the book printing industry in Qingdao, there are 3 large-scale book printing houses such as Qingdao Printing House. They have nationwide business scope and are able to print a mass of publications including books, periodicals, textbooks and new-year pictures every year. The book publishing industry in Qingdao has been flourishing, in which Xinhua Bookstore plays a leading role. By the end of 1987, the total number of state-owned, collective and individual distribution points around the city was 458. Among them, Xinhua Bookstore had 71 distribution points, forming a comparatively complete distribution network, in which, on average, 14 thousand people could share a single distribution point.

Section 4

The Ten Storage Buildings

In history, a number of influential bibliophiles in Qingdao collected and stored many precious ancient rare books and historical relics on their own, making tremendous contributions to the culture inheritance of Chinese civilization during the war. Among them, the Ten Storage Buildings in old Qingdao, represented by Qianmu Cottage, are the most well-known storage buildings.

1. Qianmu Cottage of Zhang Zhengfu

Zhang Zhengfu, also called Jianxiang and Jingfu, was a famous bibliophile in Shandong, who mainly collected bibliography works, and works of Shandong people in the Ming and Qing dynasties as well. His storage building, named "Qianmu Cottage", was a Western-styled three-storied house located at No. 8 Pingyuan Road, Qingdao. Zhang's mother built the house and they lived there together. It was connected to a Chinese-styled two-storied house by a wooden dangling corridor, where the other family members once lived. This two-storied house has already become a folk dwelling today.

Qianmu Cottage had a collection containing over 2,000 types of thread-bound ancient books, adding up to more than 6, 000 volumes. Zhang left on the books many prefaces and postscripts with high academic value, which was described as "distinguishing the academic works by reasonable principles and tracing the sources clearly". After the establishment of PRC, Zhang donated all the bibliography works he collected, including 1, 041 titles, 3, 597 volumes of official or private record books, to Shandong University Library which was located in Qingdao during that period. Besides, 80% of the works written by authors from Shandong in his collection were donated to Qingdao Library.

2. Zi Zhuang Yan Kan of Zhou Shutao

Zhou Shutao was one of the four outstanding bibliophiles in modern China. He possessed a well-selected and rich collection, among which the ancient rare books were particularly excellent. His storage building was named "Zi Zhuang Yan Kan". Zhou sought and collected books, not only paying attention to ancient block-printed editions during the Song and Yuan dynasties and carefully-proofread, well-known copied manuscripts, but also taking into consideration the scrolls and movable-type editions. Moreover, he focused on the inscriptions, stamps, paper and ink of books, forming his unique style.

After the establishment of PRC, Zhou donated most of his collection to the country, saying that "I appreciate that the precious books are still under preservation, no matter who possesses them."

3. The Storage Building of the Literature Group Worshiping Confucius

The Storage Building of the Literature Group Worshiping Confucius, founded by Richard Wilhelm, the German missionary, in 1914, was the first modern library in Qingdao, and also one of the early libraries in China. It was located in Lixian Academy, Shanghai Road (in the schoolyard of Qingdao No. 9 High School today). According to the records, the building

stored a collection of over 12, 000 ancient books, modern books and foreign books. The book *Record of the Nationwide Survey on Libraries*, published in 1935, recorded that, "the Storage Building of the Literature Group Worshiping Confucius possesses more than 6, 000 volumes of Chinese books, over 3, 000 German books, and over 2, 000 books in English and French, adding up to over 12, 000 volumes which include many rare books." The storage building provided a book lending service to not only the members of their literature group, but also the teachers in Lixian Academy and other upper class people.

4. Hansong Chamber of Zheng Yuanju

Zheng Shi, whose courtesy name was Yuanju, was a well-known specialist in epigraphy and book collection from Zhucheng. The name of his study, "Hansong Chamber", came from a saying in *The Analects of Confucius*, "Only after cold winter comes could we know that pines and cypresses are the last to shed their leaves."

Zheng's personal collection contained over 20, 000 chapters and 7, 000 volumes of books, including many rare manuscripts and copied manuscripts, such as *The Annotation of Zhuye Stele* and *The Discussion of Guquan Hui*. The systematical collection of inscriptions rubbings of the Qin and Han Dynasties was a prominent feature of Hansong Chamber book collection. The collection nearly included all the well-known inscription rubbings of the past dynasties from all over the country: the inscriptions on drum-shaped stone blocks, the engravings on Mount Yi, many famous inscriptions in the Western Han Dynasty such as Qunchen Shangshou Inscription and Zhu Bo Broken Stele, and the inscriptions in the Three Kingdoms Period.

5. Hemu Cottage of Song Chunfang

Song Chunfang, a well-known oceanographer, dramatist and bibliophile from Wuxing, Zhejiang Province, was honored as one of the "Three Most Outstanding Drama Bibliophiles in the World". His storage building, "Hemu Cottage", located at No. 6 Fushan Branch Road, Qingdao, was also called "Hemu Cottage Drama Special Library", which was a witness and epitome of the prosperity of Qingdao culture in the 1930s.

6. Jingyuan Chamber of Meng Zhaohong

Meng Zhaohong, a well-known bibliophile from Zhucheng, Shandong, was known as the most outstanding person in Jiaodong. His study was named "Jingyuan Chamber", locating on Fulongshan Road, Qingdao. Like his father and grandfather, Meng loved collecting books, and sedulously sought for ancient books and records. The number of books he possessed had even reached 100,000. His collection consisted mostly of thread-bound books, and many stone rubbings as well. However, most of the books were scattered and lost in his family's decline in later years. Meng wrote a poem *Self-statement*, which observably embodied his depression and melancholy, "Jingyuan Chamber once had a rich collection of over 100, 000 books, becoming the largest private library in this area. My grandfather, father and I had elaborately collated books and collected many rare books. Sadly, they are now scattered and lost."

7. Shuang Xing Study of Wang Xiantang

Wang Xiantang was a famous bibliophile from Shandong who loved book collecting, possessing a collection of over 100, 000 volumes of books in his life. The collections were stored in his Shuang Xing Study. Each time when he was inspired, he wrote prefaces and postscripts for the books, sometimes by seeking for the sources of different versions, and sometimes by narrating the anecdotes of bibliophiles. Many of his writings were included in *Compilation of Book Postscripts of Shuang Xing Study* and its continuation. After the founding of the PRC, he successively donated to the state over 8, 000 precious history relics such as the sword of Goujian, the seal of Li Zicheng, and over 50, 000 volumes of ancient books.

8. Qian House of Liu Tingshen

Liu Tingshen was skilled in calligraphy and loved book collecting. As he settled down in Qingdao in 1912, his study was named Qian House. It was described in Chen Cengshou's poem, "There is a house with bookshelves in it; there are more than 100, 000 books on the shelves, abundantly and colorfully." Most of the collections were block-printed ancient books, while there was also a collection of quite a few of translated books from different areas in the late Qing Dynasty.

9. Guya Chamber of Ding Weifen

Guya Chamber was a western-style building in beige color located at No. 4 Qihe Road, Qingdao. Ding Weifen designed the house by himself, and used it as his residence for living, studying book collections, reading and writing in his later years in Qingdao. Ding's collections included both old books and newly published books, most of which were inherited from his father and grandfather. Especially, there was a great collection of books of philology and phonology. Ding himself was a specialist in traditional bibliography and bibliology who constantly kept in touch and exchanged ideas with Wang Xiantang.

10. Sanjing Chamber of Luan Tiaofu

Luan Tiaofu, also called Yanmei, was a well-known bibliophile. Although he lived a frugal life during his lifetime, he was so addicted to ancient books and records that he would rather spend money on rare or excellent books than on the basic necessities of life, and would then collate the content by contrasting different editions of books with each other. His study was named "Sanjing Chamber", located on Longshan Road, Qingdao. Luan had once possessed a collection of over 10, 000 books, but suffered great losses in the Japanese invasion of China. At the early beginning of the "Cultural Revolution" in 1966, a large number of books were forcibly confiscated, with just about 4, 000 copies remained. In 1967, Luan donated to the state all the 4, 705 volumes of books he collected, which included many rare books, making a final effort to preserve a part of cultural heritages of the Chinese nation.

With a long and vicissitudinous history, Chinese book collection culture has been profound and imperishable. Bibliophiles have made a large contribution to the collection, preservation and inheritance of Chinese ancient books and records. Although private storage buildings have been withdrawing from the mainstream of social culture because of social development, their traditional essence will be continuable and imperishable as modern libraries are replacing them in book-collecting activities.

02

Chapter 2

Retrospection—the Birth and Development of Qingdao Library

Qingdao Library initially started its history with the three premises, then suffered the catastrophe during the Japanese invasion of China and the losses of books during the "Cultural Revolution". It has also experienced a vicissitudinous history after entering the new open era since the 1980s. Up to the 1990s, Qingdao Library had finally found a development path to make contributions to the construction of urban public culture.

The new library building of Qingdao Library is 7 storeys high, with a floorage of nearly 26, 000 square meters. It looks like a large frame when seen from the frontal perspective, which expressed the meaning of "the door of knowledge", and is regarded as a cultural icon of this famous coastal city. The 90-year old Qingdao Library is now a national-level library with a collection of 2. 33 million books and around 5, 000 readers to receive every day. The 90-year tortuous development process embodies the combined energy of the efforts and wisdom of generations of librarians, and has witnessed the development track of the librarianship of modern China.

Section 1

In the Period of the Beiyang Government (1924.8-1929.4)

On December 10, 1922, the Beiyang Government established Jiao'ao Commercial Port, and the attached "Jiao'ao Commercial Port Mass Education Commission of Jiao'ao Supervision Government Office was founded. In 1923, Gao Enhong (also called Ding'an) took over the position of Jiao'ao Official Supervisor, promulgated the *Announcement about Raising Books for Jiao'ao Commercial Port Public Popular Library*, and established the first public library for the masses—Jiao'ao Commercial Port Public Popular Library.

In August 1924, Jiao'ao Commercial Port Public Popular Library (the predecessor of Qingdao Library) was established, with Cui Zhaoqi taking up the post of curator. It had no premises during the early period. The library building located at No. 2 Juxian Road was originally the dormitory of Qingzhang Team (a land survey institution). On November

18, 1924, the government office officially allocated to the library its spare rooms, which were put into use together with the Public Popular Lecture Hall founded in the same period. The initial funding was 5, 580 yuan, including 2, 280 yuan for the library. Preliminarily, the library purchased and raised over a thousand copies of books, set up two stack rooms, one reading room, one lecture room, and appointed one librarian.

Due to social uncertainty and lack of funding, in August 1925, the government office incorporated the Lecture Hall into the library, and appointed Hu Zhenzhong as curator. In September, *Constitution of the Library* and the *Constitution of the Attached Lecture Hall of the Library* were revised. In the corresponding period, education commission was founded in Qingdao. The library administration was managed by the education commission, and the library business was also supervised by the government office of the commercial port at the same time.

From 1925 to 1928, the library had 2, 020 yuan of funding per year. In 1928, it had a collection containing 6, 893 books, and received 1, 200 readers per month and 60 audience per day on average.

Section 2

In the Period of the Nanjing National Government (1929. 4-1938. 1)

In April 1929, the Nanjing National Government took over Jiao'ao Commercial Port. The Steering Committee of Kuomintang of Qingdao officially renamed "Jiao'ao Commercial Port Public Popular Library" as "Qingdao Municipal Library".

On June 10, 1930, the library held a ceremony for the reopening. At the same time, its four branch libraries, Dagang, Dongzhen, Cangkou, and Licun also started to open. The central library appointed one curator and four subordinate librarians, while each branch library appointed one librarian that was managed by the central library. The central library on Juxian Road set up one reading room, one newspaper room, one children's reading room and one periodical room. The central library adopted the closed shelves mode, while the branch libraries adopted the openshelf system. At the same time, the library set up mobile libraries, dividing the city area into 12 mobile zones, among which the books were circulated monthly in a one-year cycle.

In January 1932, the Japanese overseas set fire to the Qingdao Branch Office of Kuomintang, forcing the office to suspend its work and entrust its attached central library and branch libraries to the Qingdao municipal government. On February 27 in the same year, the municipal government appointed Hu Zhi as a part-time curator and renamed the library "Qingdao Library".

In August 1932, the Qingdao Branch Office of Kuomintang resumed work and asked the government to return the jurisdiction of the library. Till August 26, they completed the reception work of the four libraries. At that time the library collection contained about over 30, 000 volumes of books, which were catalogued according to Unitary Classification for

Chinese and Foreign Books and retrieved according to Wang Yunwu Four-Angle Number Indexing System for Chinese Characters. On average, the daily reception was 100 readers.

In 1936, besides Qingdao Library, there were also attached libraries of several institutions such as Shandong University, Municipal Middle School, Municipal Middle School for Girls, Lixian Middle School, Chongde Middle School, Wende Middle School for Girls and Shenggong Middle School for Girls, as well as the library of Qingdao Observatory, the library of the town hall, the library of the post office, the library of the public education institution, and Hemu Cottage Drama Special Library. The librarianship of Qingdao was better developed and superior among the major cities all over the country.

On July 20, 1936, the Third Annual Meeting of Chinese Library was held in the auditorium of Shandong University, which was located on Daxue Road, assembling specialists and scholars from all around the country. At the same time, the first annual meeting of Chinese Museums Association was also held in Qingdao, so the two meetings held the opening ceremony jointly. In total, 192 representatives and over 20 nonvoting delegates attended the annual meeting of Library Association of China.

On July 7, 1937, the Japanese imperialists instigated Lugou Bridge Incident and started the full-scale invasion of China. Qingdao Municipal Library was closed in November 1937 and evacuated a small amount of precious books to the Southwest Area in advance.

Section 3

In the Period of the Japanese Puppet Regime (1938. 1-1945. 9)

On January 10, 1938, Japanese invaders occupied Qingdao again. On January 17, a traitor organization Qingdao Vigilante Group was founded, and then took over Qingdao Library. The group enumerated and sealed the books placed on the second floor of the building located at No. 2 Juxian Road during the closed period. Later, as the Anti-Chiang Committee occupied the at second floor, all the books were moved to the third floor. The book collection of Licun Branch Library was completely ruined during the war, and the building was used as the warehouse of Licun Puppet Cooperation.

After the Japanese occupied Qingdao, Asia Development Board of Japan set up its branch office in Qingdao with an attached library that concentrated on the collecting and collating of Chinese and Japanese books and materials.

In January 1939, the Qingdao Puppet Municipal Government was founded. In August, the government transferred the former aquarium curator, Li Fangcong, to be the part-time library curator and appointed one clerk and four employees, making preparations for opening the library. During this process, the books and periodicals in the original collection that involved the topic of propagandizing anti-Japanese and patriotism were destroyed on a large scale, and thus the library suffered a loss of over 20, 000 books.

On February 1, 1940, the Municipal Library of the Puppet Qingdao Special City opened, consisting of five subordinate departments—the general affairs department, the acquisition and cataloguing department, the reading department, the special collection department, and the guidance department. Possessing a collection of near 40, 000 books, the library also set up one book reading room, one periodical room and one children's reading room. It received 120 readers per day on average, and possessed 140 outside mobile stack rooms as well as 10, 500 yuan per year as its annual funding. In terms of library management, the library developed eight regulations, including "Rules of the Library of Qingdao Special City", "Business Rules", "Business Rules of the Library", "Business Rules of the General Affairs Department", "Rules of Reading Room", "Rules of Newspaper and Periodical Room", "Rules of Children's Reading Room", and "Rules of Book Lending". Guarantees and deposits were both used when transacting library cards.

In February 1941, the puppet education commission redrew the "table of mobile stack rooms", setting up mobile stack rooms specially. The stack rooms were circulated among five municipal elementary schools in a one-year cycle, staying in each stop for seven weeks except holidays. The books in the stack rooms were allocated by the municipal library separately.

Section 4

In the Period of the Second Nanjing National Government (1945. 9-1949. 6)

On August 15, 1945, the Japanese imperialists surrendered. In October, the Qingdao Committee of Party Acceptance was established, which took over the puppet municipal library. The reorganized Municipal Education Commission appointed Liang Mingdong (also called Boxun) as curator of the library, which was still located on Juxian Road.

On December 20, 1945, Qingdao Municipal Library reopened at No. 2 Juxian Road. The library set up a general affairs department, a reading department, and an acquisition and cataloguing department. The three-storey library building covered an area of 400 square meters, having three newspaper and periodical reading rooms, one book reading room, one office of the acquisition and cataloguing department and reading department, three book stacks, one reception room, one general office, one curator office, two staff dormitories and two storerooms. The library had a staffing size of 5 people and funding of 20, 000 yuan per month. Due to the serious loss of books during the war, the library possessed only over 17, 000 volumes of books and over 4000 periodicals, and subscribed 14 kinds of newspapers and 8 kinds of periodicals routinely. The library's average daily reception was about 150 readers.

By the end of 1946, the library had developed a collection of 26, 936 volumes of books, and actually spent 28, 099. 20 yuan of annual funding. The daily reception was about 300 readers during the year. In the same year, the municipal government approved the "Organizational Rules of Municipal Library".

In 1947, the municipal library had a collection of 29, 294 volumes of books, 12 kinds of newspapers and 5 kinds of periodicals. The library obtained some funds to purchase mobile library vans in order to restore the book circulation. In May, the municipal library set up circulating stations in several areas, including Tianmen Road, Zhongjiawa, Wujiacun, Fushanhou, Fudong, Licun, Hexi, Qugezhuang and so on, to carry out the circulation service. In March 1948, the Works Bureau of Qingdao repaired the library building on Juxian Road. In the same year, the library purchased 1, 977 volumes of books and 625 volumes of periodicals. With the rapid and acute depreciation of the legal tender during that period, the real purchasing power of money was quite limited, thus the library gradually became unable to purchase books.

Till the liberation of Qingdao, the library possessed only 30 thousand volumes of books, and there were only 6 kinds of newspapers donated by the local newspaper offices in the newspaper room, which led to the sharp decline of the number of readers. On average, only about 20 to 30 readers visited the library per day, and less than 10 readers would borrow books, which was extremely bleak.

Section 5

In the Initial Period of PRC (1949. 6-1966. 5)

On June 2, 1949 Qingdao was liberated. Military Control Commission of Qingdao immediately took over Qingdao Library. In 1950, "Qingdao Library" was officially renamed "the People's Library of Qingdao" and moved to No. 14 Guangxi Road. The room of the library building was expanded, while the thread-bound books were still preserved in the building on No. 2 Juxian Road. At the same time, the library took over the original collections of the Library of Asia Development Board and Zhongzheng Cultural Center, developing a collection of more than 30, 000 volumes of books in total. However, only over 1, 000 books were able to be put into circulation.

The government paid much attention to the lack of library collection and specially issued a document, instructing institutions, organizations, and schools to hand in to the municipal library all the books in their collections that were published before the liberation in 1949. Within six months, the library had received over 20, 000 volumes of various kinds of books.

In the autumn of 1952, the whole library moved to No. 7 Yushan Road, which was the former site of the Qingdao Branch of Red Cross Society established in 1937. The front house was a Romanesque building, the medium house was in a style imitating Confucian Temple, and the back house was in Islamic style. The usable area was 2, 200 square meters, containing a beautiful garden with flowers and trees, which was taken care of by a specially hired gardener. In 1953, the library was renamed "Qingdao Library", adopting the openshelf system.

In the winter of 1955, Qingdao Library moved from No. 37 Yushan Road to No. 13 Chiping Road. Cultural Control Commission of Qingdao was revoked, and its working office was incorporated into the municipal library. Accordingly, all the thread-bound books (including a small amount of paperbacks and foreign books) it collected, more than 5, 000 kinds and 50, 000 volumes, were incorporated into the municipal library collection at the same time, letting the number of old thread-bound books reach over 130, 000 million. In the same year, Qingdao held the first working meeting of city libraries, assembling over 100 people from libraries in various levels and types from all over the city.

In 1956, the Qingdao municipal government officially affirmed that Qingdao Library was a county-level (group-level) public institution with several branch-level subordinate "departments" and a staffing size of 45 people. The library consisted of four departments and one office, including an acquisition and cataloguing department, a lending department, a reference department and a guidance department, as well as the office of secretary. It possessed a collection of over 340, 000 books.

In order to implement the spirit of the National Conference on Scientific Research Work, the library adjusted its service focus and adopted services such as the door-to-door service, focusing on providing book services to research and producing activities. During this period, the library compiled and published *Bibliography of Works of Shandong People in the Ming and Qing Dynasties* and *Bibliography of Laoshan Literature*, and made certain achievements in cooperation with the scientific research, education, and repair work of ancient architectures. The librarians from the library rooms of cultural centers assembled in the municipal library once a week to join the business study. Some leaders from the municipal government and the municipal Party committee, as well as some professors from Shandong University, were all frequent readers. The state leaders, such as Mao Zedong and Chen Yi had ever borrowed books from Qingdao Library during their visiting period in Qingdao.

In May 1957, the library moved back from Chiping Road to No. 37 Yushan Road. Part of the rare books were handed over to the municipal museum. The library set up 1 social science circulation counter and 1 natural science circulation counter, 4 reading rooms including a social science reading room, a natural science reading room, a foreign book reading room and a newspaper room, as well as a social science reference room.

In 1959, in order to further improve the services for economic construction and scientific research, the library set up a science and technology service department. Interiorly, a science and technology circulation counter and a science and technology book reading room were set up; externally, the library focused on important factories and research departments, providing document services to over 70 production and research projects. At the same time, over 10 experts in history and literature had finished several papers or monographs with the help of the document services provided by the municipal library. The library had also held several activities such as the exhibitions on the local collection and on poetic creation.

During this period, the county libraries and university libraries in Qingdao had been developing rapidly. The number of university libraries increased from only 1 (Shandong University Library) just after the liberation to 4, with the libraries of Qingdao Medical College, Shandong Ocean College, Shandong Institute of Chemical Technology and Shandong Textile

Engineering College established successively. From 1960 to 1964, some prefectures such as Pingdu, Laoshan, Jiaozhou and Jiaonan set up libraries in succession. During this period, due to the influence of social environment, people were crazy about grandiose development goals which were divorced from reality, blindly pursuing high speed and high targets. Thus the primary libraries (library rooms) had been developing so rapidly that large fluctuations were generated.

After 1962, under the guidance of the eight-character policy, "Adjust, Consolidate, Enrich and Enhance", the libraries in Qingdao conducted a comprehensive reorganization of library work, including book collections, catalogues, reader groups and other fields. In 1962, the library possessed a collection of 371, 571 books according to the inventory.

During this period, Qingdao Library actively provided document services for the chemical enterprises and light industry enterprises in Qingdao, as well as the construction of the new station of the Jiaozhou-Ji'nan (Kiaochow-Tsinan) Railway, gaining praise for several times. Qingdao Federation of Literary and Art Circles, Qingdao Library, Qingdao Cultural Center and Qingdao Workers' Cultural Palace jointly organized "The Weekly Talk" activity, inviting well-known scholars and experts to hold various special reports, and cultural workers from all over the country to hold lectures for citizens during their meeting or vacation periods in Qingdao. Over 50 reports were held during a two-year period, which become a delicious cultural feast for Qingdao citizens at that time.

In 1965, Qingdao library possessed a collection of 455, 712 books in total, including 31, 976 newly purchased ones. Among them there were 246, 458 Chinese books, 12, 421 bound periodicals, 1, 092 Chinese materials and 45, 741 foreign books, as well as over 150, 000 volumes of various books and materials (including thread-bound books) that were published before the establishment of the PRC.

Section 6

During the Period of "Cultural Revolution" (1966.5-1976.10)

In the summer of 1966, with the "Cultural Revolution" breaking out, 90% of the books were no longer available, and part of the books published before the founding of PRC were burned out. Up to the end of the year, most of the librarians had gone out to join in "The Great Networking", resulting in suspending of library work.

In May 1967, Qingdao Library Revolutionary Committee was founded. Librarians' main task was to join in political learning and "The Big Criticism". Simultaneously, Qingdao Library compiled and published promotional materials on related topics in order to assist in the incessant movements.

In April 1967, the newspapers printed before the founding of PRC in the library were all transferred to the Municipal Archives. In 1973, the library recovered its setup that consisted of sections and rooms, and part of the books became available for borrowing again. In 1974, Qingdao Library started to build the "dual library service network". One was the Library Cooperation Network under the leadership of Qingdao Library, consisting of the college libraries of Shandong Ocean College, Shandong Institute of Chemical Technology, and Qingdao Institute of Architecture and Engineering, as well as the large-scale library rooms of Institute of Oceanology of Chinese Academy of Science and Yellow Sea Fisheries Research Institute. The other was the Basic Level Library Network that consisted of the Middle School Library Network and the Network of the Qingdao Sub-offices of Central Authorities, as well as the Trade Union Network and the Information Network. The Trade Union Network was set up in an enterprise's management formation, including the library networks of the Bureau of Textile Industry, the Bureau of Machinery, the No. 1 Light Industry Bureau, the No. 2 Light

Industry Bureau, the Chemical and Engineering Bureau, the Port Office, the Bureau of Aquatic Products, and the Bureau of Instrument. The Bureau of Instrument, the Chemical and Engineering Bureau, and the Bureau of Textile Industry respectively set up networks of information reference rooms. 136 libraries in the city joined the network.

Since 1975, the city's libraries began to adopt the Chinese Library Classification, replacing Author Numbers of Four Angles Rule by Title Numbers, and uniformly classifying the original collection of books by Chinese Library Classification in succession.

Section 7

Entering the Era of Reform and Opening-up (1976. 10-1990. 12)

After "bringing order out of chaos" in 1976, Qingdao City Library entered a new era of development. In 1978, the library had 44 official staff, who were divided into an administrative group, an acquisition and cataloguing department, a lending department, a technical service department, and a reference and counseling department. According to the second comprehensive inventory after the establishment of the library, up to the end of 1978, the library possessed a collection of 720, 000 books in total, among which there were over 130, 000 thread-bound ancient books, over 47, 000 foreign books and over 1, 640 kinds of Chinese and foreign periodicals. At the same time, the library weeded and abandoned a batch of damaged and outdated books.

With the country's work entering the era of economic construction, the library's technical service department inherited the tradition of providing services to producing and research activities. Since 1978, the technical service department of Qingdao Library led a collaboration with 146 units to jointly compile a periodically published bibliography, *Union Catalog of Foreign Scientific Periodicals in Qingdao Area*, taking a solid step forward for the realization of the region's literature resource sharing.

The collection of Qingdao local literature that was established in 1958 had been reconstructed and reorganized after "bringing order out of chaos". Not only the original Chinese and foreign local literature and local periodicals published before the establishment of the PRC, but also a large batch of investigation data of South Manchuria Railways Co. , Asia Development Board and Shandong Industry Museum during the Japanese invasion period were included in the local collection stock. *Administration Regulations of Qingdao*

Local Literature was specially formulated.

In 1980, the Department of Library Science of Wuhan University set up a correspondence station in Qingdao Library, carrying out professional higher education of library science in Qingdao for the first time. In 1981, Qingdao Library collaborated with eight libraries, such as the library of Shandong Ocean College to found Qingdao Amateurish Technical College of Library Science jointly. In 1983, the Department of Library Science of Beijing University also set up its correspondence station here. In 1985, the library hosted the Qingdao workstation of the Department of Library Science of the Open University of China.

In 1981, the national professional titles evaluation work started. According to the evaluation, one of the staff of Qingdao Library was assessed as associate research fellow, and six were assessed as librarians. The Office of Primary Titles Evaluation Committee of Libraries was set up in Qingdao Library, but suspended its work half a year later according to the decision of the central government.

In 1982, the technical department of the library helped the No. 5 Plastic Factory of Qingdao with the experiment and manufacture of two kinds of barrels that filled in gaps in this field of our country.

In February 1985, Qingdao Library initiated the founding of Qingdao Library Society, becoming a member of Shandong Library Society, Qingdao Association Union, and Qingdao Association for Science and Technology. The library also established the *Library Work* quarterly (mimeographed) for librarians to exchange experience and publish papers.

In 1985, the library possessed a collection of more than 850, 000 books, subscribed and exchanged more than 2, 000 kinds of periodicals, had 70 official staff, and consisted of 5 departments and 1 office, including an administration office, an acquisition and cataloguing department, a lending department, a reference department, a technical service department and a research counselling department. The departments open to the public were the social science circulation counter, the natural science circulation counter, the social science reading room, the natural science reading room, the newspaper and magazine reading room, the foreign book reading room, the social science reference room, the science and technology retrieving room and the professional reading room for library science. There were 10, 000 readers with library cards.

In 1986, the professional title evaluation was recovered. The municipal library set up the Primary Titles Evaluation Committee of Libraries and its office, assessing and hiring 1 advanced research librarian, 2 associate advanced research librarians, and 10 librarians.

In December 1986, the construction of the new premises of Qingdao Library started at No. 99 Shandong Road. The new building covered an area of 15, 000 square meters, and the area of structure was 8, 700 square meters in the first construction period with a total investment of 7. 8 million yuan. An area of 6, 700 square meters was reserved for the second construction period. In October 1989, the new premises were completed. Qingdao Library had been organizing its removal to the new premises till August 3, 1991.

Section 8

A New Stage of Rapid Development (1990. 12-2014. 12)

On November 11, 1991, Qingdao Library completed its first-stage expansion project and opened to the public, possessing 400 seats for readers, 1 personal circulation counter, about 15, 000 readers with library cards, and some book mobiles.

In 1995, the library held a "Qingdao Local Literature Exhibition", arousing great social repercussions. The Qingdao History and Local Chronicles Office sent to Qingdao Library 63 kinds of local chronicles of Qingdao and some other regions in its collection. In early 1995, Shi Jingyi, a patriot from Hong Kong and a member of the Chinese People's Political Consultative Conference (CPPCC), donated twice to Qingdao Library, totaling over 8, 000 volumes of books. A Japanese non-government organization, Huajia Association, had successively made eight donations to Qingdao Library, totaling 2, 398 books.

The library started services in the field of science and technology projects, such as the preliminary material searching and collating service for science researchers, and the translation service for readers and users, which could deal with more than 100, 000 characters annually. At the same time, the library established the Literature Information Service Center and carried out the newspaper clipping service, providing reference services to the government's decision-making and the development of enterprises. The periodical *Newspapers and Periodicals Express*, compiled and published by the library, was praised by related government departments; the information product, *Real Estate Marketing Express*, had once attracted over 150 users, creating an annual income of over 60, 000 yuan.

Since the 1990s, services such as the "sending books home" service for residents in remote areas and soldiers in camps were started. The library set up 33 fixed service points around the city in order to make full use of the book mobiles, whose service area included various organizations such as government agencies, enterprises, sanatoriums for retired cadres, social welfare institutes and work camps.

In 1999, when collating the materials of Shandong Industry Museum, Asia Development Board and South Manchuria Railways Co. , which were founded in Qingdao during the Japanese invasion period, the library discovered a number of important documents recording the historical facts of the Japanese invasion of China, including its offensive schemes of invading Qingdao during the two World Wars and a series of specific aggressive plans in the political and economic fields. The library held an exhibition of the newly discovered historical materials of the Japanese invasion of China on the 55th anniversary of the victory of the Anti-Japanese War, attracting over 50, 000 person-times of audiences, including city leaders, people from democratic parties, primary and secondary school students and citizens. A number of media such as CCTV, Xinhuanet and Qilu TV had paid attention to and published reports about the exhibition.

In late 1990s, in order to carry out the cultural popularization service in communities, the library implemented "The Plan of Creating Literary Atmosphere in Communities", establishing reading rooms in 18 communities around the city so that books were available for borrowing even in communities.

In December 2001, Qingdao Library completed its second-stage expansion project whose foundation was laid in December 1998. The total investment of the project was 80 million yuan. The expansion part of the opening to the outside world in 2002, after completion of the transformation, with a total construction area of nearly 26, 000 square meters and over 1, 900 reading seats. The new library possessed a collection of 1. 74 million books, achieved Internet access, and had greatly improved its material conditions and the environment.

1. Qingdao Library after the Expansion

In 2004, the library established the Qingdao History and Local Chronicles Library and the reading room for disabled people. In the library, the Qingdao branch center of the Cultural Information Resources Sharing Project was established, then the library set up "the Zone of Cultural Information Resources Sharing Service" in the electronic reading room and built 32 grass-roots points in 12 district libraries and communities, helping the Cultural Information Resources Sharing Project in Qingdao rapidly become superior to other areas in the province.

In 2007, Qingdao Library was officially listed as one of the 57 test units of ancient books protection. The library creatively put forward "the Qingdao Mode of Ancient Books Storage" that was highly valued by the National Specialistic Supervision Group of Ancient Books Protection and was recommended to be promoted throughout the country. The next year, Qingdao Library was honored with "The National Key Units of Ancient Books Protection" title, and a Neifu Ko'pen of the Ming Dynasty, *Complete Collection of Zhouyi Zhuanyi*, was selected to be included in *List of State-level Precious Ancient Books*.

In 2008, with Qingdao Library starting to open to the public for free, the daily reception on average increased by over 20%. The library introduced the Interlib Management System that allowed the second-generation ID cards to be used directly as library cards, and simultaneously included the work of the city's seven district libraries in the general-branch library system.

In 2010, in the 15th Stars Award organized by Ministry of Culture of the PRC, "the Little Mozart Music Library Activity" of Qingdao Library won the Stars Award of the projects' group. On August 13, Liu Yunshan, Minister of the Publicity Department of the Central Committee of the CPC, inspected "the Little Mozart Music Library" and fully endorsed the work on juveniles education conducted by Qingdao Library.

In October 2012, the series of activities of the "Pick Shells in the Sea of Books with the Pilotage of Happiness" Small Shell Happy Camp was officially honored with the "Shandong Service Brand" title.

In 2013, in the 5th Public Library Assessment organized by Ministry of Culture of the PRC, Qingdao Library was successively awarded "a national-level library" for the third time after the 3rd and the 4th assessment.

In 2014, the city library continually innovated the service model. The "24-hour Self-service Library" and "Nishan Academy" opened successively. The cellphone reading platform was put into use and the full coverage of the wireless network was realized. The WeChat official account of the library was set up and the mobile service was conducted. In the same year, a series of celebration activities were held in order to celebrate the 90th anniversary of the founding of Qingdao Library.

Service

03

Chapter 3

Perfect the Basic Services with Social Progress

As a large-scale municipal public library, Qingdao Library is an important literature and information hub, a center of spiritual civilization construction for Qingdao citizens, and a non-profit, academic organization that serves the Party and government organizations at all levels, as well as enterprises and public institutions with the scientific decision-making service.

Qingdao Library adopts an open service mode, staying open all year round and providing comprehensive quality services to the whole society. The library adheres to the idea of "people first, services foremost" and has been innovating service means, perfecting the service system, deepening the service level and extending the scope of services, becoming a "large public study" that possesses excellent books and inherits and disseminates cultures for Qingdao citizens.

In recent years, to meet the needs of the construction of a learning city and to create a favorable reading atmosphere for attracting more readers into the library and to use it, Qingdao Library has not only been serving the citizens by services such as book lending, reading, on-site consultation and book promotion, which help the citizens with their study and further education, but also been actively exploring the service means relying on modern networks, and using the latest achievements of modern science and technology to benefit more public readers.

Section 1

The Image of Modern Libraries

On July 6, 2002, the new Qingdao Library officially opened to the public. The new library building is 7 storeys high, with a floorage of nearly 26, 000 square meters. It looks like a large frame when seen from the frontal perspective, expressing the meaning of "the door of knowledge", and becoming one of the cultural icons of Qingdao city. The new library sets up over 30 halls, rooms and activity areas, including the new lecture hall, the exhibition hall, the music library, the electronic reading room, the local literature reading room, the history and local chronicles reading room, the ancient book reading room, the reading room for the disabled, the children's reading room and the study lounges, with over 1, 500 reading seats. These realize various service functions such as knowledge dissemination, information transmission, academic exchanges, cultural shows, entertainment, education and training.

Documentary information resources are the basis of library services. Qingdao Library now has a collection of more than 2. 46 million volumes (pieces) of books, including 1. 76 million ordinary Chinese books, 250, 000 volumes of periodicals, 150, 000 traditional ancient books, over 30, 000 books published during the Republic of China era, 20, 000 volumes of local literature and 150, 000 volumes of foreign literature. In addition, there are over 30 various types of purchased or self-constructed electronic literature databases, containing nearly 76TB of digital resources in total.

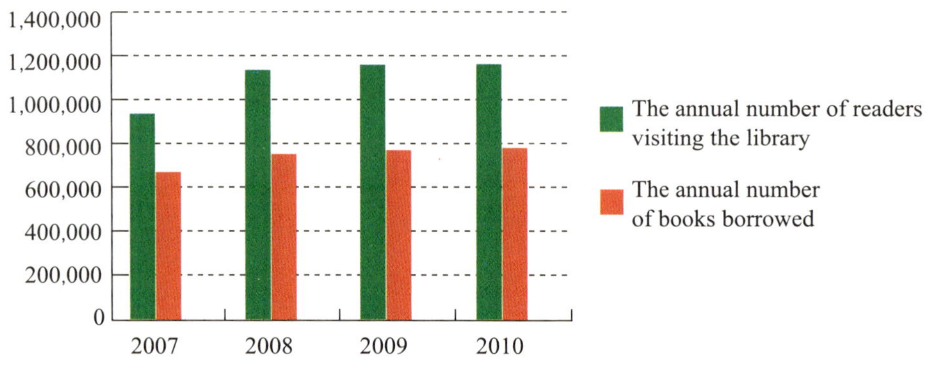

In order to better protect the citizens' basic cultural rights, Qingdao Library started to provide fully free services on April 23, 2008, exempting the readers from 11 kinds of fees, including the production fee of library cards, the registration fee for borrowing, the book lending fee and the information query fee. After the adoption of the free services, the social benefits of Qingdao Library have significantly enhanced, with the number of readers that possess library cards increasing year by year. Also, the annual number of readers visiting the library and books borrowed has shown a significant increasing trend (seen in the figure above).

By the middle of 2015, Qingdao Library has possessed nearly 180, 000 registered readers that include 160, 000 adult readers and about 20, 000 children readers. It receives 1. 92 million readers per year and books are borrowed for over 3 million times per year.

Section 2

Extension of Services

1. Reading Room for the Disabled

In July 2002, Qingdao Library set up a reading room for the disabled. It is located on the 2nd floor of the library building, covering an area of 120 square meters and containing 42 reading seats, and is open all day from Monday to Sunday. In the reading room there are 432 Braille books and 42 kinds of Braille periodicals in various areas, including literature, economics, medicine and health, massage and other practical techniques. The reading room also contains more than 300 audiovisual materials, 4 repeaters, and 6 computers installed wlih Yongde Screen Reader, allowing blind readers to easily input characters so that they can enjoy browsing the Internet, chatting with others, getting information and so on. Currently, the reading room has a stable group of over 1, 000 readers, and has received more than 8, 000 people in total. At the same time, Qingdao Library makes efforts to perfect the construction of barrier-free facilities inside its building, adding barrier-free labels, passageways, toilets facilities, and wheelchairs to ensure the convenience for blind people's movements.

According to *Law of the People's Republic of China on the Protecyion of Disabled Persons* and the stipulations on services for disabled people made by government departments, Qingdao Library has developed a service model for disabled users, providing services such as borrowing in advance via telephones, helping to borrow and return books, sending books home, and picking up readers for free. Aiming at disabled people's special demands, the library has completed an electronic version of the bibliography of Braille books and an access catalog in Braille of audio materials in cooperation with China Federation of Disabled Persons.

Literary salons, movie appreciation, and collective reading are the main forms of Qingdao Library to serve the disabled, such as appreciation activities of the blind readers' works, literary salons and conversations, public lectures on "Eight Honors and Eight Disgraces", the "hand in hand" reading and sharing salon, the "deaf-mutes entering the library" activity, special video lectures for people with hearing disturbance, the computer training center for blind people, and New Year's celebration activities of deaf people. Qingdao Library makes efforts to enrich the amateur cultural life of this special group of people, and also helps to lay the initial foundation for them to better understand and integrate into the society.

In 2006, Qingdao Library and Qingdao Disability Rehabilitation Training Center signed an agreement on book sending service, sending books to the students in the rehabilitation center every two months, which has gained welcomes and praise from the teachers and students. Just before the World Reading Day in 2012, the library presented 620 volumes of books and periodicals to the municipal disability rehabilitation center. In 2014, the library held the "Children's Reading Day of Qingdao Library—Advocating Reading in Communities" activity in cooperation with the neighborhood committee of the No. 2 district, Fushanhou, issued library cards for the disabled people in the residential area on site and presented a number of children's books to the district's cultural center, providing convenience for the young disabled readers to read books nearby.

2. Soldiers' Laboratory

Military cadres being transferred to civilian work is an important institution of our country. Effective resettlement of soldiers transferred to civilian work plays a positive and important role in rationally allocating human resources, promoting the economic and social development, and maintaining social harmony and stability.

As a non-profit institution for the dissemination of scientific and cultural knowledge, Qingdao Library makes use of its rich collection and regards "supporting the military with culture" as an important part of its extended services. Since 2005, cadres transferred to civilian work have formed a specific readership of the No. 2 Chinese book reading room of Qingdao Library, where they share their experience, learn and do research, making efforts to adapt to the turning points in their life and to move from the army towards government departments, enterprises and public institutions. Many of them still regard Qingdao Library as a main place for knowledge learning and self-improvement after successfully starting their new careers. In order to provide better services to cadres transferred to civilian work, through a meticulous investigation and argumentation, Qingdao Library has set up a laboratory for them in the No. 2 Chinese book reading room and specially purchased books about the transferring examination for them to make use of. The library has developed a contact book for cadres transferred to civilian work, being ready to collect opinions and suggestions at any moment. Also, the library has set up an interactive platform, holding a gathering of cadres that have started their new careers every year.

Soldiers' Home, "the Soldiers' Training Room", is an innovative action of the reader services of Qingdao Library. As the first special reading room for military personnel in active service in public libraries of Qingdao, it is able to meet the needs of the new situation of popularizing the idea that "the army supports the government and the public, and the government and the public support the army" and the information requirements of cadres transferred to civilian work, gaining praise of its readers.

3. Chinese Periodical Borrowing Room

On April 23, 2011, the Chinese periodical borrowing room of Qingdao Library officially opened to the public, providing more public cultural services to the citizens of Qingdao.

The reading room possesses over 400 kinds of and 5, 000 volumes of periodicals that are available for borrowing, covering a number of areas such as literature, art, military affairs, fashion, and health maintenance. Citizens can borrow books just with their identity cards, and periodical borrowing is not limited by the upper limit on the number of books an individual can borrow. This not only meets the readers' needs of bringing periodicals home, but also promotes the circulation of periodicals and attracts more readers to use the library.

Every month, Qingdao Library compiles statistics and analyses of the types, the quantity and other data of the periodicals borrowed, and makes adjustments according to the analysis result. With the capacity of the periodical borrowing room being expanded continually, the number of periodicals available has been increasing. The borrowing room regularly recommends update information of resources to readers through its official WeChat account, so that the readers can get information about the periodicals they like in time.

4. Audiovisual Document Room

The audiovisual document room of Qingdao Library is a multifunctional reading room that integrates functions including library collection retrieval, electronic book reading, use of CD-ROMs and network databases, and multimedia (audiovisual) materials appreciation, relying on computer technology, multimedia technology, telecommunication and network technology. It is mainly used in releasing and propagandizing the literature information in the library collection, reading and downloading electronic books, retrieving and seeking academic literature and network information resources, as well as the educational programs on information resource retrieval and utilization for readers.

The audiovisual document room now possesses 30 computers, self-built databases and purchased databases, as well as a large number of audiovisual CDs and book-attached CDs which are the achievement of the resource sharing among Qingdao Library, National Library of China, Shanghai Library, Wuhan Library, and other first-class libraries all around the country. Readers can choose and watch whichever they like. This modern service means organically combines digital reading and traditional reading, thus providing more choices for readers, and covering the shortage of traditional paper-based resources.

5. Other Characteristic Services

Qingdao Library specifically provides migrant workers with the materials they need, sets up a special literature reading area, and organizes a series of cultural activities, such as skills training and playing movies for them specially.

Qingdao Library has also set up various service windows, such as the foreign language borrowing room that collects many original editions of books in multiple languages and the "Nishan Academy" reading room that possesses over 3, 000 volumes of classics of Chinese traditional literature, meeting the diversified information needs of readers and making efforts to gain readers' trust.

Section 3

Extend Library Services with the Help of Intelligence Technology

Qingdao Library adheres to the readers-oriented principle, and has been constantly improving the social service model and expanding the services' coverage of user groups. In 2014, Qingdao Library carried out the reconstruction of an intelligent 24-hour self-service library in an area of 200 square meters, and it was reopened on April 24. It offers new convenience for office workers who work nine-to-five to enjoy reading.

The self-service library combines digitization, humanization, and intelligentizing together, and opens all day long without supervision. Each book in the library is equipped with a RFID chip that applies the radio-frequency identification technology, thus readers can borrow or return books in a self-service way at any time. Currently, the self-service library has

a collection of over 30, 000 volumes of books and over 80 kinds of periodicals for readers, covering politics, history, literature, health maintenance, food, fashion and other themes. The materials are mainly popular ones that the public prefer nowadays, so that they can meet the casual learning needs and the entertainment needs of readers.

The 24-hour self-service library established by Qingdao Library is one of the practices of public libraries deepening their services. Compared with self-service libraries in districts and communities, this library is distinctive because of its complete and centralized system and timely updated materials, providing readers with a place for communication and interaction. Also, readers can turn to librarians for help when faced with difficulties and problems. Therefore, the library has attracted the attention of many readers, and the daily number of readers on average has been rising successively. In the year after it opened, the documents here had been circulated for 80, 000 times, and 300, 000 readers had been received, bringing good social benefits.

24-hour intelligent self-service libraries, honored as "the third-generation libraries", are one of the new trends in the development of public libraries. Qingdao Library will continue to popularize this mode of activity based on the existing situation so that intelligent self-service libraries will be set up in all the district libraries. In the future, the free Inter-library Lending System will be realized among the intelligent self-service libraries of Qingdao Library and the district libraries, providing Qingdao citizens with more convenient and fast cultural services from libraries.

Section 4

Let Excellent Books Be Circulated

The book circulation service is a lending service that breaks through the restriction of a library's service space. The circulation service "let excellent books be circulated", starting in the 1980s, is one of the best services of Qingdao Library. It provides the service by sending books to certain destinations regularly, using book mobiles as the carriers. At first, the service regarded Qingdao garrison as its main service object and focused on officers and soldiers. After the 1990s, its service coverage gradually extended to the Party and government departments, enterprises, public institutions, residential communities, social welfare houses, work camps, migrant workers, and other user groups of libraries. In recent years, the service has been further enriching its content, carrying out activities such as bringing cultural information resources to rural areas, barracks, and communities with the use of digital carriers such as CDs. It has recorded and delivered to 1, 200 rural grass-roots service stations over 120, 000 CDs in various themes, including agricultural science, dramas, films, teleplays, health maintenance, cultural lectures by experts, etc. Also, the service has added electronic books, periodical databases and other digital resources that aim at serving urban communities for free, which has effectively enriched the cultural life of Qingdao citizens and been widely praised by all sectors of society. The "let excellent books be circulated" project has been awarded an excellent service brand by Qingdao Federation of Labor. At present, the "Let excellent books be circulated" project has 40 subordinate branch libraries and service points, lending books for 75, 000 times and serving 50, 000 readers every year.

Although access means of literature and information have been increasingly diversifying in contemporary society, the traditional lending function of Qingdao Library is unabated, while modern service means and functions are continually expanding, having increasingly strong attraction to the public just like a powerful magnet.

青岛市图书馆"驿动书香"流动服务

愛樂

04

Chapter 4

Structure Modern Services by Utilizing Modern Technology

In the 21st century, just like a strong catalyst, modern sci-tech civilization has been promoting the transition from a traditional library to a modern one. Library services are also transforming from the traditional book lending mode to a modern, digital, and networked service mode. The rapidly developing computer information processing technique and the network communication technology have been widely used in Qingdao Library. Librarians are collating a variety of literature resources and perfecting the social service mode by utilizing modern technology, gradually extending various services to each of their readers with the support of the Internet.

By utilizing the latest network technology, following the newest service concept, and basing on the construction of its website, Qingdao Library has offered modern services through network platforms, such as the online reference platform, Micro-blog, WeChat, mobile libraries, multimedia touch-screen terminals, and self-service terminals, continually moving towards the goal of being an intelligent library.

Section 1

Website—the Portal of Online Services

The website of Qingdao Library (www. qdlib. net) formally came into service in August 2002 to serve readers, starting the network services of Qingdao Library. It is a comprehensive service platform and an important window for the library to demonstrate itself and communicate with readers.

The website of Qingdao Library adopts the PHP + Mysql structure and runs on a Dell standalone server which is stored in a special constant-temperature machine room in Qingdao Library. It connects to the Internet through 100Mbps optical fibers, and is equipped with a hardware firewall that makes it relatively safe from various network attacks. The web pages on the website adopt a two-column vertical layout, and are mainly in black green, white and orange colors, which are soft, brisk and elegant.

The website provides readers with services such as the information issuing service, "the My Library" service, the resource retrieval service and the reference service.

The information issuing service issues the important events of Qingdao Library such as the notices of various lectures, training activities, and exhibitions, and also publishes the records of these activities with text and pictures in time, so that readers can get the latest information of the library timely.

In the "My Library" column, readers can view their borrowing records, change passwords, renew books, and add RSS feeds.

青岛市图书馆
QINGDAO LIBRARY
传播先进文化
促进共享工程
今天是：2015年7月20日星期一
首页 | 青图概况 | 服务指南 | 读者园地 | 书目信息 | 数字资源 | 自建资源 | 阅读季专栏 | 共享工程 | 业务建设
图书查询
Inquire about
检索途径：任意词
检索词：
高级检索 检索
创建国家公共文化服务体系示范区
坚持政府主导 保障广大人民群众基本文化权益
服务·指南
网上·服务
互动·空间
入馆需知
办证流程
青图位置
视频介绍
RSS 频道
借阅查询
网上续借
资料修改
读者留言
光荣业绩
常见问题
参考咨询
数字资源
馆外访问平台
青岛尼山书院
青岛市人大常委会
电子阅览室资源导航
图书馆志愿者征募
以人为本 读者至上
数字图书馆推广工程
新浪微博
微信
手机图书馆
移动客户端下载
新书推荐
非婚
林书豪
"疯狂"NBA
杰出营销
公告栏
Site Affiche
重要通知 活动公告 新闻公告
青岛市图书馆志愿者管理...
通知
电子阅览室暂停开放通知...
电子阅览室暂停开放通知...
外借2恢复开放通知
24小时自助图书馆开通续...
2月11日馆内wifi暂停使用...
闭馆通知
数字资源
领导决策 电子书刊 期刊论文 硕博论文 考试学习 就业指导 少儿天地 自建资源 老年生活 试用资源
资源名称：国研网 访问地址：[馆内读者访问入口] [馆外读者访问入口]
资源名称：中宏领导决策 访问地址：[馆内读者访问入口] [馆外读者访问入口]
资源名称：中宏形式分析 访问地址：[馆内读者访问入口] [馆外读者访问入口]
资源名称：慧科实时媒体 访问地址：[馆内读者访问入口] [馆外读者访问入口]
资源名称：慧科新闻 访问地址：[馆内读者访问入口] [馆外读者访问入口]
资源名称：慧科大中华资讯 访问地址：[馆内读者访问入口] [馆外读者访问入口]
开馆时间：8:30 - 17:30 (详细)
地 址：青岛市延吉路109号
电 话：0532-85012822
友情链接
Friendly link
----更多友情链接----
中国国家图书馆
全国文化信息资源共享工程
山东省图书馆
政府信息公开查询
青岛市动漫创意产业协会
访问量 4676778
首页 | 青图概况 | 服务指南 | 读者园地 | 书目信息 | 数字资源 | 自建资源 | 古籍保护 | 共享工程 | 业务建设 | 党建园地 | 国家公共文化服务体系示范区
| 网上参考咨询 | 阅读季专栏
青岛市图书馆 版权所有 建议您使用IE6.0以上版本 1024X768分辨率
鲁ICP备05015008号 青岛市图书馆网络技术部设计制作
青岛市图书馆网上咨询台
分享到
少儿部主办

The resource retrieval service is put in a conspicuous location on the home page, and is connected to the entrance of the Online Public Access Catalog (OPAC), allowing readers to start to retrieve information of the library collection directly.

The reference service contains several columns, such as the "Qingdao Library FAQ", the online reference platform and the message board. Readers can view the FAQ for answers to common questions and ask their own questions through the message board. Their questions will be answered as soon as possible after submitted. Also, by visiting the online reference platform, readers can enjoy the document delivery service.

53.2TB of digital resources are accessible through the website of Qingdao Library, including images, texts, videos and audio files. The number of these resources is still increasing. The website had been visited for 3.2 million times in 2014, becoming an essential platform for Qingdao citizens to get access to the cultural information of the city.

Section 2

Application of the New Media Technology

With the fast development of Internet technology, the number of new media users in China is increasing rapidly. New media has been an important tool for library service marketing because of its convenience and interactivity. Micro-blog (Weibo), WeChat, and mobile libraries make up the "three gharries" of new media services of a digital library.

1. Micro-blog (Weibo)

Qingdao Library officially created its Sina micro-blog that passed the real-name authentication conducted by Sina Micro-blog later. Currently, it has attracted 4, 683 followers and posted 1, 357 messages. The micro-blog uses the logo of Qingdao Library as its profile photo with a national flag in the background, being solemn and impressive. On the homepage there are cartoon patterns in the light green background. The information of the

five service brands of Qingdao Library is emphasized by the two columns on the two sides of the webpage. Also, some basic information, including the address of the official website, the hotline number and the library's address, is clearly posted on the page. 10 labels, which are the upper limit of labels allowed, are set up on the page, including "Public Benefit and Equality", "Digital Library", "Reference Service", "Cultural Forum", "English Salon", "Little Mozart Music Library", "Education and Training", "Small Shell Happy Camp", "Reading Promotion", and "Art Exhibitions", almost covering all the characteristic services and focus of Qingdao Library.

The five basic services that Qingdao Library provides through its micro-blog are listed below.

1) News and notices

Posting notices of activities and lectures, events review, and important announcements of Qingdao Library.

2) Information forwarding

Including cultural news, news of the public good, and celebrities' sayings.

3) Internal communication

Allowing librarians to communicate with each other, learn from other's management experience, and forward other's micro-blogs.

4) Reference service

Answering users' questions on library resources and services.

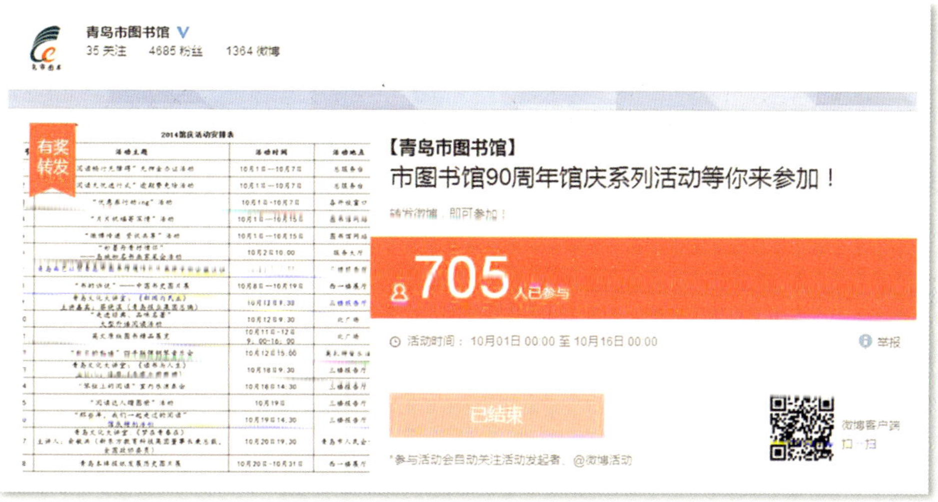

5) Online activities

Carrying out activities, such as user surveys, micro-blog forwarding and text collecting, through the micro-blog. Micro-blog online activities are also a good way to propagandize and attract "fans". During its 90th anniversary in October 2014, Qingdao Library carried out an activity "A series of activities to celebrate the 90th anniversary of Qingdao Library are waiting for your participation! —Forwarding the micro-blogs of Qingdao Library to win prizes", attracting 705 "fans" to participate in.

2. WeChat

Qingdao Library created its WeChat official account in 2013, and now it has 6, 668 followers. The WeChat official account helps to realize the comprehensive interaction between librarians and reader groups in various forms such as text, images, and voice messages.

The services provided by the WeChat official account of Qingdao Library are listed below.

(1) Borrowing Information Searching

1) Bibliographic retrieval

Readers can set up four conditions when retrieving. ① Readers can choose from several fields, including any word, ISBN/ISSN, author, subject, classification number, control number, order number and publisher. ② Readers can select from 12 branch libraries from seven districts and five cities. ③ Readers can choose whether to display books covers in results. ④ Readers can choose whether to only output the records that are in the library collection. After setting up the four conditions above, readers will receive the results sent directly to them by the WeChat official account.

2) Readers' borrowing information

Readers can view their current borrowing record through the WeChat account.

3) Book renewal

Through the WeChat account, readers can renew the books they borrowed. Each book can be renewed once and be kept for another 30 days.

(2) Personal Center

1) Library card binding

A reader can send a command message that contains his (or her) library card number and password, then the WeChat service terminal of Qingdao Library will receive the information and carry out an authentication through the automatic management system of business. After the authentication, the reader's WeChat account will be connected with his (or her) library card number so that it will be legal. Then, messages sent from this WeChat account will be regarded as legitimate command messages, thus quick services such as information searching and book renewal can be provided to the reader.

2) Library card unbinding

Readers can freely choose to unbind their WeChat accounts from their library cards.

3) Personal information

Readers can view the following information: name, library card number, registration place, the entry-into-force time of library card and the expiration time of library card.

4) Password modification

Users can modify the password of their library cards.

(3) User Guide

1) The layout of Qingdao Library

Readers can view the distribution of the reading rooms and service points, as well as the layout of each floor in the east building and the west building of Qingdao Library.

2) Instructions for admission

Readers can view the management institution of Qingdao Library and basic protocol of using a library.

3) Address

Readers can view the electronic map and the address of Qingdao Library.

4) Guide of library card application

Readers can view the information about library card application, guarantee deposit, library card re-application, library card cancellation, function conversion and working time for library card application.

Currently, the services provided by the WeChat account of the library are still basic and common ones. In the future, the library will do research on readers' preference with the help of data analysis techniques such as Big Data and cloud computing so that more personalized information can be delivered to readers (such as recommendation of new publications or special activities), in order to serve readers with more complete and efficient services.

3. Mobile Application Platform

In January 2014, the Mobile Application Platform of Qingdao Library formally came into service and could be downloaded from the Android Market and the Apple App Store and used for free. A reader can log on the Mobile Application Platform at any time as long as his or her cellphone or tablet PC is connected to the Internet, then he or she can search for, browse through and read digital resources, download periodical papers and electronic books, view personal information, and renew books. This is a brand new service model of digital reading. That readers can freely get access to the digital resources of Qingdao Library is a second-time expansion after the formation of services such as the official micro-blog, the WeChat official account, and "accessing the digital collection of the library with the help of the Single Sign On and Uniform Identity Authentication technology", enhancing the effectiveness of public services of the library.

The Mobile Application Platform of Qingdao Library comprehensively integrates a variety of resources, including Chinese and foreign books, periodicals, newspapers, dissertations, standards, and patents, with the use of the metadata resources integration technique.

Currently, the digital resources that the system can provide include: nearly 1 million volumes of Chinese books, 76 million journal articles and 70 million newspaper articles in Chinese, 38.78 million journal articles in foreign languages, 3.86 million dissertations, 3.7 million Chinese conference papers, and 1.1 million Chinese standard documents; 7.4 million Chinese patent documents; nearly 500 kinds of influential newspapers from all over the country, which are updated daily; over 4,000 pieces of various kinds of audio and video documents. Readers can choose whether to read online or to download the resources to their personal terminals for offline reading. Relying on the powerful Cloud Sharing Service System, the mobile reading platform of Qingdao Library offers a 24-hour document delivery service through the cloud library. The full e-text of any of the documents that cannot be downloaded, whether it is an e-book or a journal article, is accessible through a reader's personal email. Users can also subscribe to information such as finance and economics information, sports information, and foreign news by using the "personal settings" function so that the personalized demands of different groups of users can be satisfied.

The specific functions of the Mobile Application Platform of Qingdao Library are listed below.

(1) The Bookshelf

If a book is added to the bookshelf, it will be automatically downloaded to the local device for offline reading.

(2) Frequently Asked Questions

14 Frequently Asked Questions are listed in the FAQ section, such as how to log on, how to download a book, and how to deliver a document.

(3) Library Catalog Search

Readers can search for documents in the library collection by any word, title, author name and subject term.

(4) Academic Resources

Readers can search for academic resources such as books, chapters, periodicals, newspapers, videos and papers. The resources that are available for online reading and downloading can be read online or downloaded to local devices, while others are accessible through the remote document delivery service.

(5) Open Classes

Readers can watch videos in 8 categories, including literature, history, culture, social science, celebrity interviews, etiquette and skills, entertainment, and philosophy & psychology, and can choose whether to watch online or to download them to local devices for offline watching.

(6) Newspapers

Over 500 kinds of influential newspapers from all over the country are accessible.

(7) Videos

The resource collection contains lectures in 12 categories, including study methods, medical science, agriculture, engineering technology, education and social science, economic management, politics and law, philosophy, history, literature, art, and basic science. Readers can choose whether to watch online or to download them to local devices for offline watching.

(8) Adding a Subscription

Readers can subscribe to the top contents they like, such as science technology, finance and economics, sports, military affairs, and entertainment, and the system will automatically add the latest contents to their clients.

4. Uniform Identity Authentication and Single Sign On

Up to 2014, Qingdao Library had already purchased 23 databases that brought users convenience to acquire knowledge. At that time, readers were constrained by the system and their locations when using the databases, and had to use them only in the local area network in the library's electronic reading room because the databases were unavailable via the Internet outside the library. To overcome the limitation, Qingdao Library and Guangzhou Tuchuang Computer Technology Co., Ltd. jointly developed the Qingdao Library Uniform Identity Authentication and Single Sign On Platform, through which users could access the digital resources of Qingdao Library remotely outside the library. In the uniform identity authentication mechanism, when a user wants to visit an application system, firstly he (or she) should log on to the platform and the identity authentication system will authenticate his (or her) identity by calling the Interlib Readers' Information Database. After the authentication, the reader's IP will be converted to a valid Intranet IP so that the reader is licensed to access the resources he (or she) needs. This mechanism improves the usability of the system, and solves the safety and management challenges in access control, identity management, safety audit, and other aspects.

Qingdao Library Uniform Identity Authentication and Single Sign On Platform is easy to use. By simply entering their library card numbers and passwords, readers can log on to and access all the databases without the constraint of locations, time, and times, and can search for and download papers, browse through e-books and comics, watch videos, and listen to audio documents, making the use of the resources much more convenient.

Also, Qingdao Library has embedded the Uniform Identity Authentication and Single Sign On Platform in the website of Jinhong in cooperation with the Qingdao Office of E-government Affairs and Information Resource Management, so that all the government staff in Qingdao could access all the digital resources of Qingdao Library by logging on to the Uniform Identity Authentication and Single Sign On Platform on the Jinhong website after receiving their assigned accounts, providing a convenient way to improve the work efficiency of government staff.

5. The Wireless Network and Multimedia Experiencing Equipment

In 2014, Qingdao Library started the WiFi service, achieving a full coverage of the library. A reader will be licensed to use it just after an authentication on a personal authentication terminal with his (or her) ID card. At the same time, the system will preserve the reader's information so that he (or she) can use the WiFi for free and without the limitation of time, times, and network flow. The number of users who are online simultaneously can reach 80. In the library, readers can visit the Internet by using their mobile electronic devices such as cellphones and tablet PCs at any time. With the application of the "mobile library" platform of the library, the convenience of searching for books and materials has been greatly improved.

Qingdao Library is also equipped with eight multimedia touch-screen terminals, which are separately placed in the service hall and several reading rooms. Readers can not only read e-books, periodicals, newspapers, comics and other electronic resources through these terminals, but also download them to their cellphones or tablet PCs for offline reading by scanning two-dimensional codes. Thus the utilization rate of the digital resources of Qingdao Library has been further increased, perfecting the whole electronic resources service system of the library.

Section 3

Online Reference Service

The reference work today is developing from face-to-face communication to a remote interaction mode relying on network communication technology. With the help of the online reference system, Qingdao Library has been enriching the content of services, perfecting service modes, and extending the scope of services, making a great effort to help readers and users with knotty problems by providing an all-weather and omni-directional service.

In 2012, Qingdao Library joined the "The National Library Reference Consultation League" and established a stand-alone online reference platform. This platform can retrieve and deliver documents for readers, and provide answers to users' questions. The online reference platform of Qingdao Library contains five columns, including "document retrieval", "list consultation", "my consultation", "management platform", and "the portal". Users can search for digital resources such as books, newspapers, periodicals, papers, patents, standards, and videos through document retrieval. Online QQ accounts are listed on the platform, and librarians are prepared to provide readers with services such as the real-time answer service and the document delivery service at any moment.

In 2013, Qingdao Library joined the "Shandong Library Reference Consultation League", thus further enhancing the capability and the quality of its reference service. In 2014, the library had delivered 2, 242 pieces of documents for readers and answered 3, 196 questions through the online reference platform, gaining a satisfaction rate of 100%.

Qingdao Library also provides the city's government departments, enterprises and public institutions with a thematic information compiling service or a decision-making reference service, regularly sending electronic versions of thematic information to relevant departments or agencies by email. The thematic information compiled can be categorized into two main types according to the content, including "leading decision" and "economic". Digests of the information in the "leading decision" category include *Cultural Information Reference*, *Decision Information for Leaders*, and *Macro Overview*; digests of the information in the "economic" category include *Real Estate Information*, *Steel News*, and *Car News*.

Cultural Information Reference, which is a bimonthly, carries articles about the latest policies in the field of social culture, speeches by important leaders, the development of cultural industries, trends of social culture, international cultural exchanges, as well as ancient or modern folk knowledge and anecdotes from all over the world. The content of the periodical is divided into seven columns, including "Sayings of Cultural Celebrities", "Cultural Trends", "Treasures of the Divine Land", "International Communication", "Overseas News", "History Events", "Entertaining Cultural Events". *Real Estate Information*, which is a fortnightly, contains information about real estate news, related economic laws and regulations, economists' predictions for the trend of real estate in our country, etc. The thematic information compiling service of Qingdao Library provides a beneficial information support for the economic, social and cultural development of Qingdao.

Section 4

RFID and Self-service Terminals

Qingdao Library finished the application of RFID on the collection of the outward borrowing room in October 2014 and the application of RFID on the collection of the children's reading room at the end of the year. A total of 400, 000 books were equipped with RFID tags and 10 self-loan terminals and 2 self-registration terminals were installed, thus a complete self-service system was built up.

The RFID intelligent management system has been working well after its application. 811, 600 volumes of books have been circulated through the self-loan terminals, accounting for 94. 8% of the total circulation amount of the library. A total of 7, 607 readers have registered through the self-registration terminals after they came into service, accounting for 26. 7% of the total number of readers who registered during the same period. This ratio is relatively low because of the lack of social users' using capability and their trust on human-computer interfaces, thus librarians should further perfect the related counseling and assistance service.

05

Chapter 5

Focus on Reading Guidance and Enrich Promotional Activities

Organizing a series of colorful reading promotional activities, such as lectures, exhibitions, book reviews, forums, pen clubs and knowledge contests, is one of the important extension of service functions of Qingdao Library. By this means, it has boosted the reading activities for all the residents in Qingdao, brought out the best of public libraries' culture spreading and social education function, and improved the social effects of the library work.

Qingdao Library holds an average of over 50 various lectures, 20 exhibitions, 40 children's activities, and 20 foreign language activities per year. With the long persistent efforts, it has set up many popular service brands appreciated by readers, such as Qingdao Cultural Forum, Little Mozart Story Concert, and "Small Shell Happy Camp".

Also, combined with national traditional festivals, important national celebrations and anniversaries, a great number of large-scale reading promotional activities in the city are organized. For example, Qingdao Library holds a number of activities on festivals each year, such as the paper-cut and silk flower contest during the spring festival, the poem reading competitions on Tomb-sweeping Day and National Day, the thematic activities on World Reading Day on April 23, the activities on Intangible Cultural Heritage Day and the nursing activities on the Double Ninth Festival. Recently, with the construction of digital resources, Qingdao Library also organizes the library skills application competition, and promotes the activity through the means that apply the advanced Internet communication technology, such as Micro-blog and WeChat, attracting a large number of readers to participate in. All these measures have brought about both innovation and stable progress in the public services of Qingdao, making the citizens' life more colorful.

Section 1

Establish Service Brands with Great Concentration

1. People's Culture Classroom—Qingdao Cultural Forum

Qingdao Cultural Forum is an excellent service brand created by Qingdao Library. Since 2002, it has been insisting on keeping close to the public, spreading cultural knowledge and explaining reader's puzzles, and has been increasingly popular and become a "scenery of knowledge" on the way of constructing a learning city. Qingdao Cultural Forum involves a wide range of topics, including both great international events and hot issues with which people concern themselves. The topics cover politics, economy, history, culture, arts & literature, the popularization of science, and entertainment, etc. To ensure the lectures' quality, Qingdao Library has invited many well-known experts and scholars, such as Zhang Hanzhi (a diplomatic activist), Zheng Shouyi (an academician of Chinese Academy of Science), Han Xiuyun (a professor of Tsinghua University), Liu Shilong (a famous film and television performing artist), Tang Haoming (the author of the biographical book *Zeng Guofan*) and Ma Ruifang (a guest of "The Lecture Room", CCTV). At the same time, to enforce the local cultural construction of Qingdao, the library has been cooperating with Qingdao Federation of Social Science Circles, inviting experts and scholars from the member associations to give lectures and organize salons, which has not only

improved the quality of the lectures, but also expanded the library's influence in the academic area of Qingdao.

Qingdao Library also joins hands actively with its counterparts, like Shanghai Library, to share service resources, taking advantage of the numerous resources of high-quality lectures to offer video lectures. Most of such video lectures, with fine topics and wonderful contents, are given by famous domestic experts and scholars. These lectures possess a powerful emotional appeal and thus are popular with readers. To enlarge the number of the target audience of the video lectures, Qingdao Library organizes a campaign of sending video lectures to the grass roots such as branch libraries, troops, schools and communities, which extends the knowledge radiation and improves the usage rate of the lecture resources.

With many years of exploration, "Qingdao Cultural Forum" has developed several characteristic sections, including "experts & scholars", "local culture & history", "arts going to the people", "mid-aged and senior literature salon", "moral classroom" and "audio & video resources", etc. Totally, the forum has given over 600 various expert lectures and played over 300 video lectures, with the audience amounting to about 150,000. In the selection of the favorite cultural activities which was co-

organized by Propaganda Department of CPC Qingdao Municipal Committee, Administration of Culture of Qingdao, Qingdao Bureau of Radio and Television and the Qingdao Daily Newspaper Group, "Qingdao Cultural Forum" was once rated as one of the people's favorite cultural activities in Qingdao. It was rated by Qingdao Federation of Social Science Circles as No. 1 among the top ten cultural brands of the city in 2008 and was awarded the characteristic service brand of public libraries in Shandong Province in 2011.

2. Where a Music Dream Starts—Little Mozart Music Hall

On January 16, 2008, Qingdao Library made another planning of its multi-function hall with a size of more than 600 square meters, and created the first public music library in our country—Little Mozart Music Library in cooperation with the professional staff of the city. Since its establishment 3 yesrs ago, it had organized a total number of about 560 public benefit activities, and approximately 360, 000 local residents and music lovers from the nearby areas had took their children here to appreciate classic music and learn knowledge about music. Thus, Little Mozart Music Hall has made itself a business card of public welfare culture.

In a professional music environment and a public welfare mode of operation, the music hall has been spreading elegant art among the general public, and providing music fans with a platform for music appreciation, materials retrieval, study communication and talent demonstration, creating conditions for improving the music quality of Qingdao citizens. The hall consists of a reading area, a performing area and a training area, integrating many factors or activities, such as book reading, audio and visual music, lectures, performances, exhibitions, training and communication. Among the printed resources of the hall, there are more than 3, 000 books on music theories, instrument techniques, musician biographies, music aesthetics, music scores and music reference, which are open to readers. The materials and resources here are accessible to every music fan. With hi-fi audition devices, music lovers can acquire a good experience here. 12 piano rooms here are equipped with high-quality German pianos, and at the same time provide individual services to music fans, such as the visual playing of music scores service. The hall is also equipped with a professional performing stage, as well as a 9-foot-wide transparent performance-level piano, which functions as the special piano for the concerts in the library.

The music hall gathers some professors from the conservatory of music to form an expert advisor team, and regularly invites them to give free lectures and guidance. Meanwhile, it offers a stage for the music fans among the citizens to show their talents. During the early opening of the music hall, it held a sequence of 3 New Year concerts, allowing over 100 little musicians to perform on stage. From the children's eagerness for participation, the music library saw their expectation of "being on stage". Thus, the librarians have formed a volunteer team of weekend concerts, allowing the talented children to sign up at their own will and get opportunities for performing on stage. Besides, the music hall holds public benefit concerts regularly for children, organizes the volunteers to perform in nursing homes and holds charity performances. For years, over 1,000 students have realized their "dreams of going on stage" in the music hall.

Given the convention that children under 6 are not allowed to go to concerts in many countries of the world, in order to expose these children to musical culture as early as possible and bring true "life" to the music books in the library, the music hall has formed a mode of "Story Concert", by integrating the wisdom of the worldwide experts on children music education, exploring innovative methods of music education, and combing interesting classical stories, digital images and classic music together. The activities include piano teachers' live performances, cultural volunteers' live illustrations, and timely play of images such as pictures books, which enable the audience to get a comprehensive and concrete knowledge of the classic music through the professional illustration and image stories. Also, it can effectively strengthen children's sense of music and

stimulate their active concern on music.

The story concert allows children to touch music in concrete and multiple ways, with them receiving an initiate education of music by listening to stories and experiencing the beauty of music in a good melody, them developing an audio view and acquiring the initial ability of appreciating music. Such a mode has made up for a blank in the early education of music appreciation. Currently, attending the story concert is not only what the children in Qingdao yearn for, but also attracts the children in the nearby cities. Many parents from cities such as Weifang and Rizhao bring their children to the activity almost every week. A parent from Rizhao said, "My child is only 3 and a half years old and cannot concentrate on anything for more than 10 minutes. But he can control himself only when listening to the story concert, keeping himself quiet and devoted during the 40 minutes."

With many years of exploration, now the music hall is able to organize at least 2 events every week, with endless originalities. In a 2-year period, it has successively put out more than 300 story concerts, such as "Forest Party", "Snow White", "Hot Air Balloon Travel", "Doll's Dream" and "True Tales of the Santa Claus". Each concert was well attended, and about 200,000 children and adolescents from Qingdao or the nearby areas had attended the concerts. In the past 3 years, Little Mozart Music Hall has built many public benefit brands of the promotion activities of music in Qingdao, including the public benefit story concert (twice a week), the public benefit little study reading club (every two weeks), the "Dream of Music" series of public benefit concerts (monthly), the music forum (quarterly) and the "Star of Hope" children's concert (twice a quarter). All the concerts are free cultural service activities, deserving to be regarded as great events in the library circle.

The music library of Qingdao Library is led by the public cultural institutions, gathering and organizing the social cultural resources, and opening up a new space of the urban cultural life. This measure allows the library to provide professional and extensive cultural services for society, forming good social benefits and finding out a new path for the development of the public cultural services.

3. Pick Shells in the Sea of Books with the Pilotage of Happiness—Small Shell Happy Camp

As an educational institution of social culture, public libraries take on a compulsory responsibility for advocating and promoting nationwide reading, especially in the aspects of enriching the spiritual and cultural life of adolescents and improving juveniles' ideological and moral levels and scientific and cultural qualities. As a result, Qingdao Library has started the activity of "Pick Shells in the Sea of Books with the Pilotage of Happiness—Small Shell Happy Camp" to serve the special needs of children and adolescents.

Small Shell Happy Camp follows the purpose "to gain in happiness, to comprehend in gaining, and to grow in comprehension", which is also the core value of the "Pick Shells in the Sea of Books with the Pilotage of Happiness" activity. The library hopes to help children form the awareness of active reading and independent learning, and developing a habit of scientific reading. The activity targets at guiding children to do more reading and read good books, helping them to gradually establish a scientific outlook on life and rational values, cultivate good feelings in the reading, create excellent qualities, and promote physical and mental health as well as their comprehensive development.

The small shell series of activities of Qingdao Library provides a platform for the students in the city, which combines the learning function and the entertainment function. The children spend every weekend, every festival, and every summer or winter vacation here by participating in the colorful activities in the library, which plays an important role in giving full play to the social educational function of libraries, promoting the improvement of juveniles' comprehensive qualities.

The small shell series of activities contain 9 sections, including "the small shell handicraft time", "the small shell puppet theater", "the small shell happy screen", "the small shell book circulation", etc. The activities share a feature of various forms and rich contents, which is able to cater to the children's lively characteristics and strong appetites for knowledge, thus the special needs of children with different interests and hobbies are satisfied, and the concept of "to educate through entertainment" is practiced, achieving good social benefits.

4. Public Benefit Activity— "Learn Foreign Languages with Passion, Seek Development with Happiness" Foreign Language Salon

With our country being increasingly internationalized, there has been a rise in the cultural communication between China and foreign countries, and thus foreign language learning has been a hot spot of social culture. Qingdao Library has readily adjusted itself to the goals of social development, grasped the readers' requirements and created new forms of services to serve the needs of society.

Since 2003, Qingdao Library has set up a public benefit activity named “Learn Foreign Languages with Passion, Seek Development with Happiness—Foreign Languages Salon”, which is intended to create a place where citizens can have cross-cultural communication and learn foreign languages. With the guideline of “learn foreign languages with passion, seek development with happiness”, it has formed several sections, including English lectures, the “story world” and game parties, as well as entering communities and schools, and organizing large competitions, etc. Many languages are involved, such as English, German, French and Japanese.

The public benefit foreign language salon has created an opportunity for Qingdao citizens to learn and speak foreign languages, and provided a lively atmosphere for them to interact with others. The activity invites foreign teachers to participate in and has knowledge lectures, spoken language contests, face-to-face communications and interactive discussions, along with language competitions on various scales, to provide the citizens with multi-level and multi-angle opportunities to participate in. The organizers try their best to ensure novel themes, rich contents, and elegant taste of the activities, which are expected to be lively and interesting. As a consequence, the salon has not only become a platform for Qingdao citizens to learn foreign languages, improve their expression skills and display their talent in languages, but also made Qingdao Library one of the most important bases for foreign language activities in the city.

5. A Stage for the City Culture—Exhibition Line of Qingdao Library

In 2002, the new Qingdao Library located on Yanji Road started to organize cultural exhibitions of diverse themes after its completion. The exhibition hall on the ground floor of the west building is made by rebuilding and redecorating part of the original hall of the old library building on Shandong Road, and is one of the few exhibition halls with solar glass ceilings in Qingdao. The hall has organized and hosted a series of public-spirited exhibitions, which are of outstanding cultural qualities and social educational significance, including the picture exhibition for the 30th anniversary of Qingdao's reform and opening-up, the exhibition of the preparations for the 2008 Olympic Games as well as the painting and calligraphy exhibition of Gao Xiaoyan's works. These exhibitions show the historical process of the development of Qingdao's economy and society from different angles, and reflect the contemporary process of the improvement of the residents' living standards, becoming an epitome of the evolution of Qingdao city.

With the quantity and quality of the exhibitions rising through practice, the Exhibition Line of Qingdao Library offers two excellent exhibitions every month, enabling Qingdao citizens to wander in the beautiful and magnificent pictures.

Section 2

Add Happiness to the Holiday Life

1. The Quiz of Lantern Riddles with Awards

In every Spring Festival morning, Qingdao Library holds a quiz of lantern riddles with awards, which is a traditional project of the library at New Year. The quiz with awards is set up on the second floor of the library building. Over 1, 000 pieces of lantern riddles are hung over the entire hall, and the colorful puzzles generate a busy and happy atmosphere. The New Year's quiz activity of the library is favored by many readers because it matches the meaning of the Spring Festival, and citizens come in an endless stream to participate in the activity. Some readers even mobilize their whole families, including the old and the young, to visit the library to attend the "helping the guessing" for learning knowledge, winning awards and a good beginning for the New Year.

2. Paper-cut and Silk Flower Contest

The 15th day of the lunar January is the Lantern Festival, which is also an important traditional folk festival in China. To add the festive atmosphere for the citizens, in cooperation with Shinan District Cultural News Press and Shinan District Library, Qingdao Library regularly organizes the paper-cut and silk flower contest in the self-study area on the 3rd floor of the library building, which has been going on for 12 years.

On the 15th day of every lunar January, the self-study zone on the 3rd floor of the library is packed with participants or audience, among which there are both traditional craftsmen and amateurs who are interested in the paper-cut and silk flowers. There are both over 60-year-old people and children who are just at school age. Everyone gathers together, makes friends via their skills, communicates with and learn from each other. There are also some foreign friends from Switzerland, Russia and other countries, who admire the traditional culture of China. They stay with the folk artists and learn the basic skills of silk flowers and paper-cut with great interest, and admire the excellent craftmanship of the contestants. The site of activity is full of jollification with laughter everywhere, adding a festive atmosphere for Qingdao and injecting new vitality constantly into the heritage of Chinese traditional culture.

3. Guzheng Appreciation Concert at New Year

The Guzheng appreciation concert at New Year, held by Qingdao Library on every Spring Festival, is one of the important cultural activities that benefit the people. The library specially invites Li Wenyou, a national first-level actor and a famous Guzheng performer, as an honored guest of the event.

At every New Year, the Guzheng appreciation concert gathers a group of excellent students (including undergraduate and graduate students) who have graduated from Li Wenyou Guzheng Training Center or are studying in the major of Guzheng in conservatories, as well as some rising stars in the training center. The concert includes both classic traditional Guzheng music and the new works in recent years. Also, the performing forms are various, including solos and ensembles. The concert also organizes opera performances, Zhongruan solos, violin solos and vocal music to perform in the intervals. The Guzheng appreciation concert at New Year is a rare wonderful high-level concert in Qingdao area, attracting a large number of audience every year. It is also one of the important activities for the inheritance of Guzheng art in Qingdao.

4. Poetry Recitation Contest on Tomb-Sweeping Day

The Qingdao regional qualification trial of Shandong Reading and Recitation Contest is held before Tomb-Sweeping Day each year. It aims at not only expressing our plain feelings of "recalling the previous hard days, cherishing the memory of the martyrs", but also promoting the nationwide reading, arousing people's enthusiasm for reading and guiding the social reading direction.

Qingdao Library is in charge of the organization management of the regional qualification trial, arousing everyone's expectation and insistence on peace through the praises of the Chinese people's unrelenting and heroic spirit of patriotism. Many experts in the city are invited to attend the event each time, including Chi Tao (leader of Qingdao Academy of Arts), Wang Guoqing (vice-chairman and secretary-general of Qingdao Association of Recitation Artists), Shi Xia (a national-level broadcast director of Qingdao Broadcasting and TV Station), etc. These authorities in recitation give a professional comment to each contestant with a rigorous and careful attitude, and communicate deeply with contestants after the contest, offering their professional opinions and suggestions in language, sound, appearance, expressing form and other aspects, which is valuable for the improvement of reading activities.

The reading and recitation contest represents a higher level of the industry in language emotions, reading skills, stage manners design, background music and other aspects. There are a variety of performing forms, such as solo reading, double reading and group reading, with music and performances attached. With their sincere emotions and beautiful voices, the excellent contestants from different industries express their true feelings and show their moving elegance. When they become passionate during their performance, the performers on the stage interact with the audience, and the competition site is permeated with the youthful enthusiasm and positive spirits.

5. Experience Activities of Intangible Cultural Heritage

Qingdao Library regards the various important anniversaries as a key chance to boost reading promotion activities, and the "intangible cultural heritage day" thematic activity is one of the typical representatives. Qingdao Library organized various activities for the preservation, exchange, and inheritance of traditional cultural heritages, such as making silk flowers, paper-cut, paper folding, and ancient books repairing. The library invited Xu Lei (a Qingdao origami talent and professor from College of Materials Science and Engineering of Qingdao University of Science & Technology), Zhao Guangjuan and Ju Aiqin (winners of the silk flower and paper-cut contest) to give live shows and impart the traditional skills to learners in the library exhibition hall. Also, the staff of ancient books protection in the library taught their learners the methods of repairing ancient books carefully.

Professor Xu Lei's birds, animals, the 12 Chinese zodiac signs, and solid geometry origami works series was exhibited on the site of the activity. The works were extremely lifelike, showing the maker's excellent skills. Also, other excellent works that won in the 10 years of paper-cut contests in Qingdao were on display at the same time.

This activity allows Qingdao citizens to understand China's exquisite traditional folk crafts closely and provides the social public including foreign friends with an experience of the protection activities of China's intangible cultural heritage, deepening the understanding of Chinese intangible cultural heritage and encouraging citizens, especially young students, to take concrete actions to inherit the excellent intangible cultural heritage of our country.

6. Art Performances

Qingdao Library holds various types of art performances on certain holidays, which can make a lot of readers gather together in the library to watch the art performances and taste the charm of our traditional culture. Qingdao Folk Art Club, Qingdao Elderly Service Center, Qingdao Qicai Hualing Volunteer Group, Qingdao Shandong Road Primary School and Qingdao Zhenjiang Road Primary School have established long-term cooperation relations with Qingdao Library, giving wonderful performances when the major holidays come. The library of that time becomes an ocean of joy, and the audience leave contentedly after the happy laughter.

7. The Calligraphy Activity during the Library's Celebration

In 2014, Qingdao Library held a series of celebration activities to commemorate its 90th anniversary, and the calligraphy activity was one of them.

Benefiting from the festive air of National Day, on the morning of October 2, the activity of celebrating the 90th anniversary of Qingdao Library began formally with the calligraphy performances by many artists. A dozen of well-known calligraphers and artists in Qingdao, such as Song Wenjing, the chairman of the Calligrapher Association of Qingdao, gathered in the library and offered on-site creations, presenting lavish gifts for the library's 90th birthday.

The calligraphy activity was held in the hall on the second floor. The calligraphers finished the conceptions and created more than 40 excellent works in just one hour. Their artistic creation process had attracted many readers, who stopped to watch, and the corridor of the 3rd floor was also packed with readers who were watching the performances. Many painting and calligraphy enthusiasts communicated with the experts on the site and expressed their admiration of the experts and best wishes for the library. This activity made the readers and the library closer.

Section 3

Lay Emphasis on both Skills and Knowledge

1. Usage Traing of Digital Resources?

In recent years, Qingdao Library keeps enriching its digital resources collection and has purchased many databases, such as the New Oriental Learning Resources Database, Kangle Database for the Aged and Test Resources Database. In order to enlarge these databases' popularity among the public and to achieve their social benefits, the related departments of the library have held a series of training activities to help readers to understand the digital resources and be familiar with the usage of different databases. The usage training of "Kangle Database for the Aged" is one of the successful cases.

"Kangle Database for the Aged" possesses rich and colorful contents, mainly including the treatments of common diseases and chronic diseases, the related latest medical science and technology knowledge, home nursing skills and a variety of tips, old people's self-care and diseases preventions, and habits and methods to keep healthy, as well as life and hobby guides which are the favorite of the middle-aged and aged people, such as keeping pats, growing flowers, collecting and fishing. The database settings are also designed and arranged elaborately, being suitable for middle aged and aged readers to learn and use. Many aged readers come to the library to participate in the usage training of databases. The oldest one among them has been already 86 years old, but they have strong curiosity on new things, and their spirit of active learning ensures the smooth progress of the training activities. These activities not only enrich the knowledge of the readers, but also add new pleasure for aged readers during their elderly life.

Qingdao Library has also organized many kinds of usage training of databases, such as the usage training of Chaoxing Mobile Library APP, attracting many readers to participate in and letting more people go into the library, thus the reader group of the library has been expanded at the same time.

2. Promotional Activities through Micro-blog and WeChat

Qingdao Library has always been committed to the innovation of service modes in order to promote public reading. The application of official Micro-blog and WeChat accounts enriches the means and expands the extension of library services, letting more citizens be close to reading and enjoy excellent books through the "Micro-reading" form.

On the eve of World Reading Day in 2014 and the "Nationwide Reading Season" of Qingdao, Qingdao Library specially developed an official promotional activity of Micro-blog and WeChat. Readers would have a chance to win exquisite prizes as long as writing down their story with the library through Micro-blog or becoming WeChat fans. Therefore the activity got a warm response from readers. Within 20 days, over one thousand readers had been involved in, which showed that the "Micro-reading" activity of the library was benefiting more and more readers.

3. Knowledge and Skill Contest on the Usage of the Library

Contemporary libraries are developing gradually towards the digitalization of literature resources, and the means of network information services are more and more various. In order to help more readers to get access to the digital library, Qingdao Library has held knowledge and skill contests on the usage of the library.

During the preliminary phase of the contest, the library made an audition among readers by issuing a questionnaire of library knowledge, then developed the final name list of the readers according to the marks from high to low. The final stage tested the readers' skill of library data retrieval, literature search and digital resource utilization, etc. The process of participating in the contest is also a learning process of the knowledge on the usage of the library. Therefore the activity can always attract a large number of readers' participation and has good social effects, laying a solid social foundation for the change of public libraries from libraries to "studies of the city".

4. Meet-and-greet with Writers

Qingdao Library has always been paying attention to integrating the excellent cultural resources from different social industries during the promotional activities of reading. The meet-and-greet with writers, jointly held by Qingdao Library, Qingdao Federation of Literary and Art Circles and Qingdao Writers Association, was a kind of successful attempt.

During the meet-and-greet with writers, 14 well-known Qingdao writers donated more than 100 copies of their works to Qingdao Library, and accepted the certificates granted by Qingdao Library for witnessing their donation. Subsequently, Ms. Zheng Jianhua (a member of the presidium of Shandong Writers Association and China Writers Association, chairman of Qingdao Writers Association and director of the Creative and Research Center of Qingdao Federation of Literary and Art Circles), Mr. Han Jiachuan (vice chairman of Qingdao Writers Association, deputy editor in chief of *Qingdao Literature*, and member of China Writers Association), Ms. Gao Wei and Ms. Emma (members of China Writers Association), as well as Ms. Lian Jian (the author of the popular TV series *Matched for Marriage*) were invited as the representatives of authors to interact with literature lovers. The authors interacted with the audience, present, shared their comprehension of creation, talked about the relations between reading and life, and answered the questions from the present audience. More than 100 readers participated in the event and public readers got closer to writers and literature through this activity.

5. Launch Event of Books

As a main collector of human cultural treasures, Qingdao Library often holds launch events of books. For example, in cooperation with Qingdao Xinhua Bookstore and Beijing Publishing Group, Qingdao Library held a launch event for the new book named *Horrible Science: Who Is Going to Save the Earth* (*China Special*), which was also the launch ceremony of the large-scale public-spirited activity for environmental protection called "Who Is Going to Save the Earth".

Many honored guests gathered in this event, including Hai Fei (director of the Children's Book Committee of the Publishers Association of China), Wei Menghua (a polar explorer and science writer), Yin Chuanhong (a standing director of China Science Writers Association and the editor dean of *Science and Technology Daily*), Li Qizhen (a science writer and master teacher), and Professor Chen He'neng (an expert in nuclear physics and senior engineer). Li Qizhen also gave a public-spirited lecture called "Science Is My Baby", discussing the topic "Who Is Going to Save the Earth", which students loved, with the little readers and their parents in the city.

6. Selection of Excellent Readers

"Selection of 100 Excellent Readers" is the working summary of Qingdao Library every year and an opportunity for the library to share the working achievements with its readers. Together with over 300, 000 readers in the city, Qingdao Library works hard and has got a lot of honors, such as being rated as a national-level library, a provincial-class model unit and a "March 8th" red-banner holding collective, which are a reward and encouragement for the librarians' hard work and a spiritual stimulation for the library's readers.

Qingdao Library holds the "Selection of 100 Excellent Readers" activity every year. There are many excellent readers included, such as the "most diligent" readers who love reading and come to the library every day, the "most enthusiastic" readers who use their own knowledge and penetrating opinions to promote the development of the library, the "most honest" readers who respect the rules, and never make books overdue, and the "most active" readers who take an active part in the reading promotional activities of the library. The selection of excellent readers brings a chance to all the readers who concern about and love the library to memorize and remember the past days spent with the librarians.

Section 4

Use the Media Well to Show New Appearance

Qingdao Library pays attention to enriching its publicity means and keeps innovating the working ideas in order to let more readers be in contact with the library in an interaction model and help the public to understand the library, constructing an all-round and three-dimensional propagandistic system of library services.

Firstly, Qingdao Library keeps a good cooperation with the traditional paper media. Every time when the library is going to hold an event, the newspapers will publish promotional reports for publicity. Especially, it has a close cooperation with the local newspaper *Qingdao Daily*. The newspaper publishes a significant report to introduce the library's services once a month, updating the image of the library services in the citizens' minds constantly.

Secondly, Qingdao Library's cooperation with the broadcasting media and the video media has become deeper and deeper. The library has adapted to the contemporary trend that the audiovisual media is expanding public influence, exploring models of the cooperation with all kinds of new media and strengthening the communication between the library and its

readers, listeners and viewers through a variety of information channels. It leads to a timely publicity of the cultural services ahead of time, and allows the activity reports and the echo of the public to respond to each other. At the same time, the library is using its own official Micro-blog and WeChat account to take the outstanding advantages of time and space in transmission and reception of network information, releasing and updating the information about the library's cultural activities every day and thus letting the social public get the information through the network channels at any time.

Thirdly, the library insists on the publicity work in the library building, making an organic combination between digital screens and the traditional means such as paper publicity boards, posters and albums. The library insists that these simple and intuitive forms of publicity are indispensable for a library with a daily reception of more than 2, 000 readers. It can provide each reader with the freshest information, and the continuous publicity of services will stabilize the library's specific position in the public.

李沧区图书馆

市南区图书馆

圖書館

06

Chapter 6

Enhance the Work Mode and Construct the Service System

City libraries are important places for the storage and dissemination of human spiritual civilization, as well as an essential part of the social cultural service system. Qingdao Library has actively participated in the construction of the public cultural service system. Following the mission statement "to protect citizens' cultural rights, to bridge the digital division, to develop social education, and to protect cultural diversity", Qingdao Library has constructed a citywide integrative service network responsibly and solidly, and effectively improved the city's library service system through a series of measures, such as carrying out a variety of digital cultural projects, perfecting the ancient books protection center, and setting up Nishan Academy, laying a solid foundation for realizing the libraries' value in the city public cultural service system.

Section 1

Promote the Development of Integration Services Through the General-branch Library System

The librarianship of Qingdao had experienced a relatively unbalanced development in the past, and library services were not accessible to people in some remote areas. One of the goals of the development of modern libraries is to construct an urban-rural integrative public library service network and let library services extend to all grassroots communities.

The practice conducted by domestic and foreign librarians shows that the general-branch library system, based on centralized purchasing, cataloging, and delivering, is an effective means to construct a public library service network. In 2006, Qingdao Library started a systematic investigation for the construction of the local public library service network, gradually developed the work steps and specific methods, and standardized the content and forms of basic services. In 2008, the construction of the general-branch library system was started, with *Service Standards of the General-branch Library System in Qingdao Area* and *Technical Standards of the General-branch Library System in Qingdao Area* being published in order to ensure the normative operation of the construction.

According to the actual situation of Qingdao and without changing the administrative relationship of libraries, the public library service system is formed as a 4-level system, with Qingdao Library as the central library, municipal and district libraries as branch centers, town (sub district) libraries as branch libraries, and community (rural libraries) as grassroots service points. A unified technology platform and a unified document repository are established inside the service system to achieve centralized purchasing, cataloging, and delivering. Free inter-library lending is available among the thirteen municipal or district libraries in Qingdao area, and an online digital resource co-construction has been carried out, allowing online resource sharing.

In 2014, the book circulation was 67, 879 times. All the readers in the city were able to access the resources in the 20 databases purchased by the central library, such as CNKI, VIP, Apabi, and Information Center for Social Sciences of RUC.

The basic situations of the main district (city) libraries in Qingdao area are introduced below.

1. Shinan District Library

Shinan District Library, located in Shinan District, Qingdao, is a national-level library, whose library building covers an area of 2, 100 square meters. It possesses 331 reading seats with 60 children's reading seats included, 50 computers, a collection of over 220, 000 volumes of books, and a total of 4. 5TB digital resources, receiving around 160, 000 readers and lending out 140, 000 books per year. There are various external service windows, including newspaper rooms, children's reading rooms, book borrowing rooms, electronic reading rooms, audiovisual reading rooms, readers' study rooms, and literature and local literature rooms. Up to 2014, Shinan District Library had set up 33 branch libraries that provided the free inter-library lending service, forming a "one-quarter reading circle" in Shinan District.

Since 2002, Shinan District Library has been carrying out a weekly "classroom for the public" activity, inviting experts in various areas, such as health care, folk handcraft, calligraphy and painting, to give lectures in the library. Shandong Provincial Department of Culture awarded the activity the honor of "Special Service Brand of Shandong Public Libraries". The children's reading room has been named "The Practice Base of the Moral Construction of Little Citi-

zens" of Qingdao.

2. Shibei District First Library and Shibei District Second Library

Shibei District First Library is a national-level library located in Taidong commercial district, Qingdao. The library building covers an area of 3, 100 square meters, containing 300 reading seats, 65 computers, a collection of over 220, 000 volumes of books, over 400 kinds of newspapers and periodicals, and over 800 volumes of various reference books. It receives 160, 000 readers and lends out 120, 000 books per year. Various external service windows have been set up, including book borrowing rooms, children's reading rooms, literature resource rooms, newspaper and periodical rooms, electronic reading rooms, study rooms, multimedia audiovisual reading rooms, lecture halls, exhibition halls, and distance education classrooms. Shibei District First Library has successively set up special branch libraries in the area, such as Government Agencies Branch Library, Branch Library of the Committee on Aging, Women and Children Branch Library, Public Security Branch Library, and Enterprises Branch Library, regularly providing professional guidance and training for the librarians from 176 communities in 19 sub-districts each year.

Shibei District Second Library, whose predecessor is Qingdao Sifang Library, is a national-level library located at No. 61 Anshan Second Road, Qingdao. The library building that covers an area of 2, 600 square meters contains 300 reading seats, 20 computers, and a collection of 200, 000 volumes of documents, receiving 180, 000 readers and lending out 140, 000 books per year. The free inter-library lending service has been realized among Shibei Second Library and seven other sub-district or community branch libraries. Since 2009, the library has been continuously providing professional training and guidance of using network resources for librarians of sub-district libraries and community libraries for more than 70 times, and a total of over 400 librarians have attended.

3. Licang District Library

Licang District Library is a national-level library located at No. 20 Yongnian Road, Qingdao. The library building covers an area of 4, 000 square meters and contains 300 reading seats. The functional zones in the building include adults' borrowing rooms, adults' reading rooms, children's borrowing rooms, electronic reading rooms, reading rooms for the visually impaired, study rooms, classrooms of Chinese classics, cultural experience zones, exhibition zones of Chinese classics and morality, as well as local literature rooms. It is equipped with digital service devices such as children's all-in-one touch machines, electronic newspaper machines, bibliographical retrieval machines, electronic book lending machines, and self-service registration machines.

Licang District Library possesses a rich and unique resource collection of about 300, 000 volumes of documents. It pays much attention to collecting local literature, and has almost perfectly preserved the historical and cultural information of Licang area.

4. Laoshan District Library

Laoshan District Library is a national-level library located on Cultural Central Square, Laoshan District, Qingdao. The library building covers an area of 2, 532 square meters and contains 309 reading seats, a collection of 175, 000 volumes of books, and 400 kinds of newspapers and periodicals, with 150, 000 readers received and 108, 000 books circulated per year. The service windows set up in the building include newspaper reading rooms, book borrowing rooms, children's reading rooms, electronic reading rooms, local literature reading rooms, multimedia reading rooms, and study rooms.

In recent years, Laoshan District Library has been focusing on the construction of the National Cultural Information Resources Sharing Project and the book delivery system. Community reading rooms and electronic reading rooms have been set up in all the 139 rural communities in the region, with 100% coverage. A book lending network that covers the whole district is almost completed, and an e-book delivery channel that is immune from the limitation of time and space has been developed, laying a good foundation for the construction and development of rural culture.

5. Chengyang District Library

Chengyang District Library is a national-level library located at No. 327 Heyang Road, Chengyang District. The library building covers an area of 3, 700 square meters, containing 400 reading seats with 100 children's reading seats included, a collection of 370, 000 volumes of books, and more than 400 kinds of various periodicals, with 600, 000 readers received and over 370, 000 books circulated per year. The free service windows set up in the building include Chinese book borrowing rooms, Chinese newspaper and periodical reading rooms, children's reading rooms, public electronic reading rooms, study rooms, local literature reading rooms, and lecture halls. 126 sub-district branch libraries, which include 14 characteristic ones, have been established, and a reader is able to borrow books from all the libraries in the district with his (or her) own library card.

Chengyang District Library often organizes themed activities such as "Reading Festival", "Nationwide Reading Month", and calligraphy and painting exhibitions. The "lecture hall of knowledge", the "books are on the road" book circulation service, and the readers' salon have effectively promoted reading promotion activities. In the field of the reading guidance and services for children, there are some activities, such as English salons, movie screenings, "the storyteller" election, and the "I'm a little librarian" voluntary service, attracting the next generation to walk into libraries.

6. Huangdao District Library

Huangdao Distric Library is a national-level library located at No. 105 Wenhua Road, Jiaonan, Qingdao. The library building covers an area of 11,941 square meters with a collection of 760,300 volumes of books. The service windows in the library include adults' borrowing rooms, children's reading rooms, newspaper rooms, reference rooms, electronic reading rooms, the "Nishan Academy" Chinese classics reading room, the "Nishan

Academy" activity and practice room, the "Nishan Academy" Sinology Classroom (Morality Classroom), the special collection room of local literature, and study rooms. Also, the library has established 61 sub-district branch libraries and community branch libraries.

In 2010, the library founded Huangdao District Library Consortium in cooperation with 6 libraries of universities in the area, including Qingdao Technological University, Shandong University of Science and Technology, China University of Petroleum (East China), Qingdao Huanghai University, Qingdao Technical College, and Qingdao Harbour Vocational & Technical College, helping to open up the book resources of universities to the public and thus enriching the cultural resources that citizens can access.

In 2006, the library set up a local chronicles museum that collected local information resources such as local chronicles and yearbooks of the city, as well as chronicles, yearbooks, literature and history monographs from all over the country. The library has also digitized part of the local chronicles and built a local literature database.

7. Jimo Municipal Library

Jimo Municipal Library, located on the west side of Wenhua Road, Jimo, Qingdao, was founded in 1915, and is now a national-level library with a 100-year history. The library building covers an area of 7, 500 square meters, containing 400 reading seats. The library possesses a collection of 280, 000 books with about 3, 600 volumes of local literature included and 1. 5TB of digital resources, receiving over 310, 000 readers every year. There are a dozen of free service windows, including service counters, reading rooms for the visually impaired, Chinese and literary book borrowing rooms, Chinese and children's periodicals reading rooms, children's book borrowing rooms, electronic reading rooms, a local chronicles museum, and sinology reading rooms.

Jimo Municipal Library has achieved a real-time data connectivity between itself and the public library service network of Qingdao area, as well as the 24 grassroots branch libraries in Jimo. Also, the free inter-library lending service has been realized. The library builds its popularity though brand activities and characteristic services. Some series of activities, such as the little volunteers' service activity that includes the "Momo" station of wisdom and the "Momo" torch bearer action, have developed a good reputation among the public.

8. Jiaozhou Municipal Library

Jiaozhou Municipal Library is a national-level library located at No. 222 Huzhou Road, Jiaozhou, Qingdao. The library covers an area of 2, 530 square meters and possesses a collection of nearly 200, 000 volumes of books, with 90, 000 books circulated every year.

Jiaozhou Muncipal Library holds promotional activities regularly, such as sending books to the countryside, the local culture knowledge contest for primary and secondary school students, beautiful bilingual essays recitation, the nationwide reading and article contest with award, speech contests, painting and calligraphy meetings, poetry recitation contests, as well as health knowledge lectures, literature works appreciation, patriotic films screening, and local operas appreciation, to attract more citizens to make use of the library, which plays a positive role in promoting the construction of new countryside in Jiaozhou.

9. Pingdu Municipal Library

In 1956, Pingdu, one of the earliest prefectures and cities in Shandong to found libraries, established Pingdu Municipal Library which is now a national-level library. The library covers an area of 3, 010 square meters, and has a collection containing 870 kinds of newspapers and periodicals since 1939, more than 10, 000 volumes of ancient books and various reference books, and 3, 500 volumes of local chronicles. There are service windows such as adults' borrowing rooms, adults' reading rooms, children's borrowing rooms, an acquisition and editing department, a counseling department, book reservation stacks, and newspaper rooms.

Through "The Science and Technology Exemplary Units", "The Science and Technology Market" and other forms, Pingdu Municipal Library carries out an information transfer service and a selective dissemination of information service. On important festivals and anniversaries, the library holds reading promotion activities such as "Lantern Riddles on the Lantern Festival", "Lomposition Contest", and "Poetry Recitation Contest", attracting citizens into the library.

10. Laixi Municipal Library

Laixi Municipal Library is a national-level library, located at No. 38 Yantai Road, on the bank of Lake Crescent. The library building covers an area of 3, 080 square meters, and has a collection of 210, 000 volumes of documents, including 3, 532 kinds of books, 400 kinds of newspapers and periodicals, and 33 pieces of audiovisual documents. The service windows include public electronic reading rooms, local document rooms, Chinese book circulation counters, children's reading rooms, newspaper and periodical rooms, and a branch center of the Cultural Information Resources Sharing Project. Included in the general-branch library system of Qingdao, the library has achieved the sharing of literature resources, and is transforming into an electronic and automated library.

There are 1196 grassroots libraries (or reading rooms) in the region where Laixi Municipal Library is located, with a total of 8. 94 million books collected. These libraries or reading rooms include 161 libraries (or reading rooms) of government departments, enterprises, and public institutions with a total collection of 2. 34 million books, 159 libraries (or reading rooms) of primary and secondary schools with a total collection of 2. 78 million books, 15 town (or sub-district) libraries with a total collection of 440, 000 books, and 861 rural reading rooms with a total collection of 3. 38 million books. After the construction of the three-level library service network consisting of city libraries, town (or sub-district) libraries, and rural libraries, literature resource sharing is going to be achieved gradually.

Section 2

Bridge and Eliminate the Digital Division Systematically

With the development of digital information processing technology and network communication technology, the differences among people's access to information resources lead to the appearance of the information division, making socially disadvantaged groups be threatened by the decline of their ability to obtain information. It is a necessary measure to protect the public's basic cultural rights for city public libraries to build a perfect digital cultural resources service network and extend digital information services to the grassroots level. Qingdao Library has been making an effort to strengthen the construction of digital resources and proactively extending the social service network, perfecting the digital resource service system of city libraries.

1. The Cultural Information Resources Sharing Project

In 2006, according to the unified arrangement of Ministry of Culture of the PRC, Qingdao Library set up Qingdao Branch Center of the Cultural Information Resources Sharing Project. The branch center set up positions including hardware management, software system maintenance, resource building, resource promotion and application, information contact, and training and counseling. The curator of Qingdao Library was concurrently appointed as director of the center, and 10 full time staff members were employed.

The construction of the branch center has received financial support from the Qingdao municipal government, and it invested more than 2 million yuan. According to the standard of a model city in the cultural sharing project, Qingdao Library has perfected the hardware configuration of the computer service system of the branch center, which possesses nearly

10 IBM Series servers, a storage capacity of 13.6TB, and a 100M network bandwidth, forming a relatively complete capability of network information processing and services.

Up to 2015, Qingdao has already set up 12 district or municipal branch centers, 160 extended grassroots service points in towns, sub-districts and communities, and 3,734 village-level extended grassroots service points, structuring a four-level service network that includes cities, districts (cities), sub-districts (towns), and communities (villages). The number of the city's branch centers and service points at all levels reaches 3,906.

Rich digital cultural resources are the basic premise for the cultural sharing project to serve the public. Since 2006, according to its actual situation, Qingdao Library has gradually developed a set of effective methods for the construction of digital cultural resources, such as paying attention to the construction of resources with self-owned copyrights, actively collecting outstanding resources, developing and utilizing online public resources, and accepting social donations of resources with self-owned intellectual property. Currently, the cultural sharing project of Qingdao Library has built a batch of databases with distinctive local characteristics, such as "Video Resources of Qingdao Cultural Sharing Project", "Local Opera Culture", and "Citizens' School", containing a total of over 15TB of digital resources.

In order to effectively implement the cultural sharing project to serve the public, Qingdao

Library has adopted a series of promotional measures to ensure that the sharing project brings tangible social benefits.

First of all, taking into account the differences in their age, education background, and other aspects, Qingdao Library regularly carries out training activities in various levels and types for different reader groups, in order to improve the users' methods and techniques to access and use cultural information resources on the Internet. (1) The general library provides training courses on basic computer knowledge, library document retrieval, and the use of the OPAC system for readers who lack the ability to operate computers and the basic knowledge on document retrieval. (2) It dispatches librarians to the district or municipal branch centers and the sub-district or community service points to provide on-site training, helping the grassroots units to perfect the digital cultural service system. (3) In cooperation with relevant social sectors, the library organizes special training such as the e-government affairs training, the training of demobilized soldiers, and the re-employment training of migrant workers and laid-off workers. (4) The library organizes special training courses for older readers.

Qingdao Library also organizes interest-oriented competitions, such as "Seminar on Comic Book Reading", "Children's Puzzle Game Competition", and "Computer Skills Competition of Older People", delivering the content of the training courses to various kinds of readers through a lively and exciting form. At the same time, it has attracted more readers' attention to digital cultural resources, promoting the rise of the rate of resource utilization.

Secondly, with the application of special devices for cultural sharing, projectors, and other devices, Qingdao Library regularly holds exhibitions of outstanding films and television programs of the sharing project in the studio of the Qingdao branch center. The video resources are selected from the project's lecture resources, including history, art, law, hot spots of society and some other topics, which are warmly welcomed by readers.

Every year, Qingdao Library develops a detailed planning of social services and implements the cultural sharing project in barracks, communities, and schools. It organizes various kinds of activities for readers to ensure the full utilization of the project's cultural resources.

2. Digital Library Promotion Project

A digital library is a new service mode that provides the public with convenien information services and realizes resource sharing with digital network technology, and it is a basic project for the construction of the public digital cultural service system.

In 2007, Qingdao Library began to explore the construction of a digital library. Supported by Shandong Provincial Digital Library and centering on Qingdao Municipal Digital Library, the library utilized its existing basic service facilities to establish a virtual library network with the various digital libraries of the city as the main nodes, with a goal of realizing the mutual construction and sharing of the various kinds of resources of the digital libraries at various levels in Qingdao.

In 2012, based on the Interlib book management system and through the SSO system, Qingdao Library realized a unified user management of the 12 libraries from 10 districts and cities in Qingdao area, and participated in and completed the connections of the VPN virtual network within the province, thus enabling the city's digital cultural resources to be shared through the VPN in the area of Shandong Province. Also, Qingdao Library is going to join the National Libraries Cultural Resource Network, thus gradually realizing the all-rounded sharing of the resources and services of the public libraries throughout the country.

Digital resource construction is the basis and core of a digital library. The categories and structures of digital information resources are complicated, and have higher requirements on resource construction. Based on the actual situations, Qingdao Library has conducted the screening, processing and integration of various kinds of information sources and constructed a batch of local characteristic databases with rich resources, such as "Old Pictures of Qingdao", "Cultural Heritage of Jiao'ao", "Qingdao Historical Streets and Lanes", "Celebrities and Qingdao" and "Qingdao International Beer Festival", which contain precious written materials, historical photos and video literature, having distinctive local features and great cultural values.

In addition, Qingdao Library has purchased more than 20 kinds of database resources, which cover such a variety of fields as current news, academic research, social development, vocational education and children education.

In order to make these resources be sufficiently utilized, Qingdao Library takes the initiative to conduct publicities and promotions, providing diversified, professional and personalized digital library services through channels such as the Internet, mobile communication networks and broadcast networks with the help of various new media such as cellphones, digital TVs and mobile TVs. In addition, relying on the digital resources, Qingdao Library also provides various kinds of themed information consultation services, information retrieval services, decision-making services and user education services, achieving excellent social responses.

3. Public Electronic Reading Room

The construction of the public electronic reading room is one of the important ways to promote the construction of the urban and rural public cultural service system and ensure digital cultural services.

Located on the 4th floor and having a tranquil and bright environment, the public electronic reading room of Qingdao Library covers an area of 540 square meters and is divided into five zones, including games and cartoons zone, digital reading zone, mutual learning zone, children's reading zone and information searching zone for the government. It is equipped with 2 application servers, 1 operational server, 2 disk arrays and 98 computers, with a 150M broadband provided. An independent children's reading zone is provided in the electronic reading room, and facilities such as sofas and round tables are placed in the waiting area for providing convenience for the readers waiting for available computers.

A main part of the resources of the public electronic reading room is "Shandong Public Electronic Reading Room Platform", including eight columns such as "Online Library", "Learning Field", "Online Cinema", "Cartoon World", "Joyful Online Games", "Interactive Space", "Online Youth Palace" and "Local Resources". The resources are complete and in a variety of categories, whose contents include Chinese books, local chronicles, intangible cultural heritage, stage art, film and television works, cultural lectures, laws and regulations, medical treatment and public health, agricultural technology, children's cartoon books and introductory books of popular science.

The groups that are regarded as main service objects of the library's public electronic reading room include juveniles, aged people and migrant workers. The services focus on the public's needs of entertainment and leisure. In the juveniles' zone, the library provides the Internet service and devices like learning machines, regarding the resources of the quality-oriented education of juveniles and skills training as the key points with the use of some externally purchased resources, such as "Children's Multimedia Library", "Leer Children

Digital Resource Platform" and "Myet, My Oral English Tutor". For example, readers can develop e-books and photo albums with the help of the e-book making tool, "Diandian DIY".

The public electronic reading room organizes various kinds of targeted services for aged readers, such as network training and coaching, leisure and recreational activities, helping them to acquire the swiftness and enjoyment of the digital life in the information era. The modes include: holding short-term training seminars that teach the basic knowledge of computer operation, the acquisition methods of network information and the prevention of Internet frauds; organizing the aged readers to implement activities such as health preservation and health care with the utilization of the externally purchased video resources; establishing an online learning platform for aged readers, selecting materials such as writing, calligraphy, art and music that suit the elderly group, and organizing them to learn together, making their later years rich and colorful.

With pertinence to migrant workers, the public electronic reading room organizes many practical resource and information services such as recruitment information, skills training, medical insurance and legal services, and provides the training of such aspects as the popularization of science knowledge, practical technology and social education with the use of the library's video resources, so as to help them adapt to the urban work and life in the city as soon as possible.

Section 3

Inherit the Cultural Heritage Through the Protection of Ancient Books

Since the implementation of Chinese Ancient Book Protection Project, Qingdao Library has actively implemented the survey and protection work of ancient books. In September 2008, Qingdao City Ancient Books Protection Center was formally established in Qingdao Library, whose task was to guide the municipal implementation of the work of ancient book protection and organize jobs such as surveys, registration, training and research of ancient books.

Since the foundation of the Ancient Books Protection Center, Qingdao Library has done a large amount of work. First of all, it carried out the general survey of the local ancient books, and has basically grasped the preservation status of the ancient books in Qingdao area, with the personnel of the surveys from all the districts and cities being in training sessions. Through the general survey of the ancient books, it was found that Pingdu Municipal Library had a collection of more than 6, 000 ancient books, among which there were a number of rare books, thus Qingdao Library immediately guided Pingdu Municipal Library through making an application for the entry into the *List of Provincial-level Precious Ancient Books of Shandong*.

In order to do a good job of the protection and general survey of ancient books in Qingdao area, the Ancient Books Protection Center has visited a number of institutions and individuals with collections of ancient books, attaining rich achievements such as guiding and assisting the library of Medical College of Qingdao University in conducting surveys on more than 1, 000 ancient books in the library's collection, and helping Wang Wenxiang, a Qingdao folk collector of ancient books, to sort out the thousands of ancient books he collected.

Regarding the institutions and individuals that do not possess the preservation and protection conditions for ancient books, Qingdao City Ancient Books Protection Center firstly has proposed a mode of "ancient books storage", which allows Qingdao Library to store ancient books for these institutions and individuals for free, with the ownership of the ancient books remaining unchanged. Up till now, it has accepted over 132 titles of and 1, 077 volumes of ancient books from 1 institution and 15 individuals. Such a method has solved the practical difficulties of these institutions and individuals, and is known as a "Qingdao model". At the same time, as a pilot unit of the general survey of the movable cultural relics in Qingdao, based on the requirements of the relevant documents, Qingdao Library has participated in the general survey of movable cultural relics to explore rare books' existence values as movable relics, and has declared over 1, 000 titles of ancient books with high historical value and made entries for 14, 799 pieces in 1, 047 sets of data in the general survey platform of national movable relics. This work has been highly affirmed by the Qingdao Municipal Leadership Group of Movable Cultural Relics, and Qingdao Library has won honors such as "an experimental unit with outstanding contributions of the general survey of cultural relics".

In order to promote the protection activities of ancient books, Qingdao Library has also carried out a variety of publicity events of ancient book protection. It has not only printed the Pamphlets of Ancient Book Protection which is aimed at publicizing to the citizens the relevant knowledge of ancient book protection, but also publicized the knowledge of ancient book protection to the public through various media such as TVs, newspapers and websites, thus elevating the social awareness of ancient book protection. Also, the library has invited well-known domestic experts to Qingdao to host lectures, introducing the knowledge on editions, verifications, cataloguing and recording of ancient books to the librarians and the social public. Meanwhile, Qingdao Library has also organized activities such as the ancient books' riddle guessing activity with awards and the large-scale book exhibition called "The Books' Narrations", which have achieved excellent social benefits.

Section 4

Compose New Chapters with the Academic Services

In order to sufficiently bring into play the important roles of public libraries in civilization inheritance, social education and the guidance of reading, and to elevate the capacities of cultural services of city libraries, Shandong Provincial Department of Culture has decided to implement a public cultural service model of "libraries + academies" in the whole province, thus bestowing upon the ancient academies with youth and making the libraries' excellent resources and services become accessible to the public with the help of the academies.

Qingdao Library has adapted to the citizens' cultural needs and mobilized the various districts and municipal libraries to implement the construction of Nishan Academy. By the end of 2014, the "Nishan Academies of the 13 public libraries in Qingdao area had opened to the public in an all-rounded way, forming a regional alliance of Nishan Academies. Since the open-up of Nishan Academies, more than 300 rounds of sinology lectures and experiencing activities have been held, with the number of participants reaching more than 25, 000.

During the construction process of the Nishan Academy project, by utilizing the existing library halls and resources, Qingdao Library has specially constructed an online exhibition platform of Nishan Academy, which includes a number of columns such as "the ancient saints and scholars", "the sinology classics", "the classroom of national arts" and "the online exhibition hall", showing Qingdao citizens the sinology classics that has carried forward the five-thousand-year old civilization through a variety of media such as texts, graphs, audio and video documents. The citizens can enter the network platform through various forms such as cellphones and iPads at any time. Also, the districts and municipal libraries can upload digital resources such as local folk customs, scenic spots and historic sites, and cultural heritage of various areas through the online platform of "Nishan Academy", perfecting the digital resource services of the public library network of Qingdao area.

Firstly, since Nishan Academy was open to the public, Qingdao Library has been regularly organizing colorful activities of traditional culture, including five parts such as classics reading, sinology popularization, training of rituals and music, moral practice and interest cultivating, which cover the "six classical arts": rituals, music, archery, riding, writing and arithmetic. Thus it has constructed a practical and simplified educational system of sinology.

In the process of practice, Qingdao Library has attached importance to the utilization of the existing mature service projects, and enlisted activities such as moral lectures, calligraphy and painting exhibitions and children's reading activity into the activity system of Nishan Academy.

Secondly, the library has integrated the resources of the academies in the area and organized the sharing of video resources, itinerant exhibitions of excellent exhibitions and the tour speeches by renowned experts, thus enriching the activities of Nishan Academies and elevating the notability of Nishan Academy as a unity.

Thirdly, the library has strengthened the cooperation with other local educational institutions and organizations of sinology, including universities, colleges, middle and primary schools, folk chanting troupes, Wushu associations and communiversities for the aged in Qingdao. These institutions hold various kinds of activities collectively, and thus promote the inheritance of traditional culture and gain footholds in grassroots society.

青岛市2011年公共图书馆业务竞赛

07

Chapter 7

Bring into Play the Efficacy of the Library Society and Perfect the Professional Team

Library's personalized services, network information services, and reading promotion work all call for a precondition of a highly-qualified professional librarian team. For this, Library Society of Qingdao has established a platform for the exchanges among the counterparts in the industry, expanding the vision of librarians and ensuring the development of librarianship.

Section 1

Create an Atmosphere for the Growth of Professional Talents

Talents are the basis of the development of librarianship. Only when a library's massive amounts of literature and technological equipment are perfectly combined with professional librarians will they be able to give play to their due service efficacy. In recent years, Qingdao Library has annually conducted public recruitments of the professional personnel with education backgrounds above the undergraduate level from the public, whose professional backgrounds cover a multitude of fields such as library science, informatics, classical philology, information management, archeology and news media. In 2015, Qingdao Library had a permanent staff of 110 people, including 1 with a doctoral degree, 10 with master's degree, and 79 with bachelor's degree, and librarians who have bachelor's degree and above surpassed 80% of the total staff.

Qingdao Library adheres to the people-oriented construction concept and regards talent training as the main project for "strengthening the foundation". It encourages characteristic development, advocates innovative improvements, makes endeavors to form a resultant force of open development and sustainable development, provides a pragmatic and innovative development environment, and creates an independent and open academic atmosphere, thus promoting the healthy development of the professional talent team.

1. Stipulate Scientific Management Rules and Incentive Mechanism

In order to ensure the high efficiency and order of the business work, through years of explorations and practice, Qingdao Library has established a set of effective rules and regulations, such as *Qingdao Library Civilized Service Norms*, *Regulations of the Personnel of Qingdao Library*, *Working Responsibilities of the Leaders of Qingdao Library at Various Levels*, and *The Selection Methods of "Civilized Model Librarians" of Qingdao Library*. These rules and regulations clarify the responsibilities of various departments and posts, thus enabling each librarian to fulfill their respective duties and bear their corresponding responsibilities. Meanwhile, it has also established an incentive and punishment mechanism for motivating the librarians' enthusiasm for active working and sense of innovation, thus forming a professional team with high professional qualities and a working atmosphere of sustainable development.

2. Provide an Excellent Development Environment

Qingdao Library attaches importance to the librarians' continuing education and training of business skills, and encourages librarians to participate in various kinds of occupational education or degree education so as to elevate their own theoretical and business levels. The library often organizes various kinds of post training and holds business training and skill competitions to help the librarians to construct their rational knowledge structures and update professional skills. These training and educational activities have effectively strengthened the integral quality of the librarian team, enhanced the elevation of various business competences, and created an excellent environment for the librarians' future development.

3. Create a Great Academic Atmosphere

Qingdao Library encourages librarians to constantly summarize experiences and upgrade them into professional theories on the basis of practice. The librarians have been actively excavating the resources in the library's collection, implementing academic research, publishing professional papers and authoring professional works, and there have constantly been librarians who have papers published on professional periodicals above provincial level. The great academic atmosphere has effectively elevated the librarians' business competence and research levels, and the librarians have gradually deepened the all-rounded and in-depth understanding of the resources in the library's collection during the research process of professional projects, thus laying a foundation for better implementation of the professional services in the future.

4. The Colorful Spare-time Life of Staff Members

Qingdao Library has created a platform for the librarians to show their talents, such as the colorful "funny sports meet", the lively activities of the Communist Youth League, the colorful activities of trade union and the splendid annual meetings. These activities are just like a sheet of pure and clean paper with rich content, and the librarians can write and paint on it in various styles, showing their attachments, their big-hearted lifestyles, and their own ambitions. Through the colorful activities, the librarians of Qingdao Library have composed a unique and charming song of youth, which manifests their high quality of selfless devotion, professional ethics and spirit of innovation.

Section 2

Spur the Academic Research Through Professional Exchanges

In December 1985, Library Society of Qingdao was established and became an important bridge for the communications and contact among professional peers. The first chairman of the council was Lu Hai, and the secretary-general was Wang Huisheng; the members totaled 87 people, among whom 16 people had senior technical titles and 38 had intermediate technical titles. Till 2015, it had more than 600 members, 508 of whom were with intermediate or senior professional technical titles.

The tenet of Library Society of Qingdao is to abide by the constitution, laws, regulations, national policies and social morality and develop advanced socialist culture. It insists on carrying out the basic national guidelines for the development of culture, education and scientific technology, developing a democratic style of work, advocating innovation, carrying forward a fashion of "respecting knowledge and respecting talents", enhancing the research of library science as well as the prosperity and development of librarianship, and promoting the growth and elevation of the talents in the library circle, thus serving the construction of socialist material civilization and spiritual civilization.

Centered on library science, bibliography and informatics, the contemporary work of Library Society of Qingdao includes implementing academic exchanges, organizing various kinds of seminars and lectures, training relevant personnel, promoting the implementation of inter-library borrowing activities and holding various working meetings of library business, thus developing the librarianship of Qingdao area with the power of the whole library society.

1. Convoke Academic Meetings

Each year, Library Society of Qingdao organizes academic seminars on different topics and activities of experience exchanges, and recommends its members to join Shandong Library Society and Library Society of China. It also organizes the members to write academic papers, which have been presented in prize-awarding activities of excellent achievements of social sciences conducted by Qingdao Federation of Social Science Circles, as well as prize-awarding activities of essay competitions organized by Library Society of China and Shandong Library Society. There are a number of papers rewarded each year.

In recent years, the society has organized a number of essay competition activities such as "The Construction of Libraries in a Harmonious Society" and "Library Construction and Scientific Development", with nearly 400 members participating in and submitting over 1, 000 essays. A multitude of excellent papers were selected and compiled for publication.

In October 2013, the society organized its member institutions to participate in the training class of general surveys of paper-based relics and the municipal library system, which was held in cooperation with the Office of Qingdao's First General Survey of Movable Cultural Relics. The training class invited experts from the ancient book library of National Library, China Publication Museum and China Archives of Publication to give professional lectures. More than 80 people, including the curators of the member institutions, participated in the training class, effectively coordinating the implementation of the general survey of cultural relics conducted by the Qingdao Library system.

In June 2014, the society organized more than 100 people to participate in the 26th working symposium of the public libraries of 15 cities and the symposium of curators for the construction of public municipal libraries in the demonstrative zones of Eastern China, which were sponsored by Library Society of China and undertaken by Library Society of Qingdao. The symposiums elevated the member institutions' awareness of serving the construction of public cultural service system, further promoting the progress of constructing the public cultural service system of Qingdao.

In May 2015, the society organized the 2015 annual academic forum, and carried out an academic papers soliciting activity. The forum invited Researcher Shen Xiaojuan (vice-curator of the research institute of National Library of China), Researcher Zhou Deming (vice-curator of Shanghai Library) and Researcher Wang Yumei (vice-curator of Shandong Library) to deliver professional academic reports, thus helping the librarians to grasp the latest developments of the industry and promoting the development of the local libraries' activities.

The society has also organized the members to go to locations such as Jiangxi, Hunan and Dunhuang for inspections and learning, expanding their vision of research and enriching their research contents. Meanwhile, by taking advantage of the chance to participate in the meeting of International Federation of Library Associations and Institutions (IFLA), the society also organized the members of the council as well as the curators of various levels to go abroad for inspections so as to learn from the overseas advanced management modes of libraries, which played an enhancing role for the improvement and strengthening of the work of the local institutions.

2. Organize Cultural and Educational Activities

In recent years, Library Society of Qingdao has also been actively performing its own cultural educational functions and has held various kinds of cultural lectures such as knowledge popularization lectures, local cultural & history salons, lectures for the healthcare of the aged and lectures of social hot topics, in cooperation with brother institutions such as Qingdao Federation of Social Science Circles and Qingdao University for the Aged. Also, the society has held joint cultural exhibitions and itinerant exhibitions among the member institutions for mutual benefits and reciprocity, as well as the mutual improvement among the members.

3. Implement Professional Training Activities

The invitation of specialists and the organization of various kinds of professional training sessions are also another focus of the work of Library Society of Qingdao. In recent years, it has held classes such as the class of Cultural Information Resources Sharing Project, the class for the use of databases and the class for the use of electronic books. It has also held activities such as the cultural knowledge sharing contest of 12 districts and cities, the prize-awarding quiz of the knowledge of sharing, the training on using the Interlib system and the training on the interpretation of the assessment criteria of public libraries.

4. Hold Annual Meetings and Joint Conferences of Library Curators

Library Society of Qingdao has been adhering to holding the annual meetings and joint conferences of library curators. The annual meetings aim to have rich content, diverse forms and strong academic nature so as to show the charming and elegant demeanor of the member libraries and librarians. The joint conferences of library curators are mainly aimed at summarizing the work of libraries of various districts and cities, and conducting the communications on local literature resources, the general-branch library system and the construction of digital libraries, basing on the progress of the librarianship of the whole city.

The orderly implementation of the work of Library Society of Qingdao has enhanced the academic level of the library circle in Qingdao area and strengthened the exchanges among the libraries, which has provided effective intellectual support to the sustainable librarianship development in this area.

Library Collection

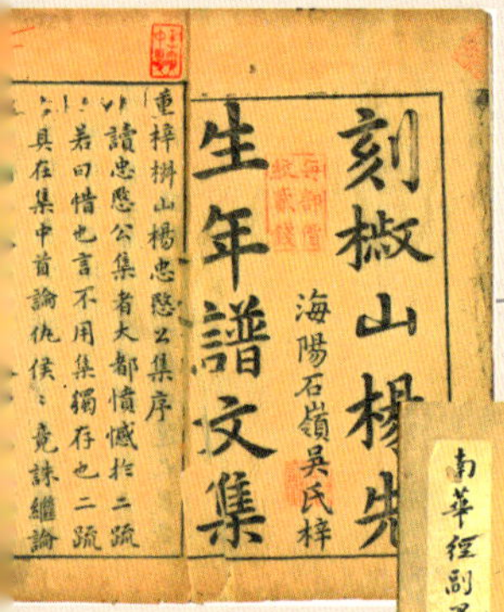

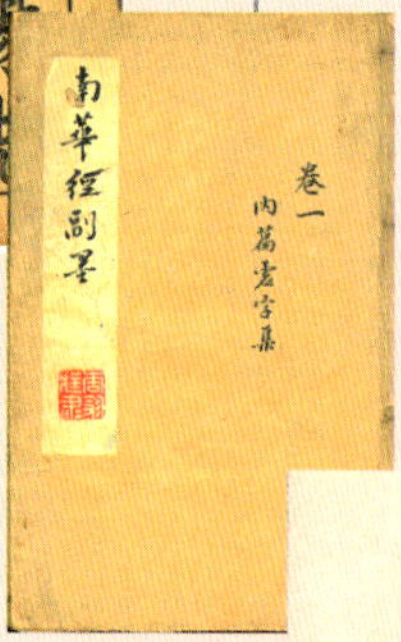
南華經副墨

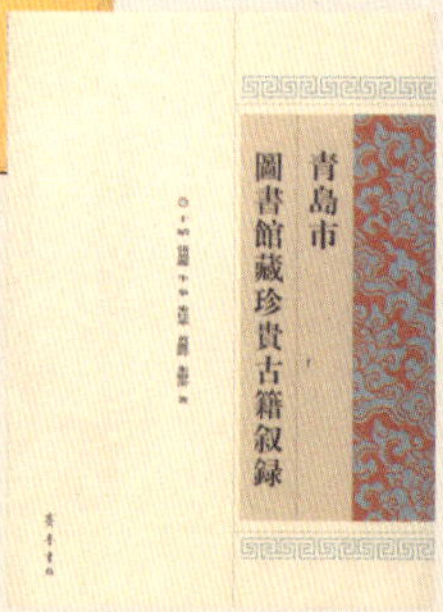
青島市
圖書館藏珍貴古籍叙録

全国古籍重点保护单位

08

Chapter 8

The General Situation of the Library Collection

In the long history of Chinese civilization, the voluminous classic books and records have been cultural carriers, passing the torch of the five-thousand-year Chinese culture from generation to generation all the time. Chinese historical classics have recorded natural changes, as well as the existence and development of social culture, containing the spiritual value, the way of thinking, and the creative ability of the Chinese nation.

The collection of Qingdao Library contains a total of 2, 481, 414 volumes, including 1, 890, 238 morden Chinese paper books, 143, 163 rare books, 152, 097 foriegn language books, and many kinds of collection such as electronic books, video, etc.

In the construction of the library's characteristic resources, Qingdao Library is devoted to collecting different types of literature, especially the collection and preservation of ancient books and precious local literature, which play a positive role in the development of contemporary social politics, economy, and culture.

Through the hard work of generations of librarians, Qingdao Library has constructed a characteristic collection system of ancient books, most of which are written by Shandong authors in the Ming and Qing dynasties. It has now collected over 140, 000 volumes of ancient books, including 87 types of and over 1, 000 volumes of rare books. 5 of these ancient books have been selected into the first three batches of *List of State-level Precious Ancient Books*, while other 111 of them have been selected into the first two batches of *List of Provincial-level Precious Ancient Books of Shandong*.

Local literature records the information and events of the society, politics, history, economy, military, natural resources, and human activities in Qingdao area. Currently, Qingdao Library has collected over 500 kinds and 1, 000 volumes of Qingdao local literature published before the founding of the PRC, with many treasured ones included. For example,

Bishu Digest, a literary periodical for comrades, was founded in 1935 by 12 writers, including Hong Shen, Lao She, Wang Tongzhao, and Meng Chao, with only few of its copies still surviving today, thus the bound edition of it in Qingdao Library is especially precious. *Jiao'ao Chronicle* is the first city chronicle in which Jiao'ao is regarded as a "city", and is also the first local chronicle of Qingdao. Qingdao Library has a collection of over 10, 000 titles of local literature that are published after the establishment of the PRC, most of which are the various books and periodicals after 1976. The most representative one is *Qingdao Chronicle* published in 2002, which contains 66 volumes of sub-chronicles and totals about 14 million characters, being the only city-level chronicle published by collecting and compiling industry chronicles in Shandong Province.

In the collection of Qingdao Library, there are tens of thousands of books left by Japanese and German troops when they left Qingdao after World War I and World War II, including over 500 volumes of literature about Shandong and Qingdao area in that period, especially the rare documents of intelligence surveys of Qingdao area. The books cover a variety of fields such as politics, economy, culture, military, art, and industrial technology, and they are in forms of maps, yearbooks and other kinds of series. The Japanese materials of Shandong local literature and South Manchuria Railways Co. show the records of Japan's research on Shandong and Qingdao, reliably and minutely reflecting the social situation in that historical period and filling in part of the blank of social activity records during the Japanese occupation period. They are valuable in historical material study, and are one of the characteristic collections of the library.

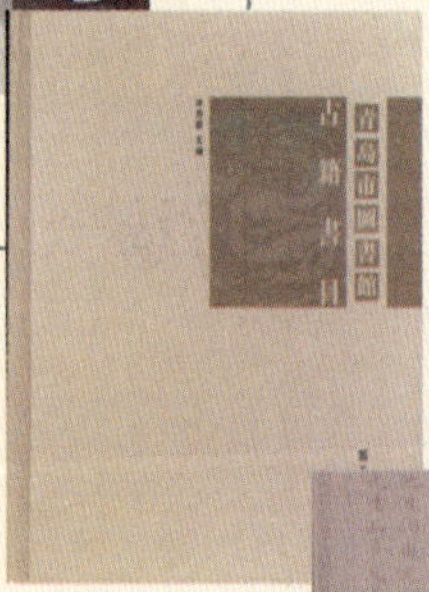

青島市圖書館
古籍書目

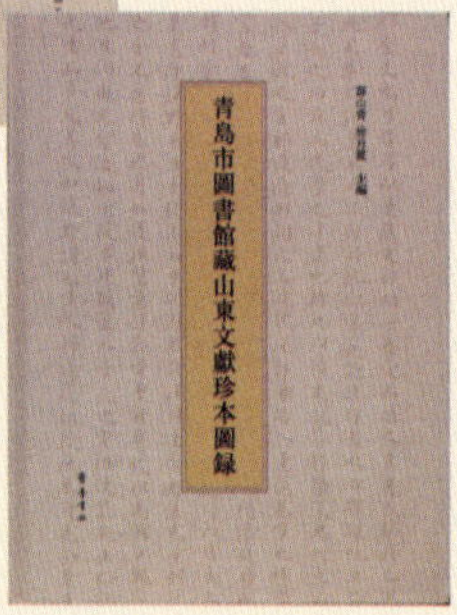

青島市圖書館藏山東文獻珍本圖錄

09

Chapter 9

Ancient Books Protection and Precious Literature

Qingdao Library (Qingdao Ancient Books Protection Center) was selected into the first batch of "National Key Units of Ancient Books Protection" in 2008 with a collection of 143, 163 volumes of ancient books in total. As authenticated by experts, 87 types and 1, 187 volumes of rare books have been included in *Chinese Rare Books Bibliography*. Many of these books are rare and precious, such as a Neifu Ko'pen in the 13th year of the Yongle period of the Ming Dynasty (1415), *Complete Collection of Zhouyi Zhuanyi*, and a Ssu li chien Ko'pen in the 3rd year of the Jiajing period of the Ming Dynasty (1524), and *A General Criticism of Literature*.

6 kinds of ancient books in Qingdao Library have been selected into *List of State-level Precious Ancient Books*, while another 200 types have been selected into *Provincial-level Precious Ancient Books of Shandong*. In the ancient book census work, a part of rare books were discovered (experts' authentication is needed), the oldest one of which was a Yuan pen *Compilation of Huang Yuzhang's Works* (a shaken copy) , as well as some other characteristic local literature. These ancient books are mainly from three sources. (1) Various social and government departments have handed over their book collections to the library. When Qingdao was liberated on June 2, 1949, Military Control Commission of

Qingdao took over Qingdao Municipal Library, which had no ancient books at all. Later, the municipal Party committee and the government issued a special document, instructing institutions, organizations, and schools to hand in to the municipal library all the books in their collections that were published before the liberation in 1949. (2) Social donations. Several well-known Qingdao bibliophiles, such as Zhang Gongzhi, Zheng Yuanju, and Zhang Zhengfu, had donated many rare thread-bound books. Also, their descendants, such as Zhao Erxun and Zhao Qi, had made donations. (3) The library sought and collected books from the public, mostly through purchasing.

The library has a special stack of ancient books that covers an area of 550 square meters. All the bookcases in the stack are in steel structure, with camphorwood planks stuck inside. Books in the stack are equipped with envelop sheaths in order to avoid damage by worms, while special curtains are also in use to avoid direct sunlight. Also, the stack is equipped with independent devices to keep constant temperature and humidity—the temperature between 16℃ and 22℃, and the humidity between 45% and 60%. All the equipment meets the national construction standard and technical standard.

As one of the first "National Key Units of Ancient Books Protection", Qingdao Library has made great efforts to carry out the protection, collation, research, and development work of ancient books. In recent years, the library has successively finished 3 books, including *Ancient Book Bibliography of Qingdao Library*, *Illustrative*, *Collection of Shandong Rare Books in Qingdao Library Collection*, and *Summary of Rare Ancient Books in Qingdao Library Collection*. *Ancient Book Bibliography of Qingdao Library* records over 5,000 types of ancient books in the Qingdao Library collection, (mainly from the Ming and Qing dynasties), and comprehensively and minutely introduces their basic information. It becomes an important bibliography for understanding and using the library's ancient book collection. *Illustrative Plates Collection of Shandong Rare Books in Qingdao Library Collection* includes over 300 types of books written by Shandong authors. It reflects the characteristic of the library collection and is an important reference book for understanding and studying Shandong local literature. *Summary of Rare Ancient Books in Qingdao Library Collection* further introduces the library collection, providing clues and information to researchers devoted to collating and studying ancient books to do deeper research. The bibliography is based not only on the existing academic achievements, but also on the information in the original ancient books, striving to make new discoveries in the aspect of source, value, and status, etc. It is another achievement of the basic collating work of ancient books, and is the first monograph of ancient books summary of the public library community in our country.

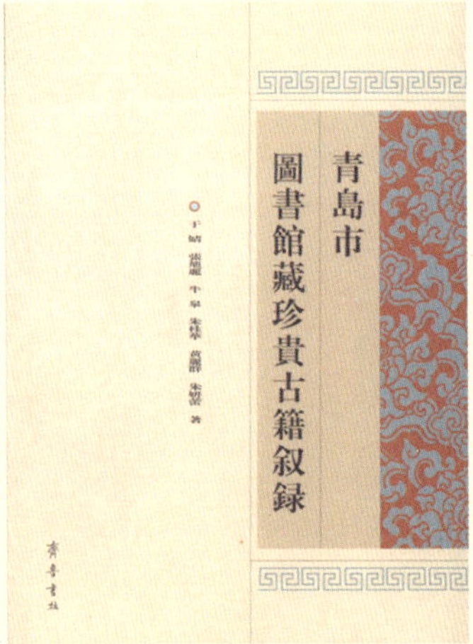

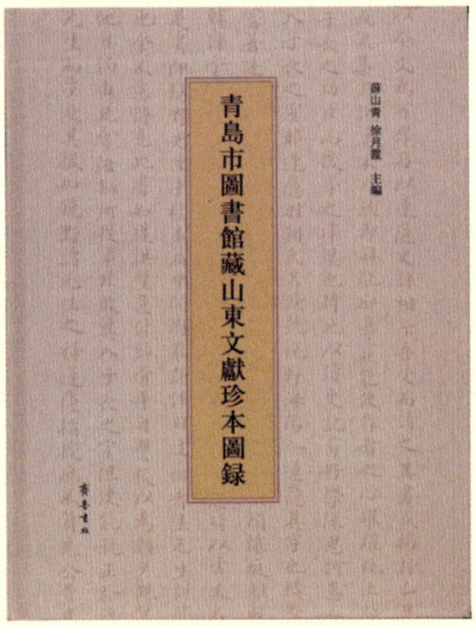

1. *Complete Collection of Zhouyi Zhuanyi*

By Hu Guang (the Ming Dynasty), Ming Dynasty Neifu block-printed edition by Neifu. Length: 26.5cm, width: 18.1cm. 10 lines for each half page, 22 characters for each line, bold heikou on top and bottom, double lines, double black Yuwei. No. 367 Yi section, Literature Works section of *Chinese Ancient Rare Books Bibliography*.

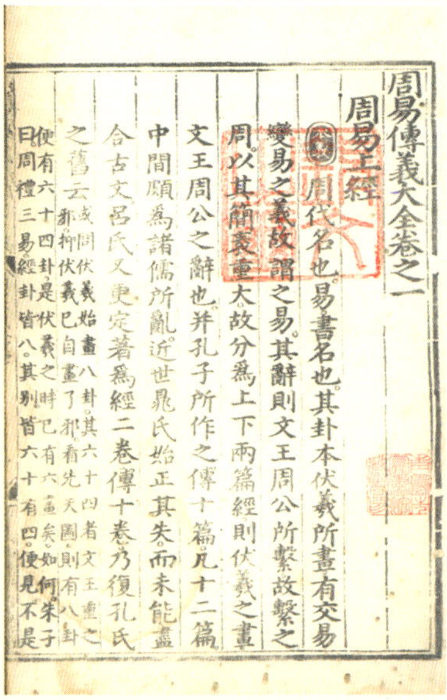

2. *Collection of Fan Wenzheng's Works*

Twenty volumes bieji four volumes, two volumes chidu three volumes of government file.

By Fan Zhongyan (the Song Dynasty), reprinted version of Yuan block-printed edition in the Jiajing period in the Ming Dynasty. Ten books in one envelope sheath are preserved. Length: 21. 6cm, width: 15. 3cm. 12 lines for each half page, 21 characters for each line, baikou, double lines, single black Yuwei. No. 2359 Song Bieji, Ji section of *Chinese Ancient Rare Books Bibliography*.

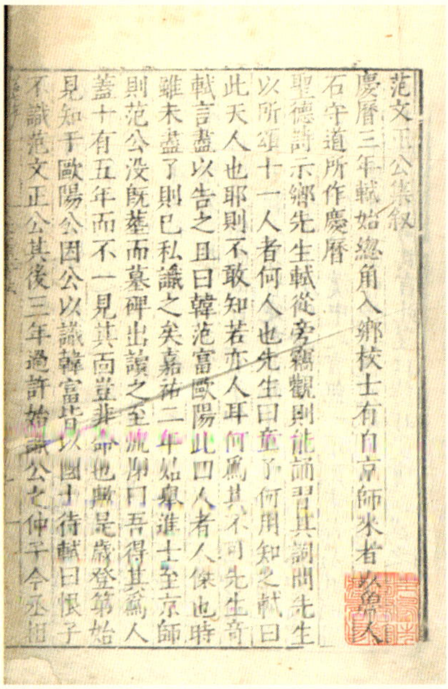

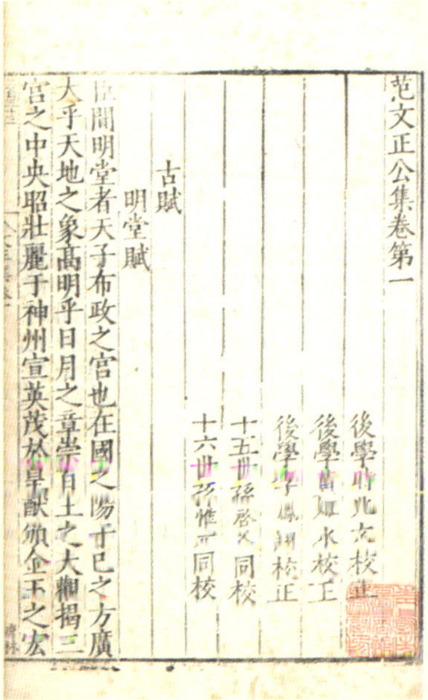

3. *Collection of Fan Zhongxuan's works*

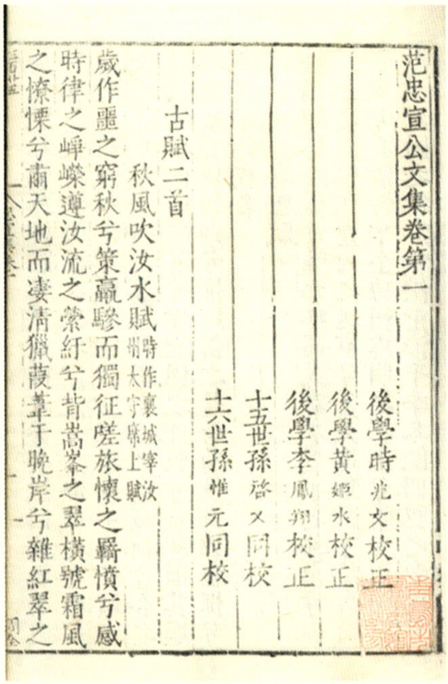
范忠宣公文集卷第一
後學時兆文校正
後學黃姬水校正
後學李鳳翔校正
十五世孫啓又同校
十六世孫惟元同校
古賦二首
秋風吹汝水賦時作襄城宰以太宇廉上賦汝
歲作噩之窮秋兮策羸驂而獨征嗟旅懷之羈憤兮感
時律之崢嶸遵汝流之縈紆兮背嵩峯之翠橫號霜風
之憭慄兮肅天地而淒清獵葭葦于晚岸兮雜紅翠之

Twenty volumes, by Fan Chunren (the Song Dynasty), Ming Dynasty block-printed edition. Length: 21.6cm, width: 15.3cm. 12 lines for each half page, 21 characters for each line, baikou, double lines, single white Yuwei. No.2359 Ji section of *Chinese Ancient Rare Books Bibliography*.

4. *A General Criticism of Literature*

Three hundred and fourty-eight volumes, by Ma Duanlin (the Yuan Dynasty), Ming Dynasty (1524) Silijian block-printed edition. Length: 25.4cm, width: 17.4cm. 10 lines for each half page, 20 characters for each line, heikou, double lines.

5. *Jin History*

One hundred and thiry-five volumes, by Tuotuo (the Yuan Dynasty), Ming Dynasty (1529) Guozijian block-printed edition. Length: 20.4cm, width: 16.2cm. 10 lines for each half page, 22 characters for each line, heikou, double lines. No.7577 of *Chinese Ancient Rare Books Bibliography* (the second batch).

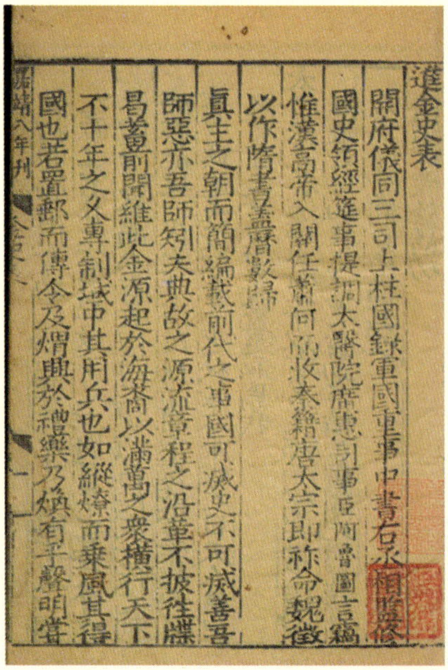
進金史表
開府儀同三司上柱國錄軍國重事中書右丞相監修
國史領經筵事提調太醫院廣惠司事臣阿魯圖言竊
惟漢高帝入關任蕭何而收秦籍唐太宗即祚命魏徵
以作隋書蓋曆數歸
真主之朝而簡編載前代之事國可滅史不可滅善吾
師惡亦吾師矧夫典故之源流章程之沿革不披往牒
曷蓄前聞維此金源起於海裔以滿萬之衆橫行天下
不十年之久專制域中其用兵也如縱燎而乘風其得
國也若置郵而傳令及燔輿於蔡州乃熸有千餘明當

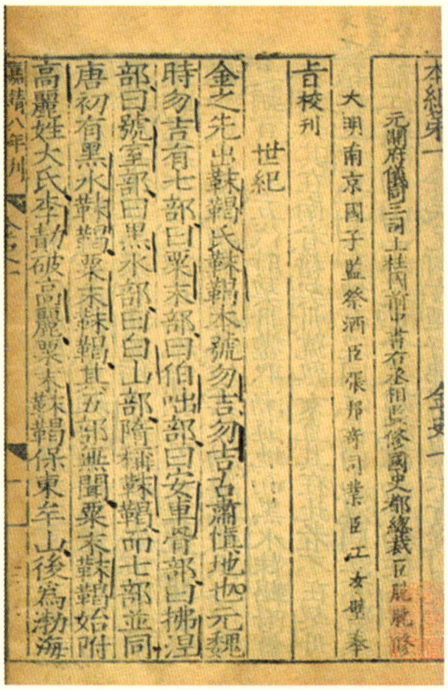
本紀第一
金史卷一
元開府儀同三司上柱國前中書右丞相監修國史領經筵事臣脫脫修
大明南京國子監祭酒臣張邦奇司業臣江汝璧奉
校刊
世紀
金之先出靺鞨氏靺鞨本號勿吉勿吉古肅慎地也元魏
時勿吉有七部曰粟末部曰伯咄部曰安車骨部曰拂涅
部曰號室部曰黑水部曰白山部隋稱靺鞨而七部並同
唐初有黑水靺鞨粟末靺鞨其五部無聞粟末靺鞨始附
高麗姓大氏李勣破高麗粟末靺鞨保東牟山後為渤海

6. *Complete Edition of Lu Xiangshan*

Thirty-six volumes, by Lu Jiuyuan (the Southern Song Dynasty), Ming Dynasty (1559) block-printed edition. Length: 19.8cm, width: 12.8cm. 10 lines for each half page, 20 characters for each line, baikou, double lines, single black Yuwei. No. 4058 Song Bieji, Ji section of *Chinese Ancient Rare Books Bibliography*.

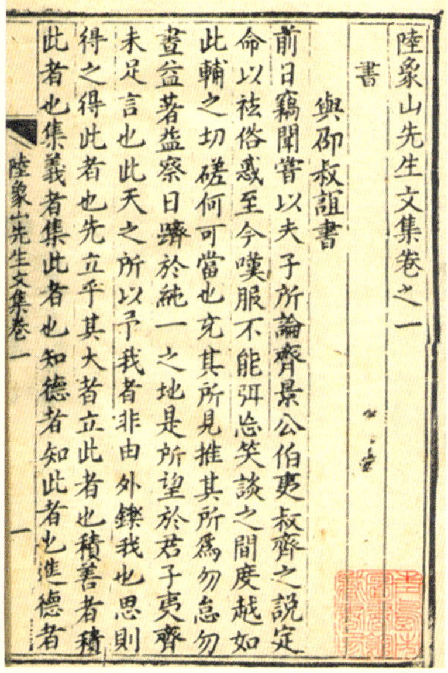
陸象山先生文集卷之一
書
與邵叔誼書
前日竊聞嘗以夫子所論齊景公伯夷叔齊之說定
命以祛俗惑至今嘆服不能弭忘笑談之間度越如
此輔之切磋何可當也充其所見推其所爲勿怠勿
晝益著益察日躋於純一之地是所望於君子夷齊
未足言也此天之所以予我者非由外鑠我也思則
得之得此者也先立乎其大者立此者也積善者積
此者也集義者集此者也知德者知此者也進德者
陸象山先生文集卷一 一

7. *Collection of Quanbu Wang's Works*

By Wang Jiao (the Ming Dynasty), compiled by Wang Suoming, Ming Dynasty (1616) block-printed edition. Three books in one envelope sheath. Length: 23.2cm, width: 15.8cm. 9 lines for each half page, 20 characters for each line, baikou, single line, single black Yuwei. No. 9090 Ji section of *Chinese Ancient Rare Books Bibliography*.

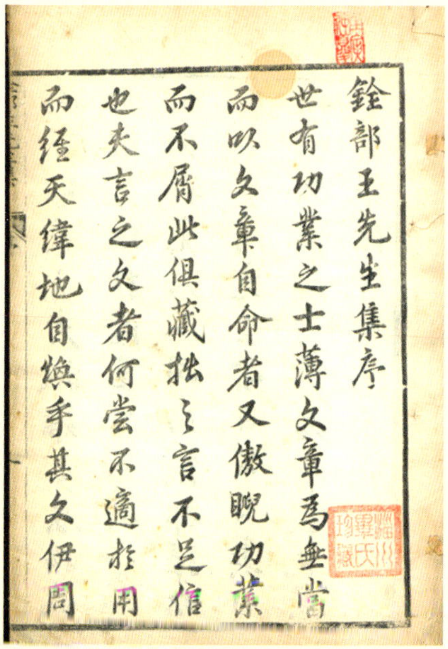
銓部王先生集序
世有功業之士薄文章爲無當
而以文章自命者又傲睨功業
而不屑此俱藏拙之言不足信
也夫言之文者何嘗不適於用
而經天緯地自與乎其文伊周

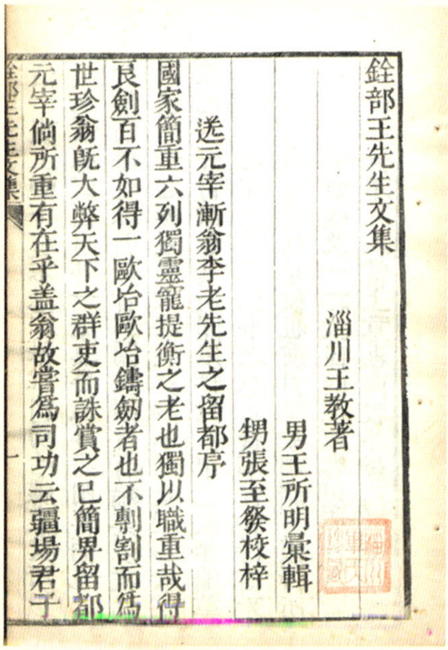
銓部王先生文集
淄川王教著
男王所明彙輯
甥張至彂校梓
送元宰漸翁李老先生之留都序
國家簡重六列獨靈寵提衡之老也獨以職重哉得
良劍百不如得一歐冶歐冶鑄劍者也不剸割而爲
世珍翁既大弊天下之群吏而誅賞之已簡畀留都
元宰倘所重有在乎蓋翁故嘗爲司功云疆場君子
銓部王先生文集 一

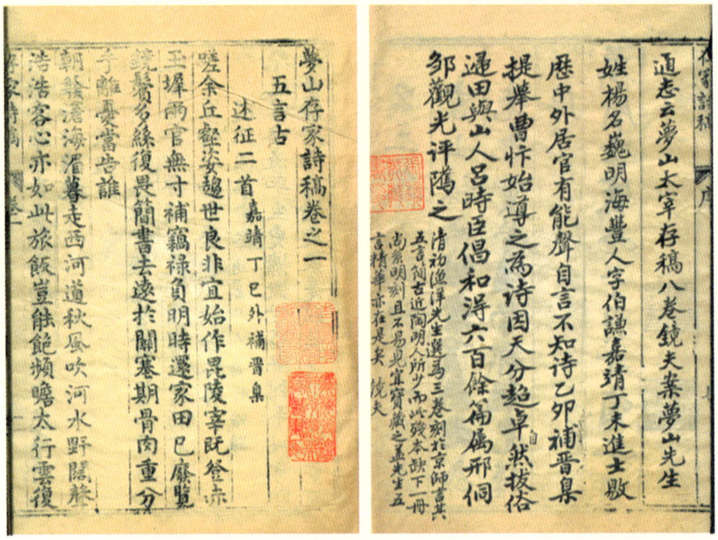

8. *Mengshan Cunjia Poems*

Eight volumes, by Yang Wei (the Ming Dynasty), Ming Dynasty (1602) block-printed edition. Length: 20.5cm, width: 14.2cm. 9 lines for each half page, 18 characters for each line, baikou, double lines, single black Yuwei. No. 8582 Ji section of *Chinese Ancient Rare Books Bibliography*.

9. *Collection of Yang Zhongmin's Works*

By Yang Jisheng (the Ming Dynasty), Ming Dynasty (1602) block-printed edition. Length: 20.3cm, width: 12.8cm. 9 lines for each half page, 20 characters for each line, baikou, single line. No. 8529 Ji section of *Chinese Ancient Rare Books Bibliography*.

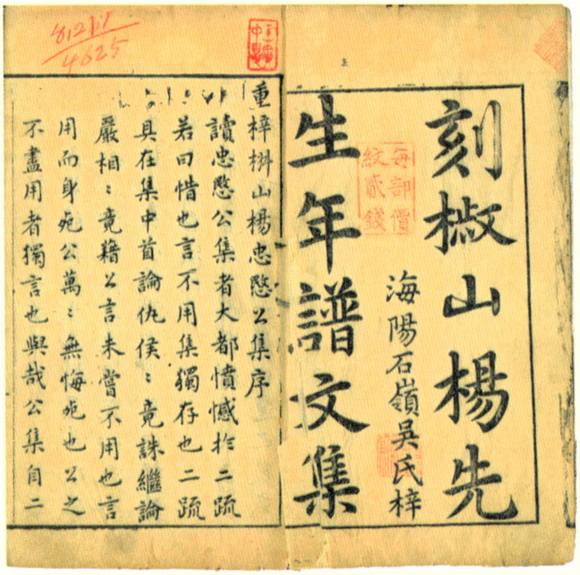

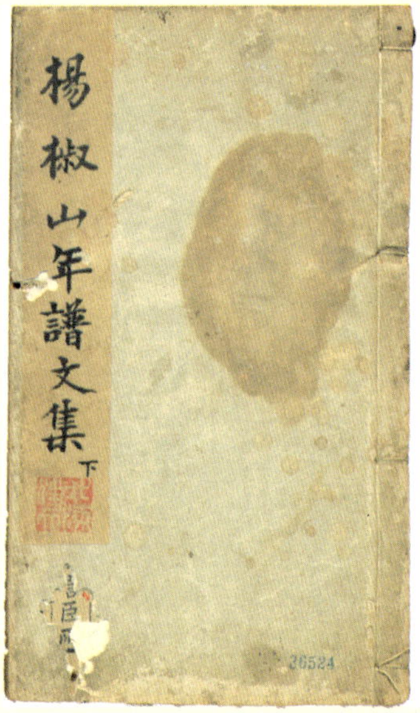

10. *Collection of Baisha's Works*

Six volumes, chronicle one volumes, by Chen Xianzhang (the Ming Dynasty), compiled by Tang Boyuan (Ming Dynasty), Chronicle one volumes, by Wang Honghui (Ming Dynasty), Ming Dynasty (1583) block-printed edition, proofread by Guo Weixian and Wang Yingjiao. Four books in one envelope sheath. Length: 20.8cm, width: 13.4cm. 10 lines for each half page, 21 characters for each line, baikou, double line, single black Yuwei.

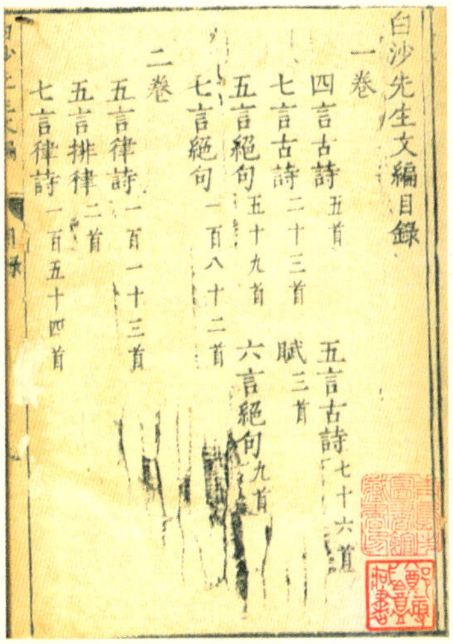

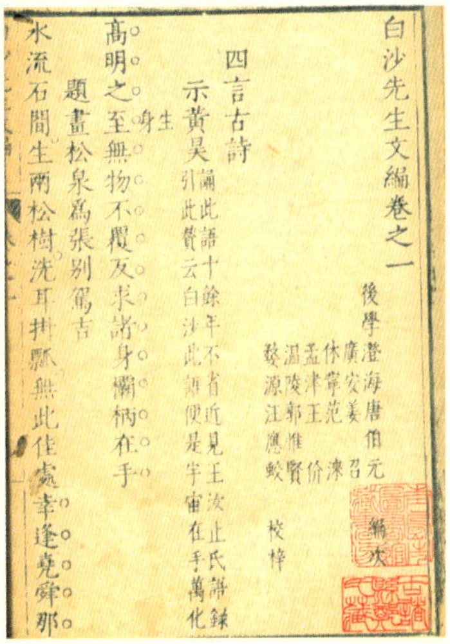

11. *Nanhua Conon Fumo*

Eight volumes, one volumes of *Miscellany of Reading Nanhua Conon*, by Lu Xixing (the Ming Dynasty), Ming Dynasty (1585) block-printed edition. Eight books in one envelope sheath. Length: 21cm, width: 14.2cm. 8 lines for each half page, 17 characters for each line, baikou, single line. No. 11757 Zi section of *Chinese Ancient Rare Books Bibliography*.

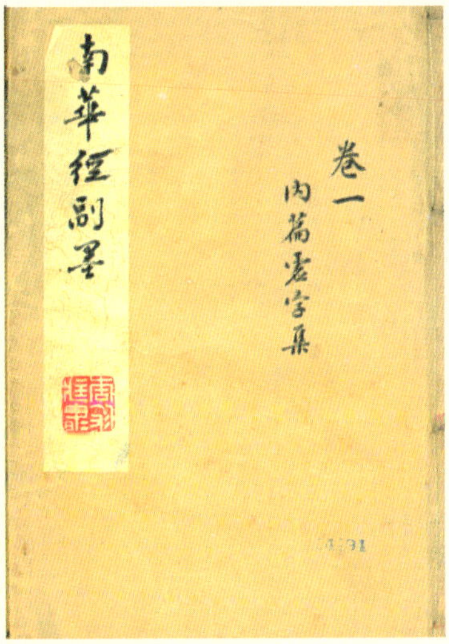

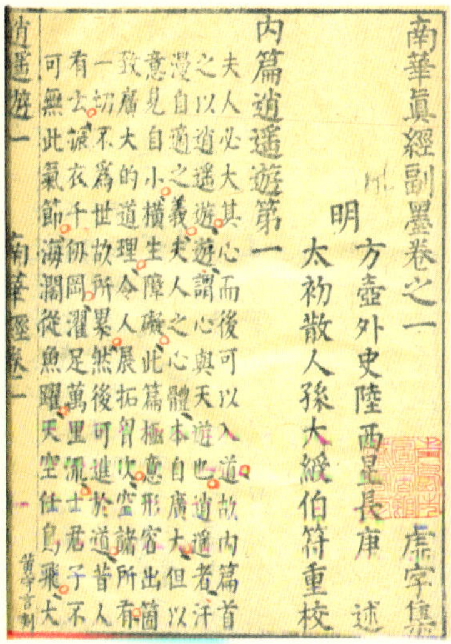

12. *Family Names of Chinese People*

One hundred and fourty volumes , six volumes of *Family Names of Emperors*, fourteen volumes of *Verification of Clans*, compiled by Ling Dizhi (the Ming Dynasty), Ming Dynasty block-printed edition. Length: 20. 5cm, width: 14. 2cm. 9 lines for each page, 20 characters for each line, baikou, single line. No. 9812 Zi section of *Chinese Ancient Rare Books Bibliography*. It is the first reference book that specially includes people's names in China.

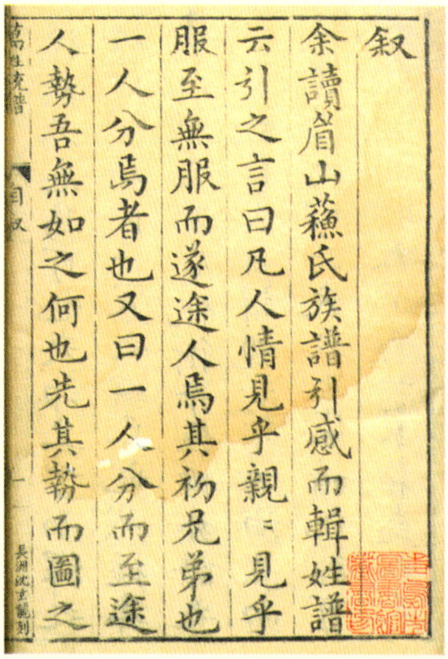

敘
余讀眉山蘇氏族譜引感而輯姓譜
云引之言曰凡人情見乎親親見乎
服至無服而遂途人焉其初兄弟也
一人分焉者也又曰一人分而至途
人勢吾無如之何也先其勢而圖之

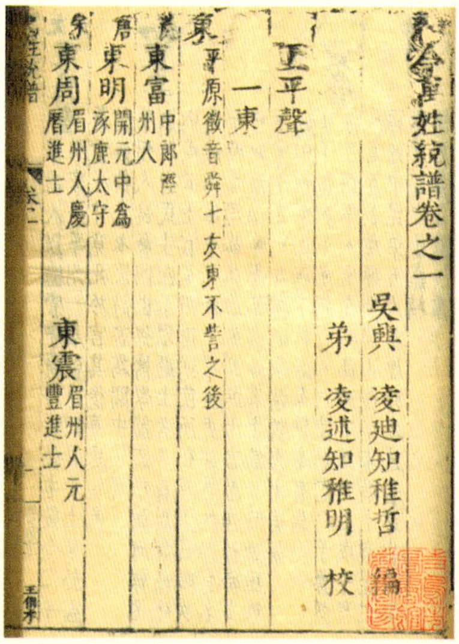

萬姓統譜卷之一
吳興 淩迪知稚哲 編
弟 淩述知稚明 校
上平聲
一東
東 帝舜十友東不訾之後
東富
東明 開元中爲涿鹿太守
東周 眉州人慶曆進士
東震 眉州人元豐進士

13. *Laoxuean Notes*

Ten volumes, bu Lu You (the Southern Song Dynasty), proofread by Zhou Yingyi in 1623 (the Ming Dynasty), the Qing Dynasty (1762) block-printed edition. Four books in one envelope sheath. Length: 19. 9cm, width: 14. 1cm. 9 lines for each half page, 18 characters for each line, baikou, double lines, single black Yuwei. No. 6149 Za class, Zi section of *Chinese Ancient Rare Books Bibliography*.

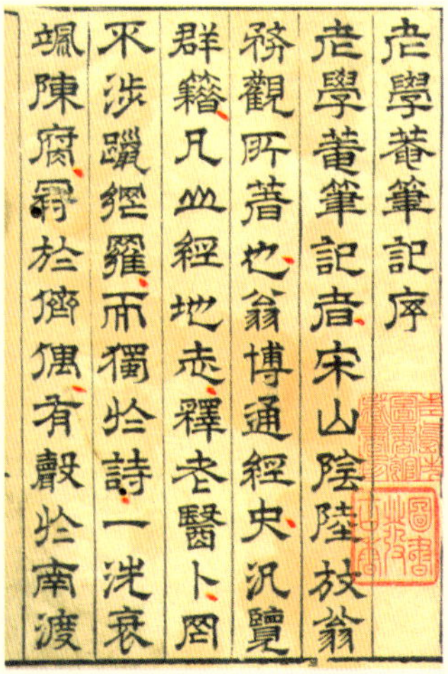

老學菴筆記序
老學菴筆記者宋山陰陸放翁
務觀所著也翁博通經史汎覽
群籍凡內經地志釋老醫卜罔
不涉獵經羅而獨於詩一洗衰
颯陳腐冠於儕偶有轂於庸渡

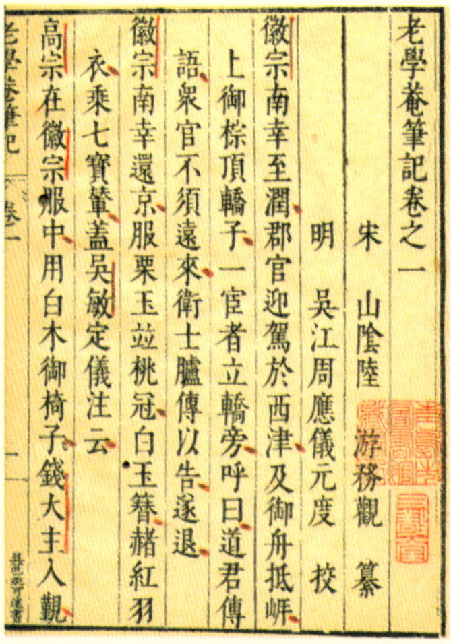

老學菴筆記卷之一
宋 山陰陸 游務觀 纂
明 吳江周應儀元度 校
徽宗南幸至潤郡官迎駕於西津及御舟抵岸
上御椶頂轎子一宦者立轎旁呼曰道君傳
語衆官不須遠來衛士臚傳以告遂退
徽宗南幸還京服栗玉並桃冠白玉簪赭紅羽
衣乘七寶輦蓋吳敏定儀注云
高宗在徽宗服中用白木御椅子錢大主入覲

14. *Shaozi Pandect*

Twenty-four volumes, by Shao Yong (the Song Dynasty), Ming Dynasty (1606) block-printed edition. Length: 21.1cm, width: 14.7cm. 10 lines for each half page, 20 characters for each line, baikou, double lines, single black Yuwei. No. 427 Zi section of *Chinese Ancient Rare Books Bibliography*.

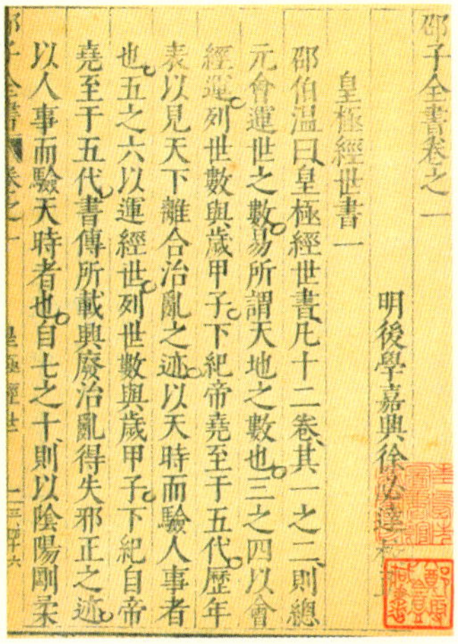
邵子全書卷之一　明後學嘉興徐必達
皇極經世書一
邵伯溫曰皇極經世書凡十二卷其一之二則總
元會運世之數易所謂天地之數也三之四以會
經運列世數與歲甲子下紀帝堯至于五代歷年
表以見天下離合治亂之迹以天時而驗人事者
也五之六以運經世列世數與歲甲子下紀自帝
堯至于五代書傳所載興廢治亂得失邪正之迹
以人事而驗天時者也自七之十則以陰陽剛柔

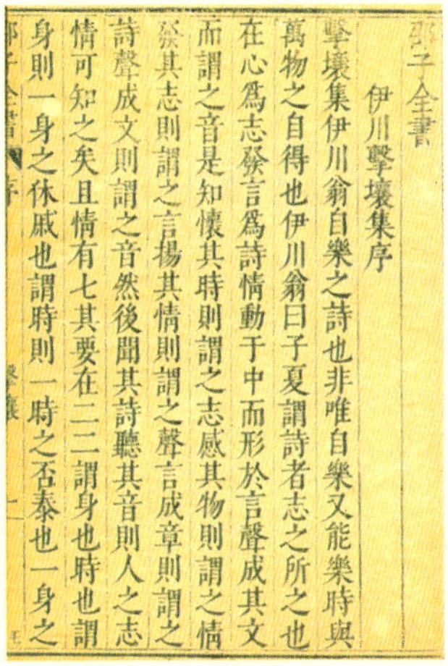
邵子全書
伊川擊壤集序
擊壤集伊川翁自樂之詩也非唯自樂又能樂時與
萬物之自得也伊川翁曰子夏謂詩者志之所之也
在心爲志發言爲詩情動于中而形於言聲成其文
而謂之音是知懷其時則謂之志感其物則謂之情
發其志則謂之言揚其情則謂之聲言成章則謂之
詩聲成文則謂之音然後聞其詩聽其音則人之志
情可知之矣且情有七其要在二二謂身也時也謂
身則一身之休戚也謂時則一時之否泰也一身之

15. *Genzhai Notes*

Eight volumes, by Li Chengzhong (the Qing Dynasty), the Qing Dynasty (1606) government edition, Length: 25.6cm, width: 17.8cm. 10 lines for each half page, 19 characters for each line. No. 6819 Zi section of *Chinese Ancient Rare Books Bibliography*.

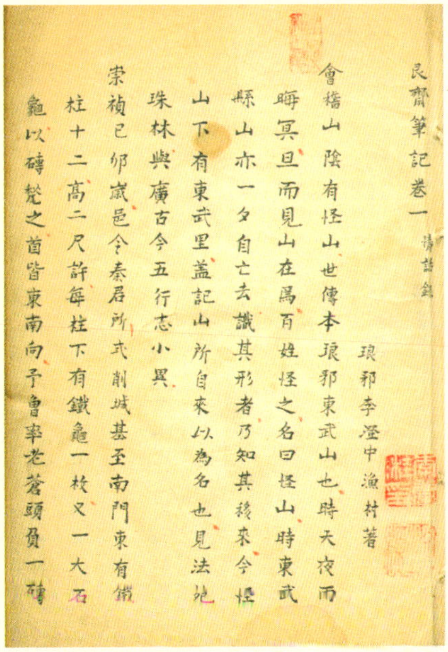
艮齋筆記卷一　清話錄
琅邪李澄中漁村著
會稽山陰有怪山世傳本琅邪東武山也時天夜而
晦冥旦而見山在焉百姓怪之名曰怪山時東武
縣山亦一夕自亡去識其形者乃知其移來今怪
山下有東武里蓋記山所自來以為名也見法苑
珠林與廣古今五行志小異
崇禎己卯歲邑令秦君所式削城基至南門東有鐵
柱十二高二尺許每柱下有鐵龜一枚又一大石
龜以磚甃之首皆東南向予曾率老蒼頭負一磚

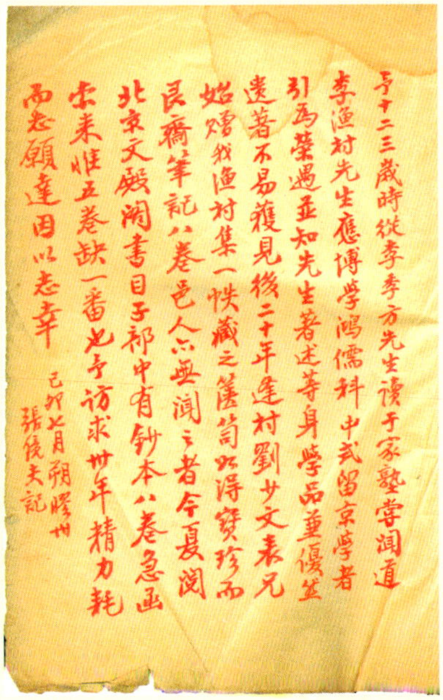
予十二三歲時從李方先生讀于家塾嘗聞道
李漁村先生應博學鴻儒科中式留京學者
引為榮遇亟知先生著述等身學品兼優
遺著不易獲見後二十年逢村劉少文表兄
始贈我漁村集一帙藏之篋笥如得寶珍而
艮齋筆記八卷邑人亦無聞之者今夏閱
北京文殿閣書目子部中有鈔本八卷急函
索來惟五卷缺一番也予訪求廿年精力耗
而志願達因以志幸
己卯七月朔曙卅
張俊夫記

避暑錄
合訂本

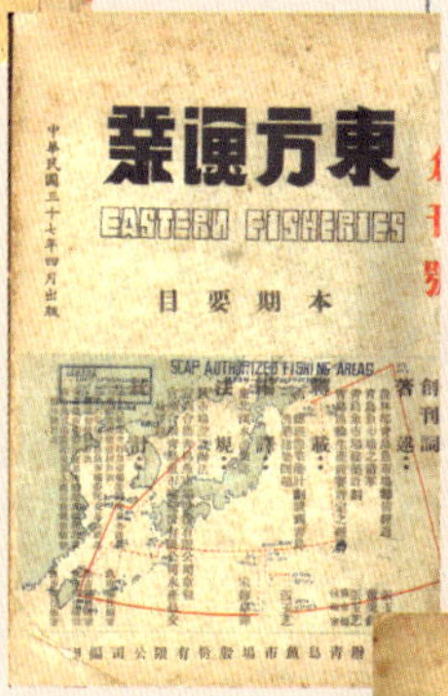
東方漁業
EASTERN FISHERIES
本期要目

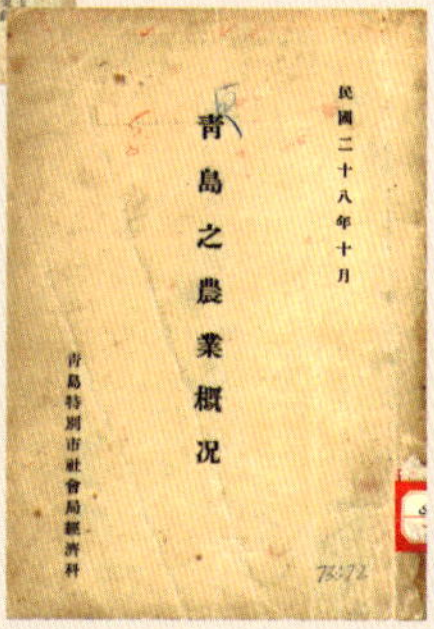
青島之農業概況
民國二十八年十月

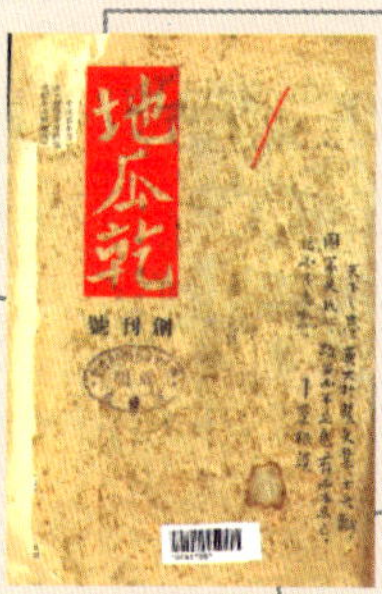
地瓜乾
創刊號

10

Chapter 10

Precious Books and Periodicals Published in the Period of the Republic of China

Qingdao is one of the earliest open cities in modern China. A large number of intellectuals who believed in new ideas, new cultures, and new viewpoints established academic organizations in Qingdao to advocate their own standpoints, ideas and requirements. Books and periodicals were important record carriers of Qingdao culture during this period. At present, Qingdao Library possesses over 500 titles and 1, 000 volumes of Qingdao local literature published before the founding of the PRC, covering many areas such as public administration, industrial and commercial enterprises, culture, education, geography and humanities. Among them there are quite a few rare and precious literature with high value for historical research.

Section 1

Books Published in the Period of the Republic of China

1. *Summary of the Administrative Activities of Jiao'ao Commercial Port*

Compiled by Jiao'ao Commercial Port Bureau and published in June, 1927 (the 16th year of the Republic of China), it completely records various administrative measures implemented in Qingdao during the 6-year period from 1922 (the 11th year of the Republic of China) to 1927, such as the inventory of census register, the maintenance of peace, the check on and cutback in expenditures, the making of charts and other measures of the bureau, as well as various kinds of work implemented by its subordinate departments. Photos of Zhao Qi, governor of Jiao'ao commercial port, and the preface he wrote are included in the book.

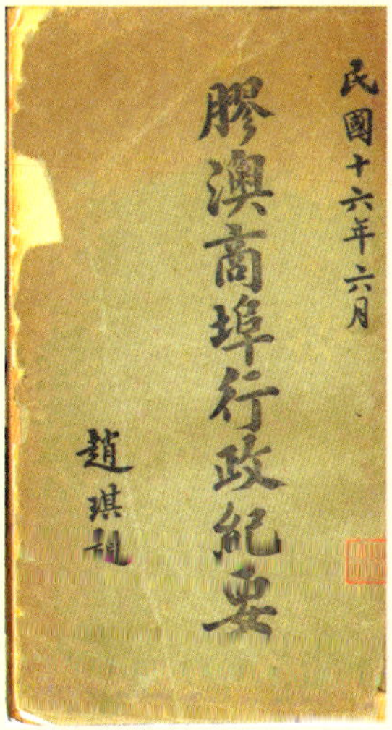

2. *The Whole Story of Fei Shiheng's Case*

It was compiled by Jiao'ao Commercial Port in 1928 (the 17th year of the Republic of China).

On August 9, 1926 (the 15th years of the Republic of China), a German businessman, Fei Shiheng, was murdered in his house. Later, the suspect, a British man named Lack, was arrested and sent to the British Consulate, but was released immediately without a trial. Qingdao Police Agency kept negotiating with the British Consulate and looking for the real murderers till the two Russian men were arrested. Eventually, the truth came out. This book is a comprehensive collection of the letters, official documents and reports submitted, news reports and other materials during the investigation, reflecting the original process of the case.

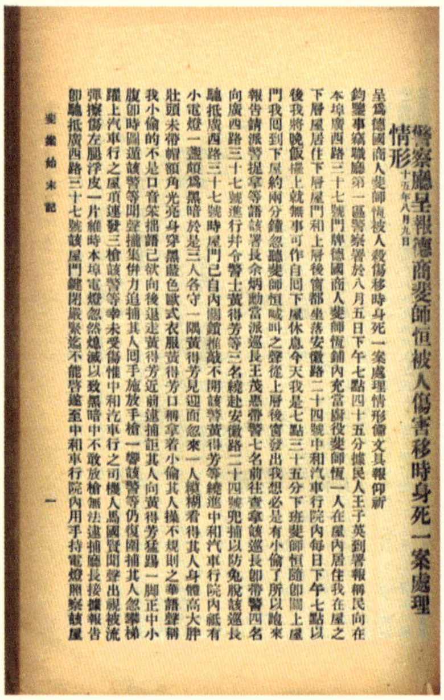
警察廳呈報德商斐師恒被人傷害移時身死一案處理情形
十五年八月九日

呈爲德國商人斐師恒被人殺傷移時身死一案處理情形備文具報仰祈
鈞鑒事竊職廳第一區警察署於八月五日下午七點四十五分據民人王子英到署報稱民向在
本埠廣西路三十七號門牌德國商人斐師恒舖內充當廚役斐師恒一人在屋內居住我在屋之
下層屋居住下層屋門和上層後窗都坐落安徽路二十四號中和汽車行院內每日下午七點以
後我將晚飯擺上就無事可作自回下屋休息今天我是七點三十五分下班斐師恒隨即關上屋
門我回到下屋約兩分鐘忽聽斐師恒喊叫之聲從上層後窗發出我想必是有小偷了所以跑來
報告請派警捉拿等語該署長余炳勳當派巡長王茂恩帶警七名前往查拿該巡長即帶警四名
向廣西路三十七號進行并令警士黃得芳等三名繞赴安徽路二十四號兜捕以防免脫該巡長

3. *Evolution of Qindao Police*

Compiled by Luo Jinming, it was published by Xinghua Press in 1934 (the 23rd year of the Republic of China) with a total of 76 pages and illustrations included.

Qingdao Police Agency experienced reforms for several times during the 13-year period since the Chinese government took over Qingdao in 1922. During this period, Luo Jinming worked as an amanuensis and personally experienced all the affairs. Therefore he collated all the documents and materials he had dealt with and compiled them into a book. The book is divided into 77 chapters (2 volumes), and Qingdao Library possesses Volumes 1, which includes chapters such as "The evolution of the Organization Structure", "Land and Maritime Security Administration", "Improvements of Fire-fighting Apparatus", "Supplementary Education of the Police", "Improvements of the General Treatment" and "Iimprovements of the Police's Techniques".

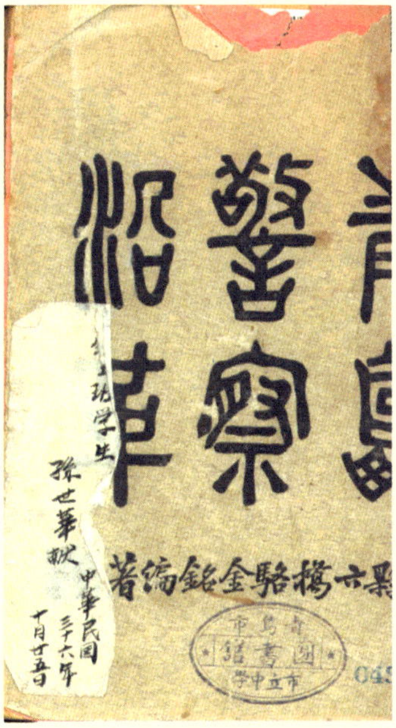

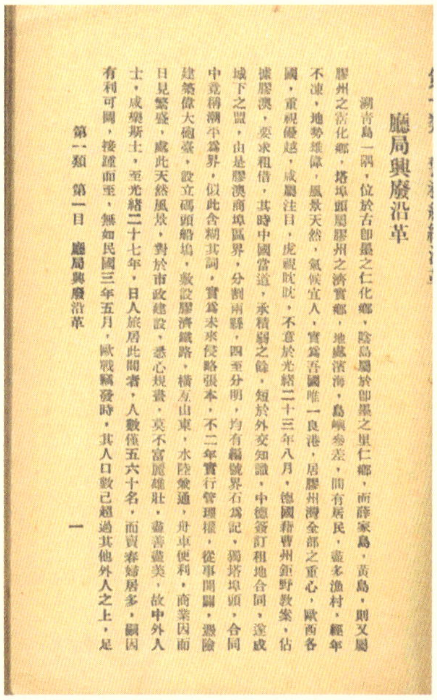

廳局興廢沿革

溯青島一隅，位於古即墨之仁化鄉，陰島屬於即墨之里仁鄉，而薛家島，黃島，則又屬膠州之器化鄉，塔埠頭屬膠州之濟實鄉，地處濱海，島嶼參差，間有居民，盡多漁村，經年不凍，地勢雄偉，風景天然，氣候宜人，實爲吾國唯一良港，居膠州灣全部之重心，歐西各國，重視優越，咸屬注目，虎視眈眈，不意於光緒二十三年八月，德國藉曹州鉅野教案，佔據膠澳，要求租借，其時中國當道，承積弱之餘，短於外交知識，中德簽訂租地合同，遂成城下之盟，由是膠澳商埠區界，分割兩縣，四至分明，均有編號界石爲記，獨塔埠頭，合同中竟稱潮平爲界，似此含糊其詞，實爲未來侵略張本，不二年實行管理權，從事開闢，濬險建築偉大砲臺，設立碼頭船塢，敷設膠濟鐵路，橫亙山東，水陸衆通，舟車便利，商業因而日見繁盛，處此天然風景，對於市政建設，悉心規畫，莫不富麗雄壯，盡善盡美，故中外人士，咸樂斯土，至光緒二十七年，日人旅居此間者，人數僅五六十名，而賈春婦居多，嗣因有利可圖，接踵而至，無如民國三年五月，歐戰觸發時，其人口數已超過其他外人之上，足

第一類　第一目　廳局興廢沿革　一

4. *Unofficial History of War of Resistance against Japanese Aggression*

Written by Liu Guanyi, it is a revised and enlarged edition, with a total of 213 pages.

This book was firstly published in 1945 (the 34th year of the Republic of China) and the one in the library collection is a revised and enlarged edition. The author had been engaged in journalism for many years, and had once lived in Shandong, Henan, Shaanxi and Sichuan during the war. The book describes, in a popular style, the activities of armies, the public, official departments and business circles in various regions during the war, as well as cultures, geographic situations and social situations, being rich in content. Wang Longzhao wrote a preface for the book, and He Siyuan, Yu Youren as well as Fu Sinian wrote inscriptions for it.

The chapters that are about Qingdao in the books are "A Comprehensive Overview of Qingdao under the Japanese Occupation" and "Flying from Qingdao to Ji'nan", etc.

5. *Laoshan Mountain Chronicle*

Written by Huang Zongchang (the Ming Dynasty), it was republished by Xinmin Press in 1934 (the 23rd year of the Republic of China), with a total of 33 pages.

Laoshan Mountain Chronicle was written by Huang Zongchang, who was from Shangdong in the late Ming and early Qing dynasties, and the copy in the library collection is a second edition based on the revised edition in 1916 (the 5th year of the Republic of China). The book is a precious local chronicle, whose content is divided into 8 sections, including "Archaeology", "Chronicle", "Reputation", "Stay and Live in Seclusion", "Taoism and Buddhism", "Natural Resources", "Cottages" and "Sightseeing". For example, the two chapters of "Stay and Live in Seclusion" and "Taoism and Buddhism" record detailed information about the people who lived in seclusion in Laoshan Mountain, such as Zhengxuan (Kangcheng), Gongsha Mu, Zhang Yunlun, Qiu Chuji, Immortal Huagai (the Song Dynasty) and Li Zhiming. Gu Yanwu wrote a preface for the book, and many celebrities wrote inscriptions for the book, such as Wang Shizhen, Kuang Yuan, Li Bai, Lan Tian, Gao Fenghan, Fa Ruozhen and Kang Youwei.

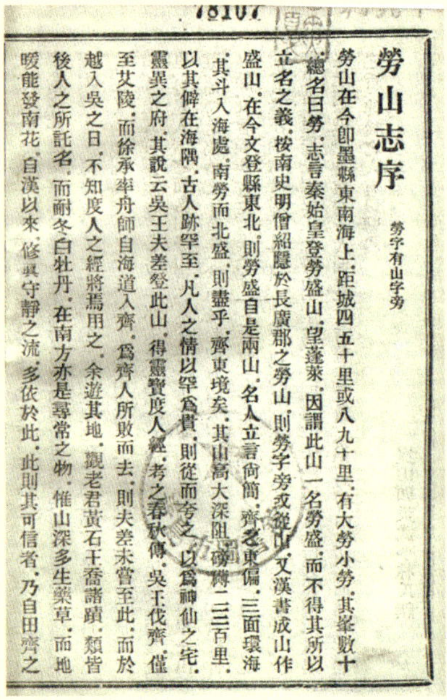

勞山志序

勞山在今即墨縣東南海上，距城四五十里或八九十里，有大勞小勞，其峯數十，總名曰勞。志言秦始皇登勞盛山，望蓬萊，因謂此山一名勞盛，而不得其所以立名之義。按南史明僧紹隱於長廣郡之勞山，則勞字或從山。又漢書成山作盛山，在今文登縣東北，則勞盛自是兩山，名人立言尚簡，齊之東偏，三面環海，其斗入海處，南勞而北盛，則盡乎齊東境矣。其山高大深阻，磅礴二三百里，以其僻在海隅，古人跡罕至，凡人之情以罕爲貴，則從而夸之，以爲神仙之宅，靈異之府。其說云吳王夫差登此山，得靈寶度人經，考之春秋傳，吳王伐齊，僅至艾陵，而徐承率舟師自海道入齊，爲齊人所敗而去，則夫差未嘗至此，而於越入吳之日，不知度人之經將焉用之。余遊其地，覩老君黃石王喬諸蹟，類皆後人之所託名，而耐冬白牡丹在南方亦是尋常之物，惟山深多生藥草，而地暖能發南花，自漢以來，修眞守靜之流多依於此，此則其可信者，乃自田齊之

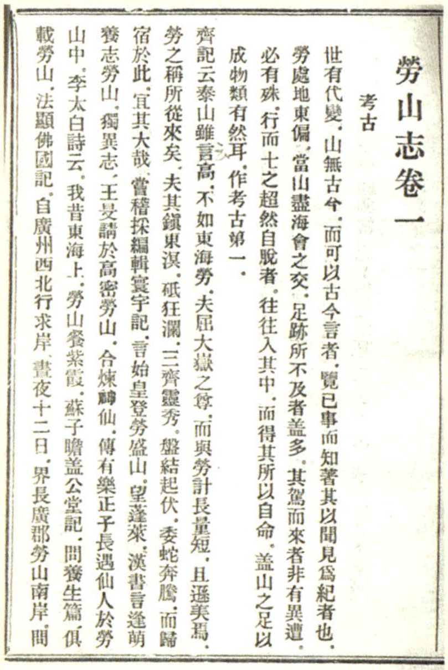

勞山志卷一

考古

世有代變，山無古今，而可以古今言者，覽已事而知著其以聞見爲紀者也。勞處地東偏，當山盡海會之交，足跡所不及者蓋多，其駕而來者非有異遭，必有殊行，而士之超然自脫者，往往入其中，而得其所以自命，蓋山之足以成物類有然耳，作考古第一。

齊記云，泰山雖言高，不如東海勞，夫屈大嶽之尊，而與勞計長量短，且遜巽焉，勞之稱所從來矣。夫其鎮東溟，砥狂瀾，三齊靈秀，盤結起伏，委蛇奔騰，而歸宿於此，宜其大哉。嘗稽採輯寰宇記，言始皇登勞盛山，望蓬萊，漢書言逢萌養志勞山，獨異志，王旻請於高密勞山，合煉神仙，傳有樂正子長遇仙人於勞山中，李太白詩云，我昔東海上，勞山餐紫霞，蘇子瞻蓋公堂記，間養生篇，俱載勞山。法顯佛國記，自廣州西北行求岸，晝夜十二日，界長廣郡勞山南岸，間

6. *General Situation of the Agriculture of Qingdao*

It was compiled by Economy Section of the Bureau of Society, Qingdao Special City, in 1939 (the 28th year of the Republic of China). Text in Japanese is included. It has inall 101 pages.

The book is compiled according to the materials about the general situation of Qingdao's agriculture collected by the Agriculture Section of the Bureau of Society, including the evolution of Qingdao's agriculture and forestry, its position, climate, current situation of Qingdao's agriculture and forestry, farm land, plant diseases and insect pests, agricultural workers and market condition. The local situations of Jimo and Jiaoxian are introduced in the appendix.

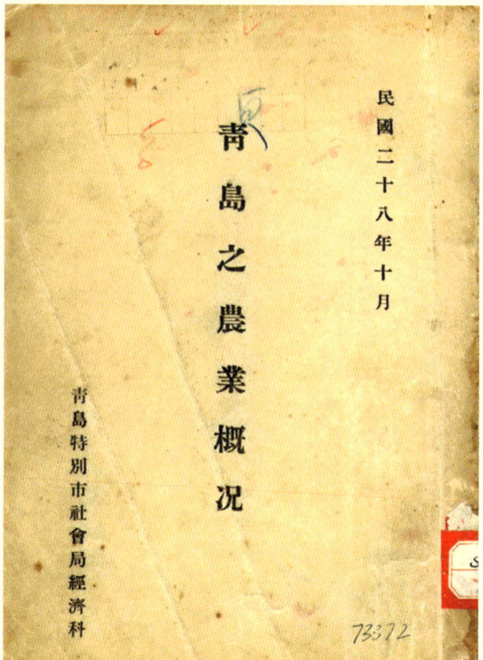

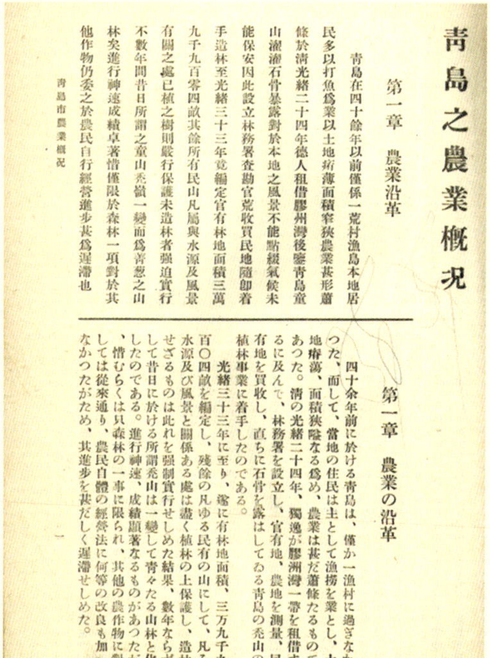
青島之農業概況

第一章 農業沿革

青島在四十餘年以前僅係一荒村漁島本地居民多以打魚爲業以土地瘠薄面積窄狹農業甚形蕭條於清光緒二十四年德人租借膠州灣後鑒青島童山濯濯石骨暴露對於本地之風景不能點綴氣候未能保安因此設立林務署査勘官荒收買民地隨即着手造林至光緒三十三年覺編定官有林地面積三萬九千九百零四畝其餘所有民山凡屬與水源及風景有關之處已植之樹則嚴行保護未造林者强迫實行不數年間昔日所謂之童山禿嶺一變而爲菁葱之山林矣進行神速成績卓著惜僅限於森林一項對於其他作物仍委之於農民自行經營進步甚爲遲滯也

青島市農業概況

第一章 農業の沿革

四十余年前に於ける青島は、僅か一漁村に過ぎなかつた、而して、當地の住民は主として漁撈を業とし、土地瘠薄、面積狹隘なる爲め、農業は甚だ蕭條たるものであつた。清の光緒二十四年、獨逸が膠洲灣一帶を租借するに及んで、林務署を設立し、官有地、農地を測量、民有地を買收し、直ちに石骨を露はしてゐる青島の禿山の植林事業に着手したのである。

光緒三十三年に至り、遂に有林地面積、三万九千九百〇四畝を編定し、殘餘の凡ゆる民有の山にして、凡そ水源及び風景と關係ある處は盡く植林の上保護し、造林せざるものは此れを强制實行せしめた結果、數年ならずして昔日に於ける所謂禿山は一變して青々たる山林と化したのである。進行神速、成績顯著なるものがあつたが、惜むらくは只森林の一事に限られ、其他の農作物に對しては從來通り、農民自體の經營法に何等の改良も加へなかつたがため、其進歩を甚だしく遲滯せしめた。

一

7. *Compilation of Children's Education Issues*

Compiled by Li Zhensheng in 1935 (the 24th year of the Republic of China), it was distributed by the Juvenile Section of Qingdao Young Men's Association.

This book was a special issue compiled and printed for Children's Day in 1935 (the

Nanjing government stipulated that April 4th every year is Children's Day). It includes a number of papers about children education that were written by experts, including family education, school education, and social education. The "Tiqian" (a label with the title of a book on it) was made by Shen Honglie, the mayor of Qingdao.

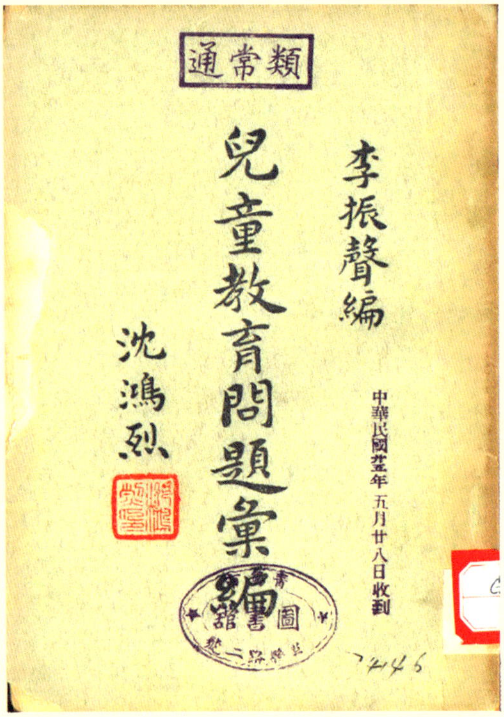
通常類
兒童教育問題彙編
李振聲編
沈鴻烈
中華民國廿三年五月廿八日收到

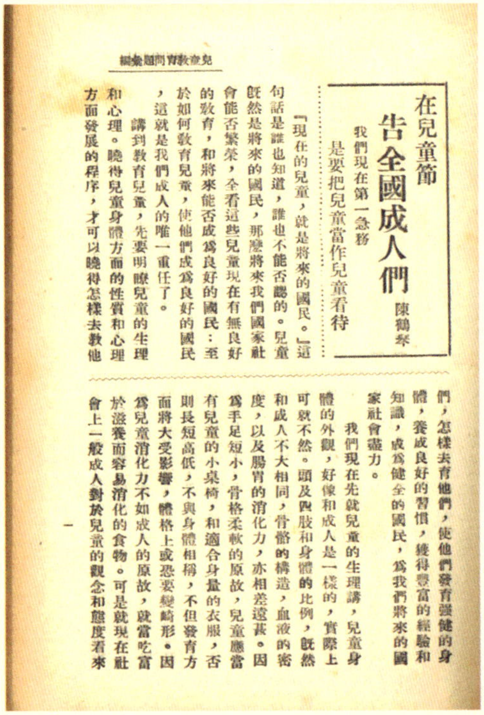
兒童教育問題彙編

在兒童節告全國成人們 陳鶴琴

我們現在第一急務是要把兒童當作兒童看待

「現在的兒童，就是將來的國民。」這句話是誰也知道，誰也不能否認的。兒童既然是將來的國民，那麼將來我們國家社會能否繁榮，全看這些兒童現在有無良好的教育，和將來能否成爲良好的國民；至於如何教育兒童，使他們成爲良好的國民，這就是我們成人的唯一重任了。

講到教育兒童，先要明瞭兒童的生理和心理。曉得兒童身體方面的性質和心理方面發展的程序，才可以曉得怎樣去教他們，怎樣去育他們，使他們發育強健的身體，養成良好的習慣，獲得豐富的經驗和知識，成爲健全的國民，爲我們將來的國家社會盡力。

我們現在先就兒童的生理講，兒童身體的外觀，好像和成人是一樣的，實際上可就不然。頭及四肢和身體的比例，既然和成人不大相同，骨骼的構造，血液的密度，以及腸胃的消化力，亦相差遠甚。因爲手足短小，骨格柔軟的原故，兒童應當有兒童的小桌椅，和適合身量的衣服，否則長短高低，不與身體相稱，不但發育方面將大受影響，體格上或恐要變畸形。因爲兒童消化力不如成人的原故，就當吃富於滋養而容易消化的食物。可是就現在社會上一般成人對於兒童的觀念和態度看來

一

8. *Travel Guide*

Compiled by the General Office of Jiaozhou-Jinan Railway Management Authority, it was published in 1931 (the 20th year of the Republic of China).

The construction of Jiaozhou-Ji'nan Railway was undertaken by a limited liability company consisting of several German businessmen in 1899. The Qingdao-Jiaozhou segment came into service in 1902, and the whole railway line was completed in 1941. After 1914, it was managed by Japanese Railway United, and was taken over by the Chinese government after the Washington Conference in February 1922. The Jiaozhou-Ji'nan Railway builds a line connecting Ji'nan and Qingdao. The whole line is 294 km long, with 57 train stations of different scales set up along it. This book introduces the general situations of Qingdao, Ji'nan, and the stations along the railway, and also includes a part of *General Rules of*

Passenger Train Transportation on Chinese State-owned Railways, providing passengers with great convenience.

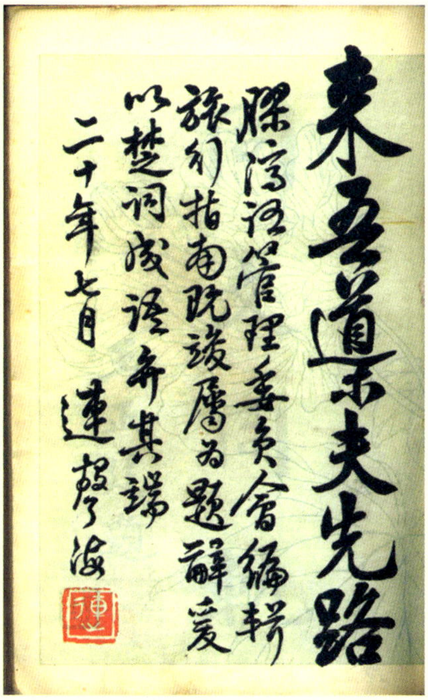

來吾道夫先路
膠濟路管理委員會編輯
旅行指南既竣屬為題辭爰
以楚詞成語弁其端
二十年七月

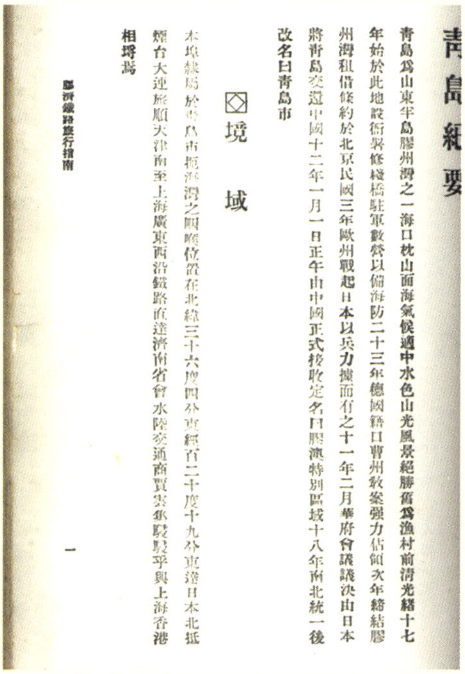

青島紀要

青島爲山東半島膠州灣之一海口枕山面海氣候適中水色山光風景絕勝舊爲漁村前清光緒十七年始於此地設衙署修棧橋駐軍數營以備海防二十三年德國藉口曹州教案强力佔領次年締結膠州灣租借條約於北京民國三年歐州戰起日本以兵力據而有之十一年二月華府會議議决由日本將青島交還中國十二年一月一日正午由中國正式接收定名曰膠澳特別區域十八年南北統一後改名曰青島市

㊀境　域

本埠隸屬於青島市瀕海灣之咽喉位置在北緯三十六度四分東經百二十度十九分東達日本北抵煙台大連旅順天津南至上海廣東西沿鐵路直達濟南省會水陸交通商賈雲集駸駸乎與上海香港相埒焉

膠濟鐵路旅行指南　一

Section 2

Periodicals Issued in the Period of the Republic of China

1. *The Sound of Qingdao*

It was a monthly periodical, published by Qingsheng Monthly Publishing House, with Rui Lin as the Chief Editor, Starting its publication in 1947 (the 36th year of the Republic of China).

This periodical followed the principle of promoting Qingdao culture and improving its level of academic research. The authors were mostly professors in local universities or government officials, such as Xu Zhongyu and Wang Tongzhao, professors from Shandong University, and Rui Lin, Personnel Officer of the government. The periodical mainly published political comments, as well as some articles about economy, literature and other fields.

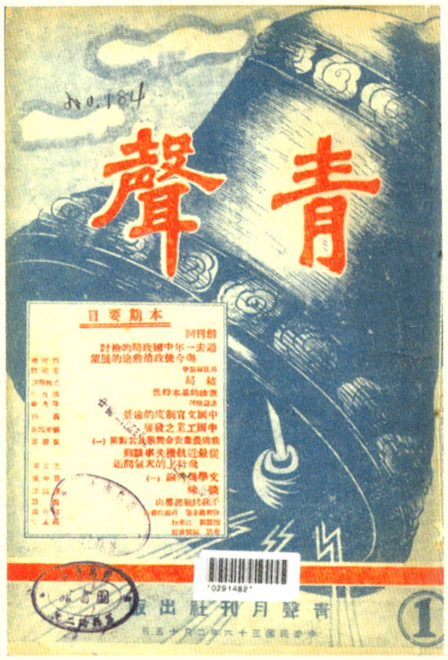

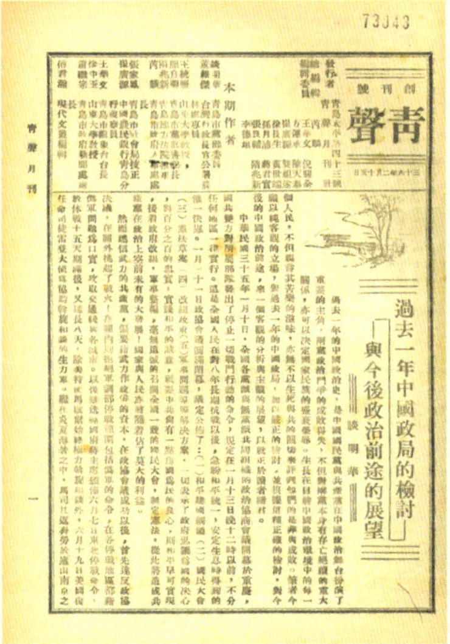

創刊號

青聲

過去一年中國政局的檢討

—與今後政治前途的展望

2. *Cities and Rural Areas*

It was a periodital issued three times a month, with Jin Mutao as Chief Editor, starting its publication in 1935 (the 24th year of the Republic of China).

The periodical's content included articles about the rural economy, urban and rural construction, and evolution administration of Qingdao. Some special issues of it are now of highly historical value, such as Issue 9, "Special Issue for the 4th Expo. of Goods Produced in Regions along Railways"; Issue 11, "Jiaoji Special Issue for the 4th Expo of the Goods Produced in Regions along Railways", which includes general situations of the goods and tour guides of Laoshan Mountain; and Issue 17, "Special Issue for Urban Construction of Qingdao".

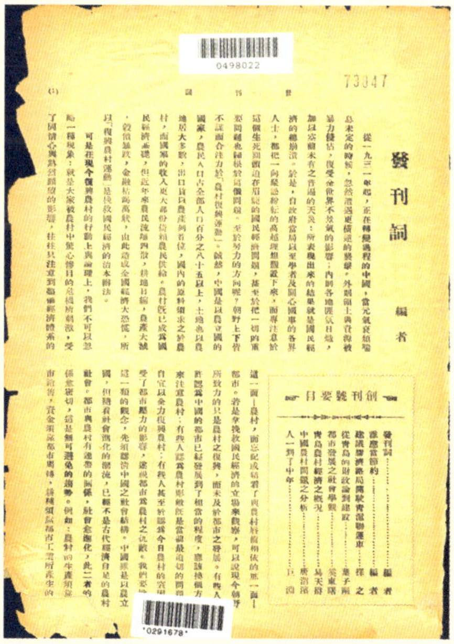

3. *Qingdao's Education*

Compiled by Qingdao Municipal Education Department, this periodical started its publication in 1933 (the 22nd year of the Republic of China) as a semimonthly, and was changed to be a monthly since Volume 1, Issue 7. It mainly contained government decrees, research principles, introductions of educational methods, the contemporary situation of education, etc.

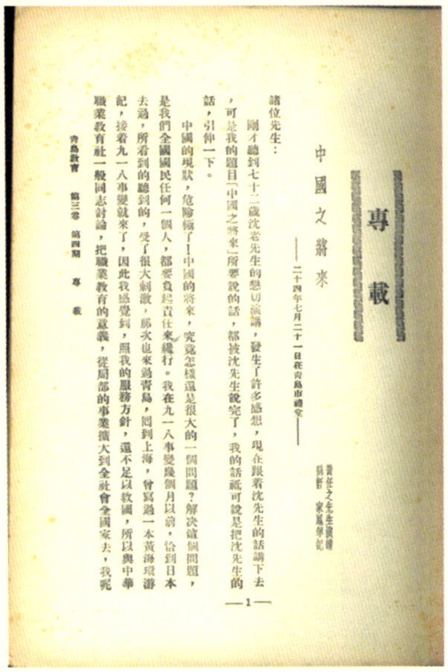
專載

中國之將來

——二十四年七月二十一日在青島市禮堂——

黃任之先生演講 家鳳筆記

諸位先生：

剛才聽到七十二歲沈老先生的懇切演講，發生了許多感想，現在跟着沈先生的話講下去，可是我的題目「中國之將來」所要說的話，都被沈先生說完了，我的話祇可說是把沈先生的話，引伸一下。

中國的現狀，危險極了！中國的將來，究竟怎樣還是很大的一個問題？解決這個問題，是我們全國國民任何一個人，都要負起責任來纔行。我在九一八事變幾個月以前，恰到日本去過，所看到的聽到的，受了很大刺激，那次也來過青島，回到上海，曾寫過一本黃海環游記，接着九一八事變就來了，因此我感覺到，照我的服務方針，還不足以救國，所以與中華職業教育社一般同志討論，把職業教育的意義，從局部的事業擴大到全社會全國家去，我

—1—

青島教育 第三卷 第四期 專載

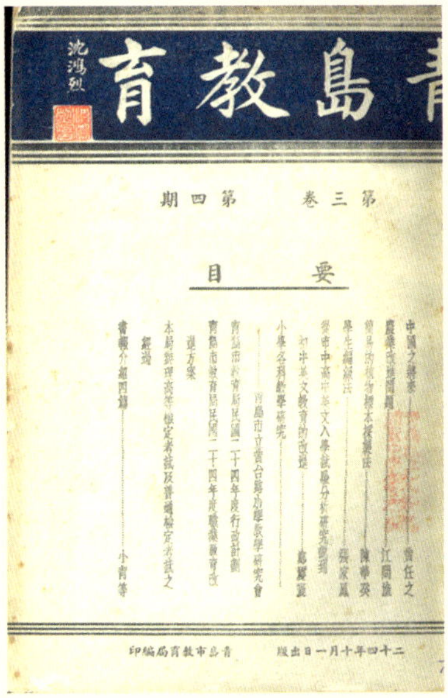

4. *The Public of Jiaodong*

Edited By Jiaodong Association of Litterateur and Artists, it was a semimonthly, published by Xinhua Bookstore, starting its publication in 1941 (the 30th year of the Republic of China).

After its first issue published 1941, the periodical once ceased publication owing to the war, and resumed its publication after the victory. It was a comprehensive social cultural periodical, containing discussions on political comments, literary and artistic reports and educational comics, with the works of Tian Han, Li Gongpu and Guo Moruo included. The chief editor in charge was Ma Shaobo.

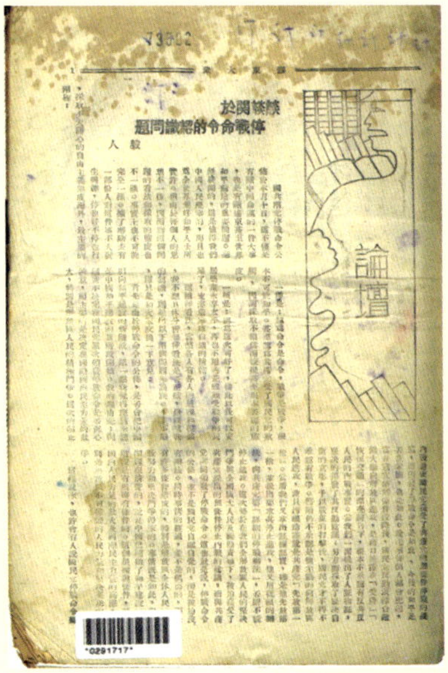

5. *Bishu Digest*

Edited by the Editorial Department of Bishu Digest, the periodical started its publication in 1935 (the 24th year of the Republic of China).

This periodical was a supplement of *People's News*, and a total of 10 issues were published. It was edited and finalized under the cooperation among such main writers, as Wang Tongzhao, Lao She, Hong Shen, Wu Boxiao, Zang Kejia, Zhao Shaohou, Du Yu and Wang Yaping. Faced with the oppression of Japanese invaders, the authors expressed, in the supplement of "the flower of newspapers", Chinese people's will to resist, with their "boiling blood and tormented hearts".

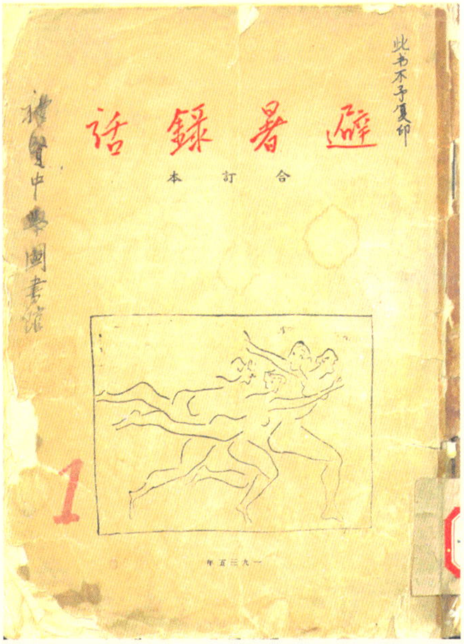

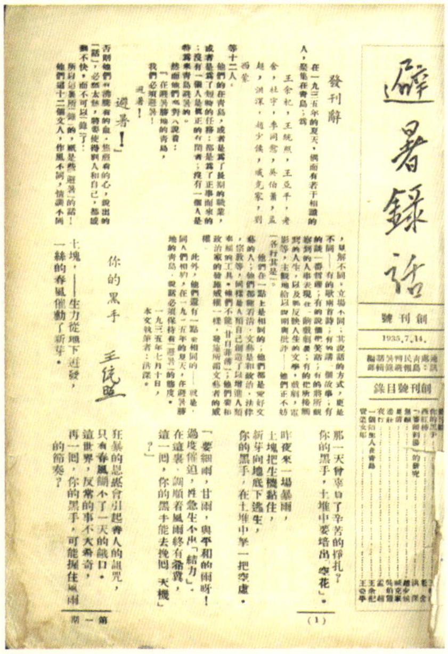

避暑錄話

6. *Oriental Fishery*

Edited by Qingdao Market Limited Liability Company, the periodical started its publication in 1948 (the 37th year of the Republic of China).

After the victory of the Anti-Japanese War, in order to promote the construction and comprehensive development of the fishery in Qingdao, Qingdao Agriculture and Forestry Bureau actively amended laws and regulations on fishery, controlled the price of fishes and preserved the fishery industry. The periodical mainly included translated and edited articles, reprinted articles, laws and regulations, news and statistics. Especially, the transaction rules, the number of fisheries and the price statistics in the fishery market of Qingdao were documented in detail.

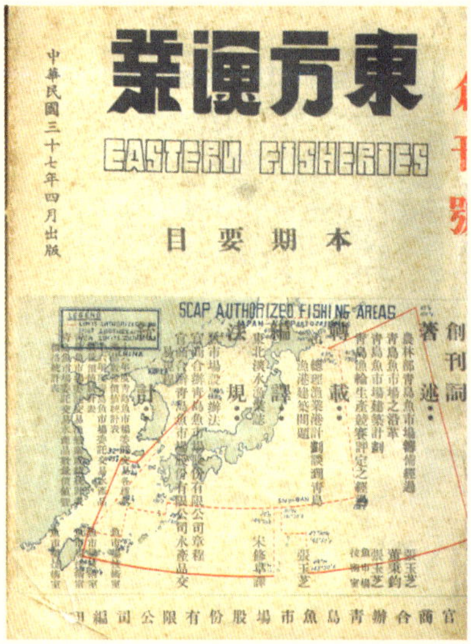
東方漁業

EASTERN FISHERIES

本期要目

中華民國三十七年四月出版

創刊詞

官商合辦青島魚市場股份有限公司編印

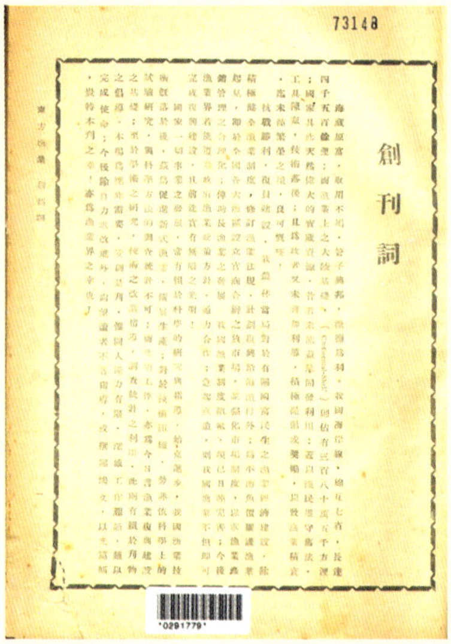
73148

創刊詞

7. *Wasteland*

It was a semimonthly, staring its publication in 1946 (the 35th year of the Republic of China), compiled by Zhang Xianchu, and published by the Periodical Office of Wasteland.

After the victory of the Anti-Japanese War, the literary circle in Qingdao was just like a wasteland, barren and depressed. Accordingly, *Wasteland* was for pioneers. This periodical's content was in a very broad range, including columns such as "Commentaries on Current Afairs", "Serial Novels", "The Garden of Art", "Literature and Art", "Films and Plays", "Women and Families" and "Students' Field". The authors, such as Lu Jun and Fei Ding, were mainly the active ones in the literary circle in Qingdao during that time.

73135

創刊小言

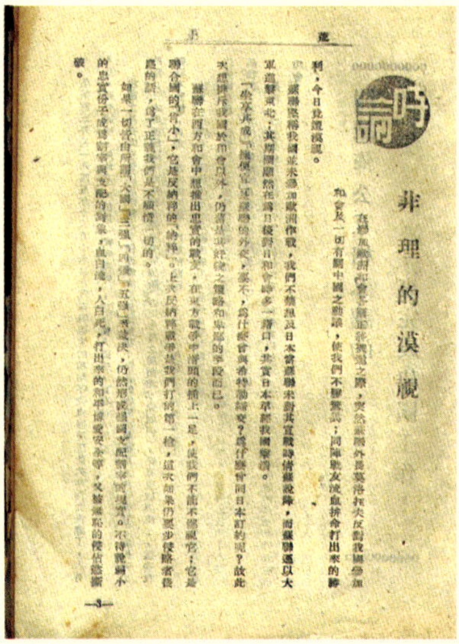
時評

非理的漠視

8. *Dried Sweet Potato Slices*

Edited by Diguagan Monthly Publishing Board, the periodical started its publication in 1945 (the 34th year of the Republic of China).

The name "Dried Sweet Potato Slices" was intended to form a simple and unadorned style, as described in a saying "If someone could endure a rough time, then he is able to do everything well". Dried sweet potato slices were just a kind of homemade food of Qingdao people. Therefore, this name was meant to express the periodical's connotation of serving the public with a kind of pabulum.

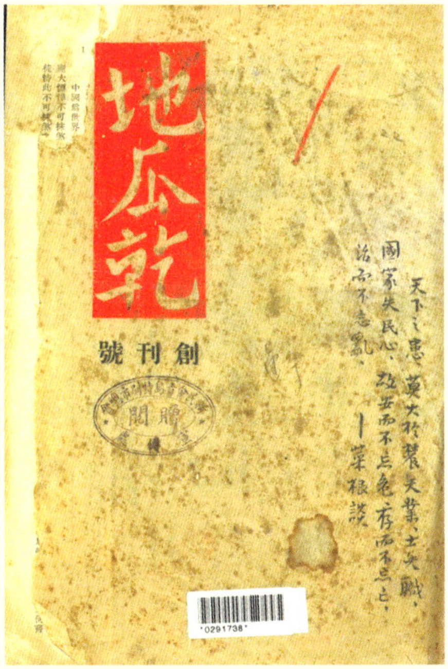

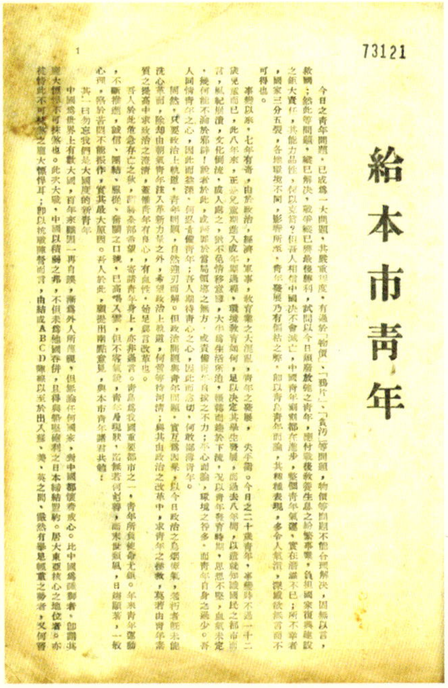
73121

給本市青年

TSINGTAU UNDER
THREE FLAGS

PRINCE
PAUPER

11

Chapter 11

Collection of Old Foreign Language Literature

The collection of old literature of foreign language in Qingdao Library mainly includes documents written in Japanese, English, German and French. Among them, the documents in Western languages, such as English, German and French, were published in the time span between the 17th century and the 20th century, totaling over 10,000 volumes. The Japanese documents were published in the period from the late 19th century to the mid-20th century, which covered the Meiji Era, the Taisho Era and the Showa Era, totaling over 20,000 volumes.

Various information carriers of the documents in the collection include books, archives, manuscripts and photographs, and the documents involve many fields of natural science and social science, carrying social records of different historical periods, and thus they are highly valuable for research.

Section 1

Rare Fine Books in the Collection of Old Western Language Literature

The Western language book collection mainly includes the old Western language books that were published in the period from the 17th century to the 20th century, especially the ones in English, German and French, totaling more than 10, 000 volumes.

English documents are in a dominant position in the collection, totaling over 6, 100 volumes. The four categories that occupy the largest proportions in the English collection are: literature (44%), politics and legislation (10%), history and geography (9. 6%), and philosophy and religion (5%). German documents occupy the second largest proportion in the whole collection, totaling over 1, 600 volumes. Main categories of the documents include philosophy and religion, language, and literature. French documents total over 1, 000 volumes, and are mostly in the "literary" and "history and geography" categories.

In the collection, the book in the earliest version is *Select Chapters and Passages from the Wealth of Nations of Adam Smith*, published in 1776. The collection mainly contains books of social science, including religion, politics, economy, literature, mathematical and physical science, medicine, industry and agriculture, and other categories. Some of the books have already been classified as literature treasures. For example, the English version of the book *The Spirit of Laws*, published in 1912, was written by Baron de Montesquieu (1689. 1. 18—1755. 2. 10), a French enlightenment thinker, a social scientist, and the founder of the Western theories of states and jurisprudence. The German version of the book *The Travel Diary of a Philosopher*, published in 1922, was written by Hermann Keyserling (1880—1946). Hermann Keyserling, whose wife was the granddaughter of Otto Eduard Leopold von Bismarck, was a German philosopher, a rich man, and a member of the German aristocracy. The author highlighted his travel experience in China and his viewpoint on Chinese philosophy in this book. Moreover, the 5th version of the book *Dichtung und Wahrheit*, published by Leipzig B. G Tuopunuo Press in the 19th century, was an autobiography of its author, Johann Wolfgang von Goethe. In this book, the author looked back on the years from his childhood to his youth in detail. Goethe (1749. 8. 28—1832. 3. 22), born in Frankfurt by the riverside of the Rhine, was a well-known German ideologist, writer and scientist, as well as the most famous representative of Weimar Classicism.

HANDBUCH
ZUM NEUEN TESTAMENT
5
DAS LUKAS-
EVANGELIUM
ERICH KLOSTERMANN
GUSTAF DALMAN
ARBEIT UND SITTE
IN PALÄSTINA
Der
Rembrandt-
deutsche

Section 2

Important Books and Periodicals in the Collection of Old Japanese Literature

The collection of old Japanese literature of Qingdao Library contains over 20, 000 volumes, which stand in the front ranks of the libraries at all levels and in all types in Shandong province. Most of these Japanese documents are packaged exquisitely, and there are many book series included, such as *Complete Collection of Big Ideas on the World* (109 volumes), *Encyclopedia of the World* (28 volumes) and *Complete Works of World Literature* (38 volumes). Categories of the books include philosophy and religion, politics and economy, military, medicine, culture, history, geography and folkways. The collection includes both thread-bound books and modern publications, and a part of them are of great literature value, such as *Annual Report of Chinese Economy* (1937), *Tianjin Chronicle* (1909), *Wars in Qingdao* (1930), *Monthly Report of Qingdao's Economic Statistics* (1941) and *The Recent Collection of Chinese Officials and Gentry* (1918).

The collection of old Japanese literature of Qingdao Library is an important data bank of the modern history of Sino-Japanese relation, whose value can be embodied in many ways. Firstly, most of the these documents are the materials collected, shot, painted and written directly by Japanese, intensively reflecting the true standpoints of Japanese people at that time. There are many different sources of historical facts, including archives and survey reports, thus they are reliable records of the historical process of Japan's invasion of China. Secondly, there are a number of investigation reports on the natural resources and the social situation of China, such as surveys on forests, rivers, mountains, topographies, soils, mineral products, transportation and ports. Especially, the materials of Chinese rural economy occupy the largest proportion in the whole collection. Thirdly, the collection includes quite a few original records of the internal affairs, diplomatic affairs, economy, military affairs, culture, education and social customs of China, Shandong and Qingdao. These records were generated from the direct or indirect investigations at that time, and are now highly valuable for the research on important events of Chinese society in that historical period and modern Chinese history as well.

1. Collection of Old Shandong Local Literature in Japanese

The collection of old Shandong local literature in Japanese contains over 500 volumes, which are of distinctive regional characteristics and high historical value. For example, the saying "Qingdao is indeed an ideal place to be a Japanese colony" in the Japanese book *Qingdao, A Treasure-house* fully exposes Japan's wild ambition to invade Qingdao and Shandong. *History of Wars of Great Japan* (Volume 7) and *Wars in Qingdao* record in detail the cause, the process and the consequence of the battle occurring in Qingdao between Germany and Japan during World War I. This battle is also recorded in various Japanese books on military history, such as *The 50-year History of the Navy*, *The 50-year History of the Army* and *The History of Japanese Marine Corps*. *The* 50*-year History of the Navy* contains the photos of the Japanese army celebrating the Emperor's birthday in 1914 (the 3rd year of the Taisho Era). Also, a "strategic map of the capture of Qingdao" is included in the book, clearly marking out the key points of the Japanese army's attack on Qingdao. In other documents, there are a number of reports and photos created by Japanese military correspondents, vividly showing the crimes of Japanese troops in the war. For example, *Occupying Qingdao Airport* and *Marine Corps' Landing on Qingdao* are included in the *The China Incident* photo album; *The China Incident*, *the Glory of the Japanese Empire* reports "the Qingdao Campaign" with pictures and text; *Art of Wars in Greater East Asia* and *Art of the Jihad* contain many records of the action of the Japanese army, in forms of Western paintings, ink paintings and sketches. These records were created by a group of artists organized by Japanese Army Association, revealing the fact of the Japanese invasion of China from another perspective.

Also, the collection of Japanese literature contains various books edited and printed by military agencies and secret services, including the Japanese Garrison Command in

Qingdao, Qingdao Military Government, Qingdao Sub-office of the Liaison Department in North China of Asia Development Board, and Qingdao Office of South Manchuria Railways Co. , such as *The Research on Shandong*, *Current Situation of Qingdao*, and *Guide to Shandong*. Moreover, a variety of regulations on industrial and commercial management developed during the Japanese invasion period, such as *The Regulation on the Business of the Consulate* and *The Decree and Regulation on the Japanese Army in Qingdao*, reflecting the various means of the Japanese economic pillage. Other materials, such as *Illustrated Handbook of the Resource Statistics of North China*, *Agriculture of North China*, *Chinese Economy and Geography*, *Encyclopedia of Chinese Economy*, *Chinese Population and Food*

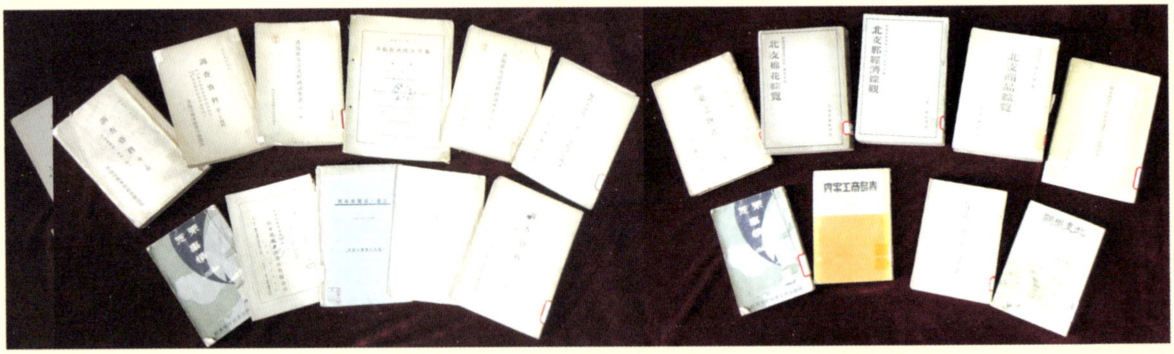

Problem, *Economic Situations of Chinese Provinces*, *Research on the Major Import Goods of China*, *Qingdao Salt* and *Guide to Chinese Business and Industry*, include detailed survey reports of the economy and resources of China, which helped to make a detailed plan for Japan to control and plunder the economic resources of China during that period. Besides, a top-secret book in the collection, *Shandong Coal's Impact on Japan and the Supply Status in the Future*, shows that Japanese planned to transport 600, 000 tons of coal from Shandong to Japan in 1940 (the 15th year of the Showa Era), and required the amount to increase year by year.

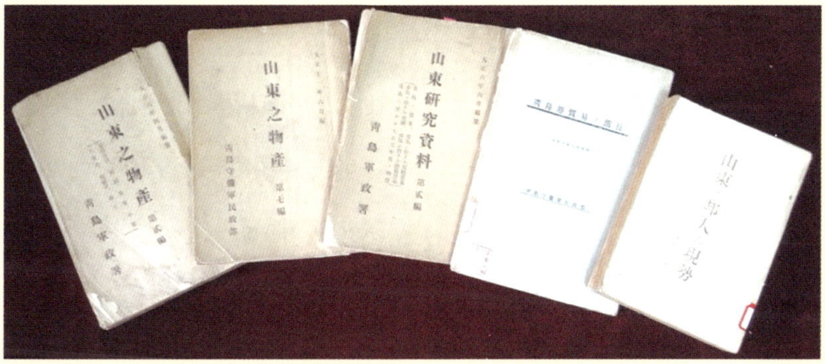

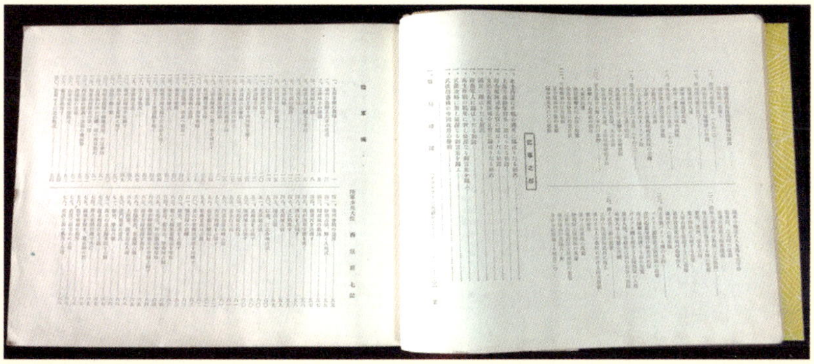

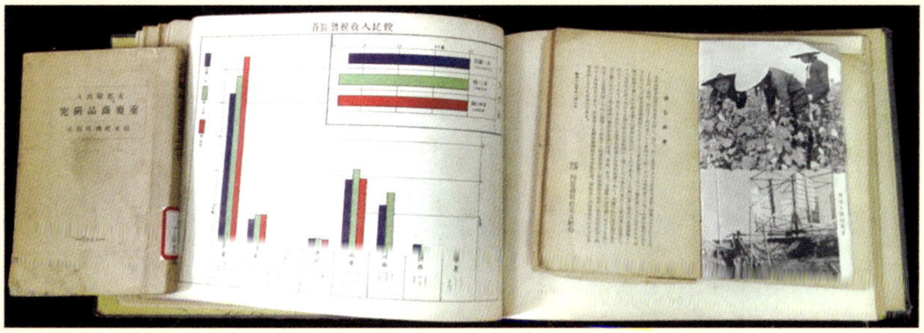

Some of the books in the collection of old Shandong local literature written in Japanese are introduced below.

(1) *The Population Distribution in Villages: Shandong Province* / written by Mizutani Kuniichi; published by South Manchuria Railway Joint-stock Company (Dalian) in 1940 (the 15th year of the Showa Era).

This book is about the population distribution in Shandong province. It is mainly divided into three chapters, including charting, investigations and introductions. The chapter of charting introduces the chart of metrology and measurement, as well as the drawing methods of it. The chapter of investigations includes data, methods and achievements. More concretely, the section of data contains a detailed chart of Shandong province, as well as a chart of Shandong on a scale of 1:100,000; the section of achievements includes information about the population density of Shandong and the structure of localities. According to the status of the population distribution in different localities, the chapter of introductions separately introduces the situations in the Yellow River Plain, the coastal area of the Bohai Sea, the north part of the central hill, the corridor area of the Luxi Gorge, the diluvial loess area, the central hill area and the mountainous region in the peninsula. Some charts are included in the appendix, such as the explanatory chart of the population densities of the localities in Shandong, density maps of the households and localities in each country, percentage charts of the farmland utilization in each country, the geography map of Shandong province, the position map of the countries in Shandong, the distribution map of the localities in Shandong, and the density map of the localities in Shandong.

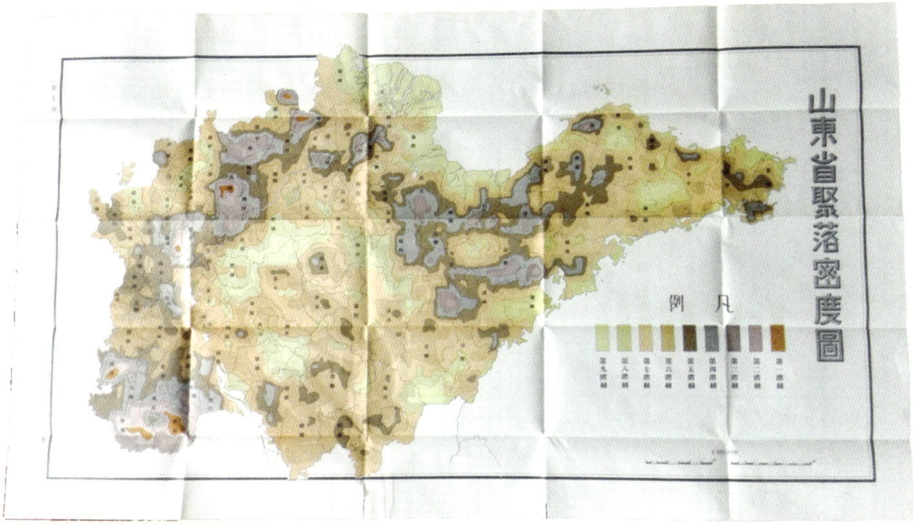

(2) ***Focus on the Ji'nan Incident*** / written by Ogawa Yuzo, published by Shandong News Newspaper Office (Ji'nan) in 1928 (the 3rd year of the Showa Era).

This book introduces Japan's thoughts on Shandong, Japan's strategy of its invasion and occupation of Shandong, and the worldwide reverberation of the "Ji'nan Incident" (the May 3rd Massacre) during the second Northern Expedition of the National Revolutionary Army.

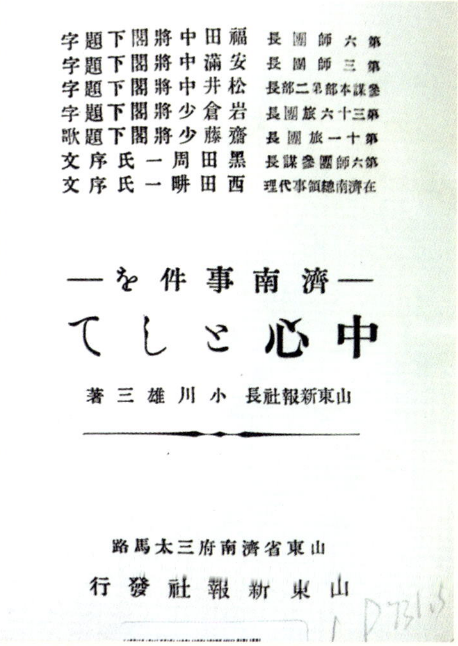
第六師團長福田中將閣下題字
第三師團長安滿中將閣下題字
參謀本部第二部長松井中將閣下題字
第十三旅團長岩倉少將閣下題字
第十一旅團長齋藤少將閣下題歌
第六師團參謀長黑田周一氏序文
在濟南總領事代理西田畊一氏序文

—濟南事件を—
中心として

山東新報社長小川雄三著

山東省濟南府三太馬路
山東新報社發行

(3) ***History of the World War from 1914 to 1919* · *Part 2*** / edited by Mitsukuri Motohachi; the 4th version; published by Fuji Room (Tokyo) in 1919 (the 8th year of the Taisho Era)

This book is the second part of *History of the World War in 1914—1919*. It mainly tells the diplomatic history, the economic and financial situations, the military situations and the situations of mobilization of the belligerent states, as well as the weapons equipped. Germany's right to lease Jiaozhou Bay, which means the right to possess Jiaozhouwan Railway, and the "Shandong problem" are particularly mentioned in the book. A Europe's map and a world map are attached to the book.

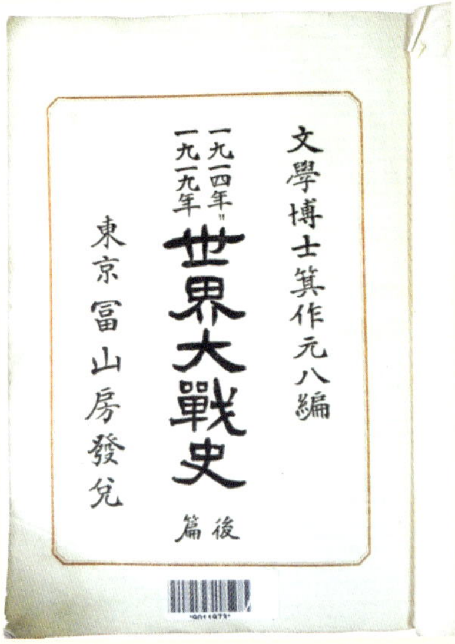

(4) ***The Mobile Warfare* · *Part 1*:** / written by Satou Isaoya; published by Japan's Military book Publishing House (Tokyo) in 1943 (the 18th year of the Showa Era).

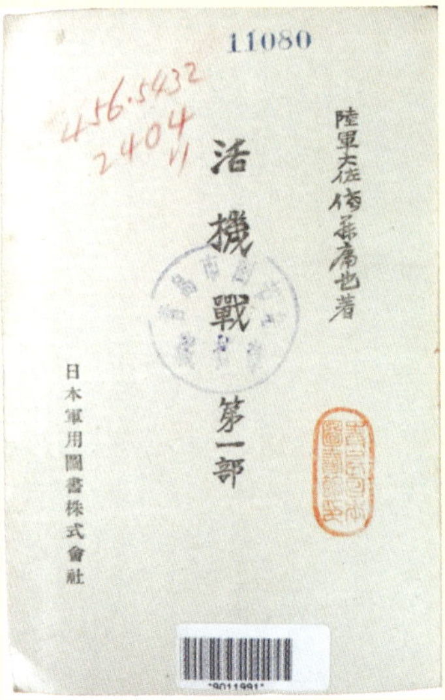

This book introduces "the September 18th Incident" and the relevant circumstances. Schematic diagrams of battles are included in the book, such as the schematic diagram of the battle of Beidaying, the map of Tianjin urban area, and the schematic diagram of the battle near Harbin. The book specially introduces the Qingdao problems and the history of "Twenty-one Demands", as well as the situation of Anti-Japanese War in South China, and discusses topics such as the leased territory in Qingdao, Shandong Railway and Japan's rights in Shandong.

(5) ***Records of the Major Battles after the July 7th Incident*** / edited by Miyai Kotaro; published by Asia Development Association (Tokyo) in 1941 (the 16th year of the Showa Era)

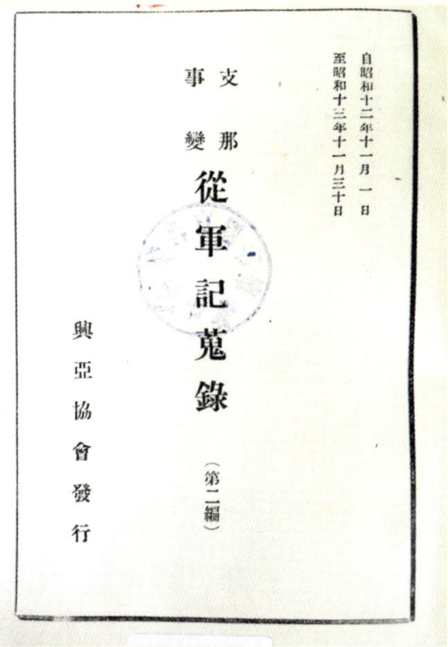

This book records the major battles after the July 7th Incident in detail. The first chapter narrates the capture of Nanjing, including the Japanese offensive against Suzhou, the battles in Wuxi, the occupation of the Jiangyin fort, the general offensive against Nanjing and the invasion of Hangzhou. The second chapter contains the clear-up operations on Shandong, telling the capture of Ji'nan, the situation of Shandong and Qingdao, and some other events. The third chapter is about the battle of Xuzhou, introducing the Japanese attack on Xuzhou, the battle of Taierzhuang and the attack on Yizhou, as well as the blasting of the Yellow River dike. The book also records some other events, including the Japanese capture of Hankou, the three-dimensional battle in Jiujiang, the sudden strike on Huizhou and the invasion of Boluo.

(6) ***The China Incident, the Glory of the Japanese Empire*** / edited by Nagasawa Osuke; published by Shandong Daily Press in 1939 (the 14th year of Showa Era).

This book mainly contains a large number of photos of major battles during the Japanese invasion of China, with many inscriptions written by important figures on them. The content of the photos involves the Shanxi battle line, the south battle line of Shandong, the battle of Xuzhou, the offensive against the Yangtze River, the Battle of Dabie Mountain and the air battles. Besides, a map of the war situation during the period of the July 7th Incident is included.

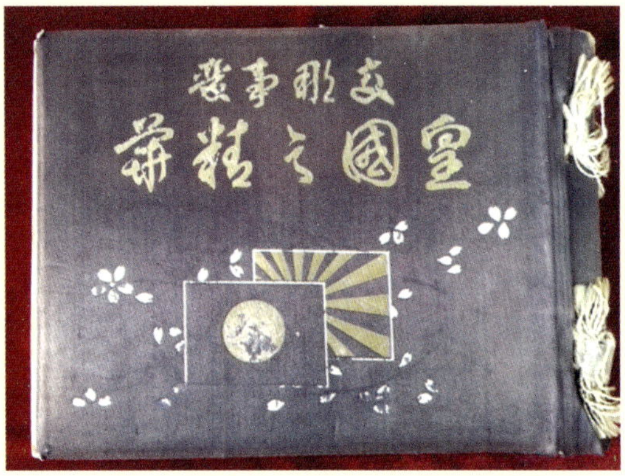

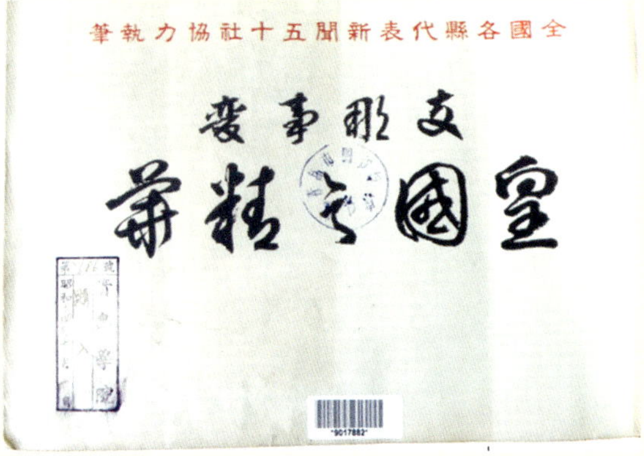

(7) ***General Investigation Report of the Rural Areas in North China*** / written by Mizutani Kuniichi, published by South Manchuria Railway Joint-stock Company (Dalian) in 1940 (the 15th year of the Showa Era).

This document introduces the natural condition, the area and households, the administrative changes, transportation and communications, industries and financial situation of Laowa village, which is located in Xiaxiyu Town, 1st District of Tai'an, Shandong, and includes investigation reports of the local farmhouses, farm tools, farming and production of crops.

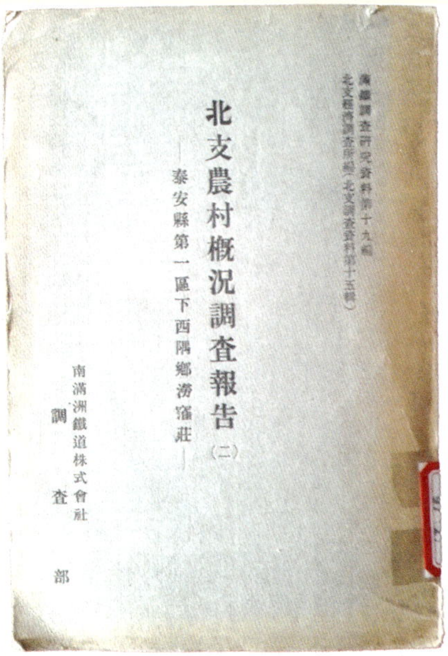

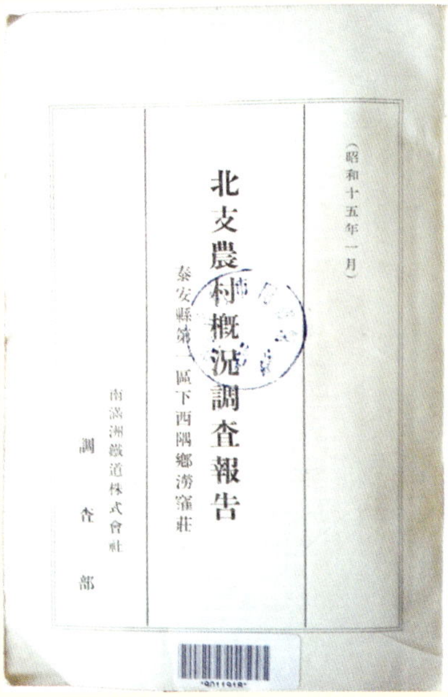

(8) *Investigation Report of the Development Planning of Qingdao Urban Area and Harbors* / edited by the investigation department of South Manchuria Railways Co., [place of publication unknown], [publication year unknown]

This book is an investigation report of the development planning of Qingdao urban area and harbors. It mainly introduces the total area of wastelands, crops and animal by-products, as well as the basic situations of mines and harbors.

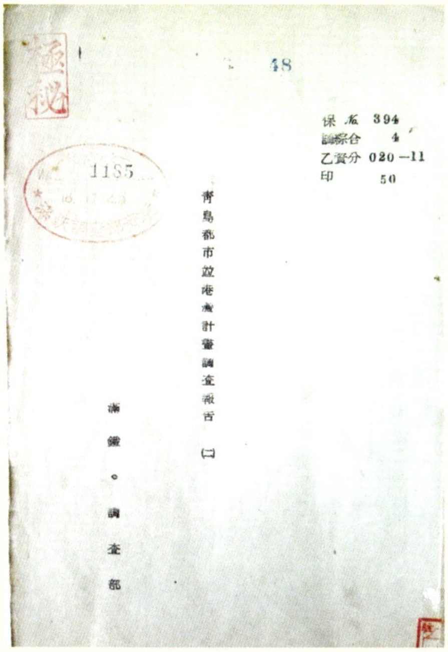
青島都市並港灣計畫調査報告（二）
滿鐵・調査部

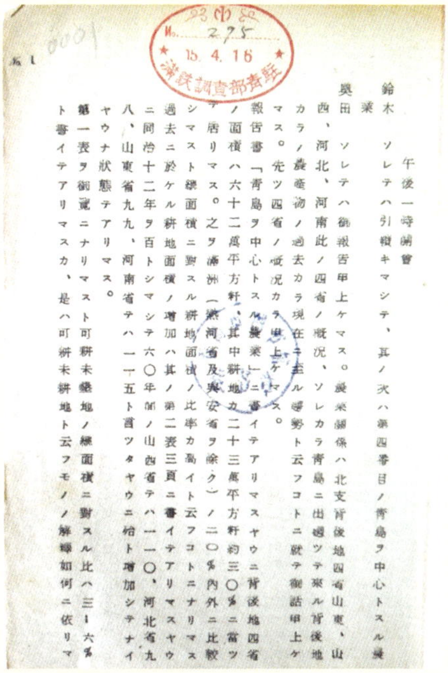

(9) *Investigation Report of the Economic Planning of Qingdao* / edited and published by the Qingdao office of urban planning of Asia Development Board, [place of publication unknown], [publication year unknown]

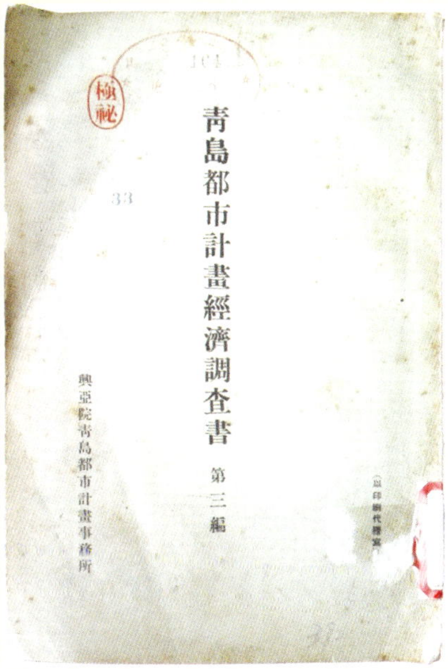
青島都市計畫經濟調査書 第三編
興亞院青島都市計畫事務所

This book is a report of the economic planning of Qingdao and is divided into two parts, including the improvement and construction of railways in the central region of Qingdao, and the situation of coal export of Qingdao port. The first part introduces the base of Qingdao's economy, the improvement, construction and funds of railways, and the development of local railways.

The planning of the improvement and construction of railways includes outlines of the first four phases, as well as the funds each stage needs. The book also includes a number of attached sketch maps and charts, such as the map of improved railways, the construction plan of new lines, the planning map of the Qingdao central parking lot, and some related engineering designs.

(10) ***Collection of Shandong Celebrities*** / written by Kimura Yuhei; published by Xingcheng Press (Qingdao) in 1937 (the 12th year of the Showa Era)

This book introduces the Japanese people that were related to Shandong directly or indirectly, and Qingdao's advantages in the economic and social development of China. It describes the role of Japanese people in Qingdao's economy, finance, drugstores, education, traffic, electricity, medical science, journalism, aquaculture and other areas, and provides brief introductions of the people who were in important positions in the political and economic circles of Qingdao during that period.

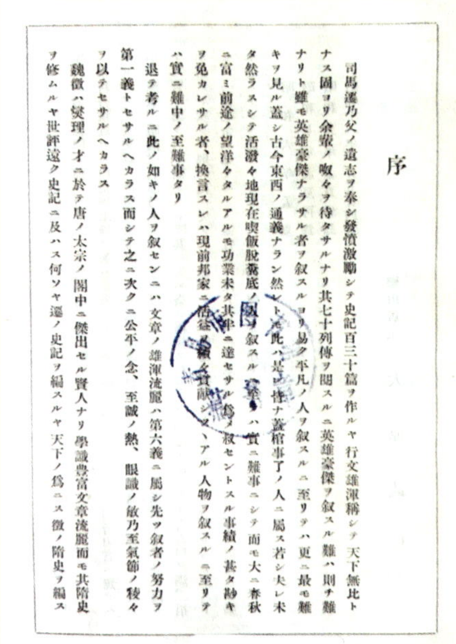

序

司馬遷乃父ノ遺志ヲ奉シ發憤激勵シテ史記百三十篇ヲ作ルヤ行文雄渾稱シテ天下無比トナス固ヨリ余輩ノ呶々ヲ待タサルナリ其七十列傳ヲ閲スルニ英雄豪傑ヲ叙スル難ハ則チ難ナリト雖モ英雄豪傑ナラサル者ヲ叙スルヨリ易ク平凡ノ人ヲ叙スルニ至リテハ更ニ最モ難キヲ見ル蓋シ古今東西ノ通義ナラン然レトモ此ハ是レ[illegible]蓋棺事了ノ人ニ屬ス若シ夫レ未タ然ラスシテ活潑々地現在喫飯脫糞底ノ[illegible]ヲ叙スル[illegible]ハ實ニ難事ニシテ而モ大ニ春秋ニ富ミ前途ノ望洋々タルアルモ功業未タ其半ニ達セサル[illegible]叙セントスル事績ノ甚タ渺キヲ免カレサル者、換言スレハ現前邦家ニ[illegible]貢献シツヽアル人物ヲ叙スルニ至リテハ實ニ難中ノ至難事タリ

退テ考ルニ此ノ如キノ人ヲ叙センニハ文章ノ雄渾流麗ハ第六義ニ屬シ先ツ叙者ノ努力ヲ第一義トセサルヘカラス而シテ之ニ次クニ公平ノ念、至誠ノ熱、眼識ノ敏乃至氣節ノ稜々ヲ以テセサルヘカラス

魏徴ハ燮理ノ才ニ於テ唐ノ太宗ノ閣中ニ傑出セル賢人ナリ學識豊富文章流麗而モ其隋史ヲ修ムルヤ世評遠ク史記ニ及ハス何ソヤ遷ノ史記ヲ編スルヤ天下ノ爲ニス徴ノ隋史ヲ編ス

(11) ***Chinese Culture Research*** / written by Goto Asataro; the 3rd version; published by Toyama Room (Tokyo) in 1926 (the 15th year of the Taisho Era).

This book is about the study on Chinese culture, including three parts: "heaven", "ground" and "human". The part of the "heaven" culture introduces several topics,

including the temperament and interest of Chinese culture, Chinese literature which was in innovation, the modern understanding of Chinese society, the perception of China, the optimistic life of Chinese people, the Spring Festival, the characteristics of Chinese cultural relics, Chinese sociology, the toys in China, Chinese food, Chinese people's mentality in wars and Chinese people's life in temples. The part of the "ground" culture introduces the geographic situations of Shanxi province, Shandong province, Bashu in the Three Gorges and other areas in the period of the Republic of China, and describes the buildings, the carvings and the ancient art of Shandong in the book, as well as the geographical position, the inscriptions on tablets and the places of interest of Mount Tai. In the part of the "human" culture, the unity of Chinese people in the period of the Republic of China and the differences in habits between Chinese and Japanese people are discussed.

2. Materials of South Manchuria Railways Co.

After the Russo-Japanese War in the early 20th century, Japan set up South Manchuria Railways Co. in 1906. As a "national policy advisor", the company set up a number of investigatory agencies during the 40-year period from 1906 to 1945, which specialized in social investigation, intelligence collection and other related activities, providing intelligence of military affairs, politics, economy and society for the Japanese aggressive policy on China. With the crazy searches and investigations of the politics, economies, military affairs, cultures and natural resources of China and the surrounding countries and areas, South Manchuria Railways Co. had developed a comprehensive collection of investigation reports, books, literatures and archives, which are now usually called by the joint name "Materials of South Manchuria Railways Co.".

Some of the materials of South Manchuria Railways Co. in the Qingdao Library collection are introduced below.

(1) *Statistical Yearbook of the 9th Year of the Taisho Era* / written by the Investigation Section of the General Affairs Department. [Dalian]: South Manchuria Railways Co, the 11th year of the Taisho Era [1922]

This publication gathers the statistic data—which are developed by the General Affairs Department of South Manchuria Railways Co. —of the land, the buildings, the accounting information, the railways, the ships, the harbors, the mines, the industry, the electric industry, and the local causes of China, with a number of charts included.

(2) *An Overview of North China* / edited by the Data Section of the General Affairs Department of South Manchuria Railways Co. , a transcribed version; [place of publication unknown]: Data Section of the General Affairs Department of South Manchuria Railways Co. , [publication year unknown]

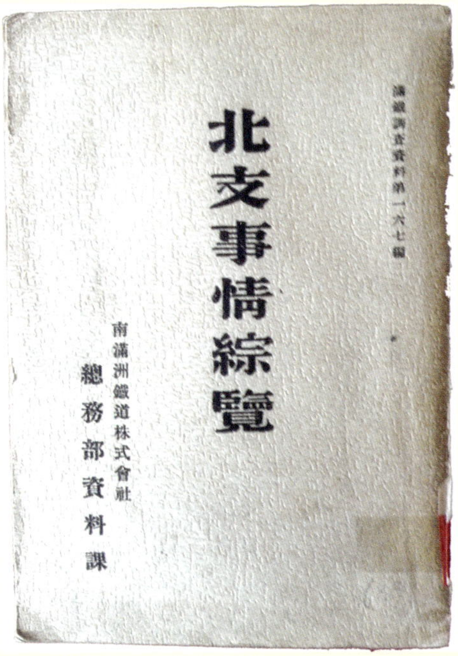

This book describes the geographic situation, transportation, society, politics, finance, industries, resources and trade of North China, as well as the Western countries' interests in China. Information about coal mines and coal companies in Shandong, cotton spinning industry of Qingdao, Qingdao's trade with Japan and main export commodities are included in the book.

(3) ***An Overview of the Economy of North China*** / written by the Industry Section of South Manchuria Railways Co., the 6th version. Nippon Hyoron Sha Co., Ltd., the 15th year of the Showa Era [1940]

This book describes the general economic situation in North China and also includes the political society, international relationships and other aspects. The chapter of politics and society introduces the development and characteristics of political situations in North China, as well as political and social institutions in the region. The chapter of international relationships introduces North China's external relations and Western powers' rights and interests in North China. The chapter of production and circulation specially introduces the salt pans, the fishery and other aspects of Shandong province, with a statistical graph of the economy of North China and a railway map of the Republic of China included.

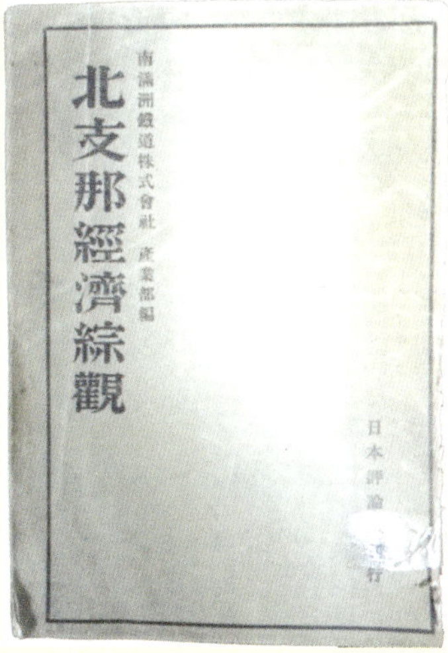

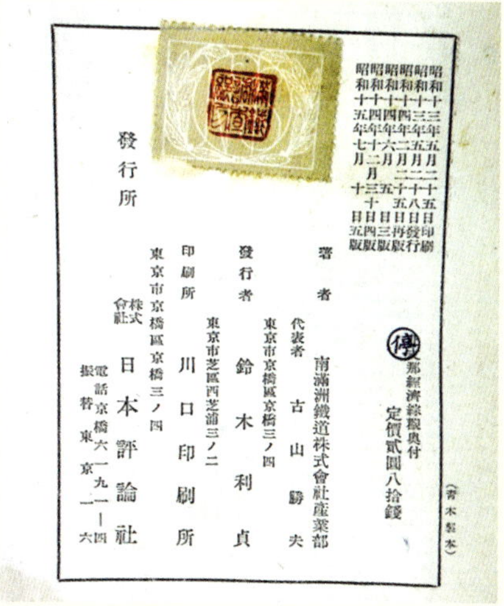

(4) ***Investigation Report of the River Transport in North China*** / edited by the Harbor Class of the Garrison Headquarters in China, [place of publication unknown]: [publisher unknown], the 12th year of the Showa Era [1937]

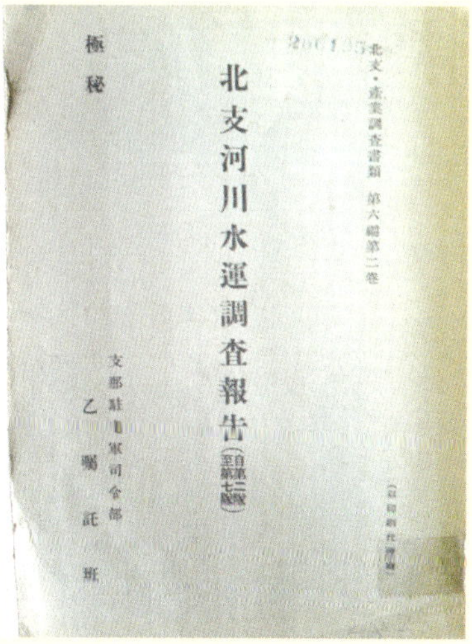

This book is an investigation report of the river transport in North China, including two parts: pandect and investigation report. The part of pandect introduces, in detail, the topographic condition of North China, the watershed areas, weather, and general situations of rivers, as well as the conditions of river improvement, reconstruction and irrigation in North China. Materials of economic geography of the cities along Shandong canal are included in the "economic status of canals" chapter.

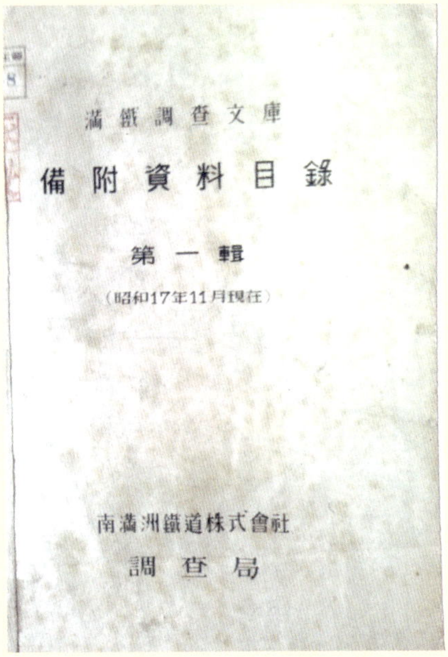

(5) ***Collection of the Investigation Reports of South Manchuria Railways Co*****:** Data Catalog included / edited by South Manchuria Railways Co. , a transcribed version. [place of publication unknown]: [South Manchuria Railways Co.], the 17th year of the Showa Era [1942]

This book is a comprehensive bibliography of investigation reports of South Manchuria Railways Co. , reports of big events, monthly investigation reports, statistical yearbooks and survey data, allowing people to generally understand the basic content of " the library of investigation reports of South Manchuria Railways Co. ".

(6) ***Bibliography of the Magazines*** / written by Hitomatsu Hontoyo. [Dalian]: South Manchuria Railways Co. , the 11th year of the Showa Era [1936]

This book is a comprehensive bibliography of magazines preserved by the research institutions of South Manchuria Railways Co. before April 1936, including the magazines' names, publishers, storage places, publishing periods and other information.

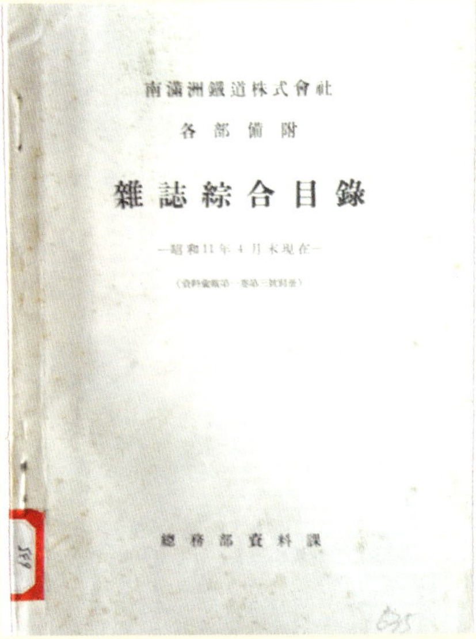

(7) ***Bibliography of the Business of China*** / written by Furuyama Katsuo, compiled by the Ministry of Industry of the Manchurian Railway [place of publication unknown]: South Manchuria Railways Co. , the 12th year of the Showa Era [1937]

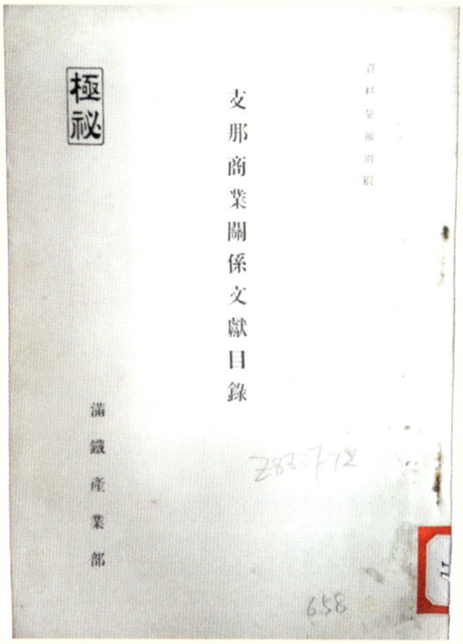

This bibliography is divided into three parts: books, magazines, and top-secret documents. It includes book series, statistical yearbooks and business event records, as well as research documents of economic policies, trade, tariffs, business institutions, distribution organizations and price of commodities. Among them there are historical materials about the trade situation of Qingdao port, the situation of China's trade with Japan, the market condition of important commodities, the value of trade of Qingdao port and the general situation of import goods and export goods.

Postscript

Jiao'ao Commerical Port Public Popular Library established in 1924, which changed name to Qingdao Library in 1953. The original site was expanded into the current scale in 2002, with the total area of 26, 000 square meters, seven floors, thirty halls, rooms and other areas. Qingdao Library has been built for 90 years in 2014. At the end of this year, the library received the invitation from Tianjin University Press to participate in editing "Series of China's City Libraries in the 21st Century" and felt honored.

After receiving the invitation, Qingdao Library started the editing plan and set up an editorial group. The chief librarian Yu Jing served as the chief editor, Chen Dongqing took responsibility of compiling work, and many librarians participated in the process of edition. By organizing a number of discussions and changing the draft many times, the final book was complete after 6 months. In the process of editing, every writer tried to follow the wirting principle mentioned by Wang Zongyi "reflecting praise and criticism through recording events" in objective and simple ways from three perspectives including history, service and collection. The book showed a unique City Culture of Qingdao and services and collection features of Qingdao Library. In addition, the book involved a large number of beautiful pictures in order to achieve vivid and intuitive effect, enhancing readability and infectivity.

We really appreciate that Professor Xu Jianhua of Nankai University and leaders and editors in Tianjin University Press gave a lot of help and guidance. We also appreciate the effort of all members of the editorial group and the support from all leaders and colleagues of Qingdao Library.

Because of the limited knowledge and ability of editors, errors were unavoidable. We are willing to listen to comments and criticism from readers.

The Editorial Board of *Qingdao Library*